U0017825

澈底覺醒的當代女性之道
妳就是一個完整無缺的圓

綻放如妳

A RADICAL AWAKENING

Turn Pain into Power, Embrace Your Truth, Live Free

by **Dr. Shefali Tsabary**

喜法莉·薩貝瑞博士 著　**実瑠茜** 譯

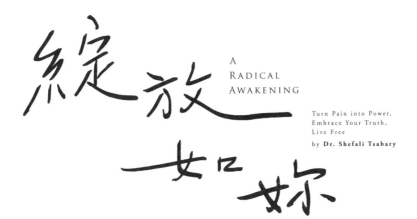

各界推薦

「母性」一詞，既是力量也是框架。對母親這個概念的期待限制了一個女人的可能，她們無意識地追求根本不存在的完美女性或母親形象而受挫、失去自我。

然而，母性更強大的力量在於包容、順流、無條件的愛……等陰性能量，不僅用在對待他人，更首先用在對待自己。「覺醒」正是將無意識向外的眼光，轉向覺察自己。推薦妳一起閱讀此書，讓陰性的能量醒來，為自己的生命服務。

——**Rita**・Podcast《靈魂相談室》主持人

我看了這本書之後，內心有個聲音在大叫：天啊！這本應該要介紹給我所有的個案看啊！倘若妳正在人生重要抉擇的十字路口，或是妳正面臨中年危機，又或妳覺得人生好像哪裡不對勁又說不上來。那麼，這完全是妳正需要的書，此書裡有許多個案的故事，總有一個故事會與妳現在的生命相互輝映，妳會從中尋找到共鳴與啟發。

——**于玥**・占星療癒心理師

主流文化，總崇尚「犧牲奉獻」，它束縛了多數的我們，使人在不自覺中疲於奔命。我們成了問題解決者、照顧者和給予者……但真正的我們在哪兒呢？閱讀完此書，將使妳重新自我定義，成為「覺醒」的自己。這不是要妳抵抗世界，或過度自我中心，而是在生活間能多一些覺察與探索，在清晰的狀態裡撥開強勢主義的束縛，成為真正「自主」。讓自信、自愛與擁抱世人成為平衡的饗宴，享受屬於自己的不凡意義。

——**李家雯（海蒂）**．諮商心理師

時常在專頁和讀者向反覆提到，我們在千年文明社會的框架底下生活，很多信念系統經常不出自我們的靈魂，多半是普世價值，換言之就是：妳以為的，往往不是妳的靈魂這麼認為。

有的人以為皮膚白皙就是美，但妳的靈魂壓根不在乎妳的皮膚是什麼顏色；有的人則認為為錢出賣身體，跑去整形和買名牌包也是愛自己，卻不去思考在自己渴求金錢的背後，也許是某種難以望見的情緒匱乏，而這個情緒匱乏可能源自在乎外界的評價。

薩貝瑞博士在《綻放如妳》一邊不留情地點破以上這些靈魂被腐蝕的女人，卻一邊以慈悲的眼光帶我們看見，其實這不完全是我們的錯，而是長年單一的社會束縛，讓我們早已脫離我們的靈魂故鄉而不自知。但是，該書也會有許多方法和心態上的轉化，幫助女人們重新定錨自己。

願我們和靈魂能夠重新連線，澈底覺醒。

——**高瑞希**・作家

親愛的女人們，現在即是覺醒的最佳時刻！覺醒的意思，就是從外在的夢境中醒來，回到內在靈魂的真實，凝視自己、接納自己的每一個面向；這個時代的共業，就是恢復陰性能量的重要性，喚醒無論男女每個人內在的陰性價值，活出完整的自己。感謝作者透過自身的靈魂暗夜，給予讀者們的深刻提醒，女人無須安靜、自責和忍耐，只要憶起我們的本質——光與愛。

——**蘇予昕**・蘇予昕心理諮商所所長、暢銷作家

推薦序／

每個女人都應該為自己感到驕傲

鐘穎・心理學作家／愛智者書窩版主

相較於市面上越來越多強調女力的書，治療師薩貝瑞博士的《綻放如妳》是最為究竟的！

人如果只關注壓迫自己的對象，卻不懂得關注自己在這場權力遊戲中扮演的角色，那麼我們離治癒只會越來越遠。因為治癒並不和外界的事物綁在一起，例如世界得為我改變、父母得跟我道歉、小孩得配合我的期待、公義得降臨人間等等。

這本書是少數真正關注女性內在工作的作品，因此妳會看見，作者強調的不只是改變父權社會，更重要地，是改變自己的狀態，擺脫慣性，靈活且真誠地對每個處境表達出自己的意見，說出自己的聲音。

能這樣做的人，就能如作者所言，最終就可以不再做太多解釋，也不再乞求他人給予肯定。

書裡提到，女人在社會中扮演的角色不外乎給予者、控制者、與索取者三種。而人一旦受困於小我的面具，內在本真的部分就無法顯露。這當然不是指面具百無一用，而是指面具只是我們的一部分，是我們為了適應這個社會所發展出來的生存之道。

但生存之道會老化，每一種優勢都有其劣勢，每一次肯定都伴隨著否定，生活在許多方面都求取著平衡。希望每個大人都要把這件事放在心上才好。因此，女人改變自我求取完整的時機終究會到來，否則找上我們的就是各種身心症狀與關係的失衡。它們以「共時性」的方式出現，暗示著小我的面具到了該更新的時機。

在這樣的時機中，女性開始了進一步的自我探索，而多數人在這個過程中常常卡在身體意象。我們或者潛意識地接受了父權社會的暗示，覺得誘人的胴體才是女神的必要條件，或者對自己的性器官及性反應感到困惑和羞愧。似乎女人的身體與反應只能是為男人服務，而不能為自己服務。

伴隨而來的，是對外貌體態的過分追求，或者反過來，對外表的下意識忽略。許多女人因此對「美貌」二字有很複雜的感受，它或者被視為女人生命裡的唯一目標，或者被視為男人貶低女人的武器。

究其原因，是由於女性在成長的歷程中，難免受到父母親自身個體化程度的高低所影響。一個較完整成熟的父母，會鼓勵女兒求取內外在的平衡，保護她不受社會期待給窄化或貶低。而一個缺乏覺知的父母，則會要女兒對不對等的性別要求照單全收，最終則依當事人的個性，形成了依賴的公主、待援的小女孩、過分燃燒自己的照顧者，或者反過來，成為控制一切的女王。

跟身體意象密切相關的還有性。男性的性器官被錯誤地視為攻擊性的武器，是主導者；而女性的陰道則意味著受到入侵，是接受者。殊不知，所有的生命都在子宮裡孕育，從陰道口現身，因此女性性器官的象徵絕不是被動的，她真正的意義是給予及產出，她乃是生命之門，是大自然的贈禮。

女性讀者們，當妳們為自身的存在感到困惑或悲傷時，請想想這份禮物，妳們就是生命、就是創造。就如所有古代的女性神話所闡明的那樣。妳們既是起點，也是終點。妳們就是四季，就是重生。每個女人都應該為自己感到驕傲。

在榮格心理學裡，女性被視為一個圓，一個完滿的象徵。相反地，這或許意味著男人相對殘缺。

我們在神話裡見到的男性，其故事的結局都必須以少女或公主作為獎賞。換言之，女人是男人的終點。如果沒有女性的提點（通常是女巫，或者聰慧的妻子、有魔法的未婚妻等等），男主角就無從完成任務、躲避他人的迫害（通常是壞國王）。或許這就是男人總愛誇誇其談的深層原因，因為比起女性，男人更沒自信。

因此，一個覺醒的女人應如作者所言，她會看見男人也是父權體制的受害者，同時又受其生理條件所苦（薩貝瑞博士告訴我們，男人常常被性驅力影響，他們在生活中要花很多精力在克制生理慾望）。如果能看到這一點，女人的覺醒之路就沒有必要對抗或貶低男性。因為每個人都在承受特定的苦難，我們真正要對抗的，是作繭自縛的觀念。

當中最要緊的，或許就是界限。

女人因其孕育生命的本性，因此特別容易付出太多，從而在關係裡失去自我。這是我們最常聽見的界限。但另一方面，我們也過於看重時間的長度，迴避關係的深度。為了前者，女人情願讓渡自主權，在有害的關係裡忍耐、等待，成為承諾的奴隸。隱藏在「長長久久」裡的迷思一直很少被人注意。它可以是自然產生的結果，但卻不適合當成束縛自己的目標。

因此，當我們在提界限的時候，指的不僅僅是人際，還請讀者務必把時間也納入考量才好。關係的形式不是最重要的，重要的是品質。正是缺乏足夠的自我強度，人才會緊緊抓著有害的關係不放。限於文長，這裡不再展開，讀者可以細細思維。

本書原文書名直譯為「澈底覺醒」，若要說到澈底，覺醒也必然會指向「自我」的解構。弔詭的是，自我強度太低的人，反而沒辦法解構自我。臨濟義玄禪師曾說：「逢佛殺佛，逢祖殺祖。」要能逢著便殺，想必也要有堅固而具韌性的自我功能才行。想解構自我，透脫自在，我們反而需要先長出界限來增強自我，而此境界絕非一蹴可幾。

事實上，蛻變不可能輕易完成。雖說「放下屠刀，立地成佛」，但放下二字，前面往往有著漫長的歷程。我們在那歷程裡嘗試錯誤、尋找、思索、震驚、碰壁，直到它們都化成能夠「放下」的養分。因此對那些太強調簡便、快速、無痛的療法或靈性運動我們永遠要抱持懷疑，因為受苦與憂傷可能成為這些法門的陰影。

它反應的或許是我們對成長欠缺足夠的耐心。

而這不是妳的錯，妳需要的是找到能相互理解與彼此提攜的夥伴，需要的是同樣看重成長，甚於比拚排場的朋友。這正是女性的專長，女人更善於建立關係。善於交換彼此的喜怒哀樂，女人更善於在他人陷入痛苦時給出正確的回應。若要在這條路上踏穩腳步，還請起身利用各種管道尋找妳志同道合的同伴。這就是我對意欲走向覺醒之路的讀者朋友們最後的提醒！

從女人的處境，到所有人類的處境，薩貝瑞博士在書裡做了完整的回答。原文書名中的「澈底」，屬實沒有遺漏。願愛與每位讀者同行，願妳們在這趟覺醒的路上找到夥伴，尋得自由。

目錄

PART · ONE ·

在母體裡沉睡

PART
· FIVE ·

從母體中覺醒

致謝辭

我要向大衛・歐德（David Ord）這位優秀的編輯致上無盡的感謝；在我撰寫每本書的過程中，他都一直支持著我。此外，我也要謝謝哈潑柯林斯（HarperCollins）的出色編輯吉迪翁・威爾（Gideon Weil），他從一開始就對這項出版計畫很有信心。

我還要感謝我的女兒梅雅（Maia），她每天都展現「本真」（authenticity），讓我深受啟發。謝謝妳在這段過程裡一直緊握我的手。

女人的覺醒時刻

女人在一生中都會迎來這樣的時刻——她拋棄那些舊有的模式，如同扔掉舊鞋子一般；她捨棄那一長串「責任」與義務；她擺脫了加諸在她身上、無法實現的種種期待。

女人在一生中都會迎來這樣的時刻——別人的認可變得不再重要；她不再追尋他人，而是努力找尋真實的自我；她對自己的定義不再是傳統父母的角色。

女人在一生中都會迎來這樣的時刻——她不再想要迎合眾人；她不再逼迫自己追求完美，也不再對受人歡迎懷抱執念。

女人在一生中都會迎來這樣的時刻——她會直接說：「不要再這樣」；那些虛假的外表與伎倆令她感到厭惡；死板規範、偽善與優越感使她反感。

女人在一生中都會迎來這樣的時刻——她不再害怕衝突，而是宛如母獅子般的勇敢面對；她勇於守護本真，就像守護自己的孩子那樣；她卸下了拯救者（savior）的角色，因為她明白，她能拯救的人只有自己。

女人在一生中都會迎來這樣的時刻——她不再認為自己毫無價值；她不再自我侷限，好讓其他人覺得自己很偉大。她不再認為她是受害者；她明白，她共同促成了這一切。

女人在一生中都會迎來這樣的時刻——她大膽地擁抱崇高的自主權；她終於準備好伸

張自己的權利與地位；她將同情（compassion）重新定義為「全然的自愛」（self-love）。

女人在一生中都會迎來這樣的時刻——她終於不再像孩子般的依賴他人；她開始敢為自己而活。她會說：

我不再恐懼、覺得自己沒有價值；
我不再被動與順從；
我捨棄了不真實的自我，同時也不再糾結；
我不再偽裝自己。
從現在起，我要大聲宣告……

我將具備強大的力量；
我將享有充分的自主權；
我將頌揚自己的深刻價值；
我將展現無比的勇氣，以及最真實的自我。

就是現在，我已經做好準備，
讓我的心覺醒，並且走向重生。

閱讀本書前的溫馨提醒

各位姊妹們，這本書談論的是妳們的覺醒。書裡歌頌並推崇妳們的真實自我，它正在等待新生。

我們都渴望自由，卻覺得自己被日常生活所困，心中充滿了恐懼與無價值感。本書將使妳們逐漸掙脫束縛，並且迎向嶄新的自己。

「覺醒並進化」意味著深刻了解自己（這當中也包含理解那些我們不願意面對的部分，尤其是我們的痛苦）。當我們完全如實接納這些痛楚（不美化它們，當然也不為此感到抱歉），並意識到我們以各種方式共同促成這一切時，就能開始將痛苦轉變成智慧。

要理解自己的痛苦，是很難受的一件事，這就是為什麼，書中的文字可能會刺激到妳們。我希望妳們明白，我這樣做是有用意的，為了掀起一場內在革命。妳們會覺得不好受，是由於舊有的「信念結構」與「生活方式」被顛覆所致。因此，會有震驚、悲傷與失落的情緒不但很正常，這些情緒對妳們的轉變也非常重要，而妳們都有能力做到我所提倡的自我進化（雖然自己可能沒有意識到這一點）。不僅如此，妳們也應該要這麼做。我將在書裡分享我的自身經驗，這樣妳們就會知道，自己並不孤單。我對妳們的遭遇感同身受。正因為如此，我明白這趟名為「人生」的旅程是多麼具有挑戰性。

我要先提醒各位，這本書力道十足，特別是一開始的時候。在開始閱讀之前，請先做好心理準備，由於它揭露了我們的各種沉睡姿態，所以讀起來並不舒服。在開啟新覺知的同時，我們往往會感到極度迷惘。本書將以意想不到的方式刺激妳們，讓妳們在旅途中多次想把它放下來。在面對覺醒帶來的殘酷事實時，我們自然會感到抗拒。

請相信，只要拿起這本書，妳們就已經為「追尋本真」跨出重要的第一步。本書架構正好與妳們的靈性展現過程相互呼應。由此可知，妳們的旅程已經展開。

當妳們在閱讀時，請放慢速度，停下來思考，同時記錄心裡的想法與感受。讓這本書提供充分的啟發，並促使妳們的本真顯現出來。

姊妹們，那就讓我們開始吧。我們都可以做到，大家一起踏進那片遼闊的海洋。在大海的另一頭，將會有嶄新的視野等著妳們——它的名字叫「自由」。

重要聲明

儘管我已經盡量囊括五花八門的生命體驗，可能還是會有不少遺漏。我在書中主要談論的是兩性關係，但在某些情況下，我也會試圖涵蓋各種不同的性向。

我力求兼容並蓄。我絕對相信，各式各樣的人生經驗都值得被重視。如果妳們覺得被排除在外，我建議不要過度關注外在行為的表現，而是要注意我所提到的「內在動態」。從內在體驗的角度來看，我們之間的共同點比我們察覺到的還要多。妳們將會產生共鳴，並藉此找到自我進化的方法。

每一次澈底覺醒都需要某種啓發。
這樣的啓發會喚醒永恆的自我。
若少了它，這一切都不會發生。

這本書歌頌的是某種極為深刻的情誼，
那是我和他人，以及我自己之間的友誼。

PART

· ONE ·

在母體裡沉睡

ASLEEP
IN THE
MATRIX

1．被腐蝕的靈魂

猶如劍鞘內的寶劍，她的光彩無法展現；
彷彿箭袋裡的弓，她的力量不被看見；
宛如豆莢中的豆子，她的價值無法彰顯。
像是囚禁在牢籠裡的動物般，
她等待著被釋放的那一天。
恰似蛻變中的蝴蝶，
唯有褪去舊皮，她才能成為美麗的彩蝶。

⁙

當我發覺車子卡在路邊的溝渠內時，就知道自己有麻煩了。我完全不記得是怎麼把車子開進那裡的，我在開車時睡著了，而車子在距離一棵樹幾英寸的地方停了下來。那時，我因為照顧年幼的孩子筋疲力竭，同時還必須應付繁重的博士課程。在沒有任何家族後援或保姆協助的情況下，我已經將自己燃燒殆盡。車子的晃動使我驚醒過來；我幾乎無法呼吸，全身都在顫抖，感到困惑不安。幸運的是，我還能把車開回高速公路上，也幸好沒有任何人受傷（就連我的車也毫髮無傷）。

然而，這起事件突顯出另一種傷害。長久以來，它一直侵蝕著我的心——我正逐漸摧毀我的「靈魂」。

靈魂腐蝕是一段循序漸進的過程——在不知不覺中，我們的內心慢慢地被侵蝕，這必然會導致真實自我的死去。這樣的病症始於童年，然後逐漸蔓延開來。（在女人身上，這種情況特別嚴重。）其症狀包含失去力量、本真，以及無法表達自己的意見與觀點。基本上，靈魂腐蝕是在消除我們的內在覺知。每當我們掩蓋我們的「內在真實」時，我們最珍貴的寶藏——我們的本質都會受到破壞。

讓我說明一下，這件事是怎麼發生的。我有位名叫翠斯塔的客戶，她還記得曾在四歲左右弄壞了心愛的玩具，那是一個她以自己的名字命名的娃娃，還把它當作自己的孩子般照顧。心碎的她哭了好幾個小時，她那極度嚴厲的父親叫她不准哭，否則就準備挨揍，這反而令她哭得更凶。

她在餐桌上繼續哭泣時，父親發火了，他把這個娃娃澈底弄壞，然後當成垃圾丟掉。看到他如此震怒，翠斯塔嚇傻了。「那感覺就像是他把我碎屍萬段，再當作垃圾扔掉。我想要大聲哭喊，內心其實想打爆他，但我只是呆呆站在那裡。沒有人來解救我，也沒有人安慰我。那是我第一次明白，被拋棄是什麼樣的感覺。他不僅丟掉我的寶貝娃娃，也讓我完全失去了安全感與價值感。我再也無法像以前那樣信任他和母親了。」從那時起，她意識到必須將真實自我隱藏起來，她這輩子看起來一直很冷靜，就是這個緣故。

時至今日，即便翠斯塔已經四十幾歲，還是很難清楚表達自己內心的感受。她的丈夫和孩子都經常跟她抱怨，由於她太過嚴苛，他們和她很疏遠。尤其是她正值青春期的兒子麥特，幾乎每天都跟她起衝突，翠斯塔因此向我尋求治療。在經過許多處置之後，她才漸漸明白兒時所建立的防禦機制：情感壓抑與疏離，讓她如今無法與兒子變得親近。

翠斯塔不斷複製自己的童年模式，甚至還重現了她父親的某些教養方式。在麥特表達他的感受時，翠斯塔發覺自己對他變得嚴厲、愛挑剔，現在她終於曉得這是為什麼了。兒子使她想起小時候那個被父親斥責的自己，因此看見麥特變得感性，她視之為一種軟弱的表現。她會試圖壓制他的情緒，並且否定他，就如同她過去受到的對待一樣。翠斯塔察覺到這些回憶，開始療癒過往的創傷，如此一來，她得以向兒子敞開心胸。

起初，我們的真實自我拚命想留存下來。它大聲抗議，導致我們心生厭惡，當我們持續忽略它時，這些抗議聲逐漸淡去，最後只剩下微微的啜泣聲。隨著記憶變得模糊，那些悲泣聲也變成朦朧一片。

失去自我是一種很普遍的現象，我們都經歷過這樣的傷痛。當我們的本真被腐蝕時，我們的心裡會留下巨大的空洞。這個空洞內嘈雜混亂，深深影響著我們現今生活的每一個層面，它會透過各種看似微不足道、卻很危險的事情顯現出來，例如：

- 車子衝出路面。
- 酒後暫時失憶。
- 飲食失調（包含暴食症與厭食症）。
- 慢性疲勞。

- 自我懷疑與自我破壞[1]。
- 工作沒有目標。
- 錯過截止期限。
- 忘記繳交帳單。
- 顯得冷漠與倦怠。
- 困惑與自我厭惡。
- 情感疏離。
- 暴躁易怒。

這次瀕死意外令我驚覺，我不僅把車開出路面，也偏離了自己存在的理由。我是誰？當我忙著攻讀博士，同時努力扮演妻子與母親的角色時，我又變成了怎樣的人？我是如何讓自己的本質如此受到摧毀與拋棄？

我十分擅長隱藏自己的內心世界，所以沒有人知道我的心已經散亂而破碎。我貌似極為能幹、有條不紊且富有成就，這些掩蓋了我心中的混亂與不和諧。畢竟，幾十年來，我都在塑造這種外在形象，如今它已經被琢磨得很好。

我們所有人都有這樣的狀況——我們原本的自我死去，被「虛假自我」所取代（我們

1 self-sabotage，指我們在進行長期計畫或目標的過程中，有阻止自己達成的傾向。自暴自棄、放縱自己、拖延症、過度進食、故意挑起爭執等都是常見的自我破壞行為。自我破壞通常源自於內心的恐懼，是一種為了自我保護而產生的心態。

通常把這個人格面具稱為「小我」[2]）。在成長的過程中，我們多數人都一直以為，這個小我就是我們的「真實」自我，而沒有意識到人生完全建構在虛假的基礎上，它往後將對我們的心理造成嚴重影響。

小我扮演的角色

小我源自於自我壓抑。當一個人的內在自我[3]受到忽視、否定、壓抑，並且被外在力量消滅殆盡時，它就會因此壯大起來——這股力量通常來自他人的聲音（特別是我們的親人）、自身成長的文化環境，或是我們所擁有的信念體系。

我所認識的每個人都無法避免這種情況。他們的本真被某種外在形象取代，而在這個面具背後，埋藏著他們的真實自我。這樣的狀況更常發生在小女孩身上，因為在主宰一切的父權體制下，男孩們只要「做自己」就好。然而，年輕女孩們很早就被訓練要遵守某一套嚴格的規範。

為了滿足父母親或文化對我們的期待，女人非常習慣將內在真實完全捨棄，以致於根本沒有察覺這種自我分裂的存在。有時候，我們可能會在心裡感受到不滿或憤怒，但只會把它們視作某種「情緒」，或是惹毛我們的某件事。我們無視自己的內在分裂，沒有意識到它使我們的生命出現更多裂縫。

我們多數人在長大成人的過程中，都沒有發現我們為了獲得愛與肯定，採取了許多虛假的做法。若偶然驚醒（就像我把車駛離路面時一樣），我們往往會尋找其他掩護，不久之後又會繼續舊有的存在方式，在「夠好了」的偽裝底下，一切如常。

有了這樣的認知之後，在聽到「小我」這個假象其實是個「好人」時，妳們也許會感到驚訝。小我是我們腦海裡的自我形象，和家人與社會對我們的期待十分吻合。小我意識根據我們所接受的教養緩慢發展而來，巧妙地教會我們某種合乎現實生活的運作方式。

還是孩子的時候，我們無法自我擁護[4]，因此在成長的過程中，不得不屈服於我們所受到的各種制約，即便這意味著得脫離我們的本質。創造出虛假的自我，這其實是小我的仁慈。虛假自我是成長的必要條件，為了確保自身需求能獲得滿足，我們出於本能地戴上了這個面具。弔詭的是，我們的小我意識取代真實本質的過程非常和緩，導致我們沒有察覺為了迎合家人與文化，它是怎麼改變我們的。小時候的我們可塑性很高，卻常在沒有抵抗的情況下，被迫遵守父母親訂下的種種規矩。我們會不停地扭曲自己，直到我們符合他人心目中的形象為止，如此一來，這個形象就成為我們自己心裡的形象。

---

2 佛洛伊德認為，一個人的人格包含了三個部分：「本我」（id）、「小我」（ego）和「超我」（superego）。「本我」是人格結構中與生俱來的部分，代表人類的基本需求與慾望，如飢餓、性慾等，這些需求必須立刻被滿足。「小我」是個體出生後，在現實環境中由本我逐漸分化出來的，若本我的各種需求不能獲得滿足，就必須遷就現實的限制。「超我」則是人格結構中的道德部分，是個體在接受社會規範的教養後形成的，其中包含自我理想與良心，用來約束原始衝動、達成崇高的目標，同時使人格臻於完美。

3 本書中所提到的「內在自我」（inner self）意指「本我」。

4 self-advocate，又譯為「自我倡權」，意指為自己發聲、爭取應有的權利。

如果父母親因為我們太過感性（或者其他的太過這樣、那樣）而責備我們，多數人都會立刻火速地做出反應，調整自己的性格，以便符合他們的標準。就如同翠斯塔一樣，小我變成了保護我們的盔甲，幫助我們適應不和諧的童年。

我們是如此渴望被父母親，以及所身處的文化環境看見，並且得到他們的認同，導致我們向小我的強烈誘惑屈服。在這段過程中，我們漸漸將自己的真實本質埋藏起來，結果便創造出某種虛假的身分認同，那就是我們現在所展現的樣貌。我們以為自己是這樣的人，但實際上，這只不過是我們為了不再害怕自己不值得被愛與肯定而戴上的面具。

身處迷霧

我可以很誠實地說，我大半輩子都活在迷霧裡。當然，我曾經多次瞥見我的真實自我，但幾十年來，我都把大部分的自己隱藏起來。回顧過往，我不禁思考，當過去的我覺得不被認可或受到壓抑時，我怎麼能就此默不吭聲？今天的我絕對不會允許這種事。然而，以前的那個女人不僅容許這樣的事發生，甚至還把它合理化，並當作她唯一的選擇。

我所謂的「身處迷霧」就是這個意思。不管我們是女性還是男性，這團迷霧都包圍著我們，讓我們變得盲目、不願意認清自己的處境。我們看不見事情的真實樣貌。這團迷霧源自於我們所熟知的「父權體制」，這套男性主宰一切的制度不但毫無保留地消除女人和小孩的聲音，同時也貶低他們。習慣位居階級頂端的男性會透過壓制他人的方式來保有控制權。當這種階級制度沒有受到約束時，它可能會成為一種毒害。這種「有毒的男子氣概」變成了某種文化基調，在女性和男性的心裡留下傷痕。簡而言之，它蒙蔽我們的思想，使我們的人生嚴重失衡。

因此，女人和小孩會下意識地對周遭的男人提高警覺。在成長的過程中，我們明白一切全由男性主導，於是一旦被他們包圍時，我們知道自己將面臨潛在的威脅。所有女人都曉得要避開巷子裡的那群男人，這種本能不只是多疑而已，因為有強烈的跡象顯示，我們可能會受到各種侵犯，導致我們變得小心翼翼。儘管這樣的本能可以保護我們，還是帶來了沉重的負擔。

妳們能想像，這種危機意識如何形塑我們的心理嗎？無論父親是否有時候會提高音量或大發雷霆，我們都學會藉由提防身邊的男人來保護自己。我們為此付出很大的代價，同時它也從根本上影響我們的發展。

父權體制訓練年輕女孩成為聽話的羊群。我們原本都是走失的綿羊，努力找尋帶領我們的牧羊人——世人告訴我們，那是上帝、我們的父親，或是我們未來的丈夫。就像任何羊群一樣，我們緊緊跟隨牧羊人的腳步。我們都明白，能捨棄自己的獨特個性、融入群體，並且變得被動與順從，是成為一隻好羊的關鍵。脫穎而出不僅不被允許，也違反羊群的規定。讓自己變得樸素黯淡，是很重要的一件事。我們很早就學會自我隱藏，因此和周遭的那團迷霧融合在一起。

我看到許多女人時常為她們受到的傷害找藉口（這些傷害正是肇因於當今的父權體制）。我們習慣「自動默認」某件事錯在自己，就如同孩子被父母親忽視或虐待時，他們會以為那是自己的錯一樣。這就是為什麼，很多人都沒有為此大聲疾呼，因為我們甚至不認為那是一種選擇。更因如此，我們經常遭受苛刻的對待，並看著我們的母親和姊妹們逆來順受。在成長的過程中，我們一直以為事情就是如此。

這本書挑戰我們、要我們打破現狀，使我們勇於跳脫這樣的「現實」，並且成為嶄新的自己。我們會先從察覺自己的處境開始——包含生理機制如何影響我們、心理如何形塑我們，以及文化環境如何恐嚇我們，直到我們失去自我為止。在了解並接納這三個層面之後，我們就能讓自己掙脫束縛。

首先，第一個步驟是看見迷霧，並將它和現實區分開來。以我來說，我花了幾十年的時間才真正正視自己的經歷。我非常害怕別人不喜歡我，所以為了維持和諧的關係，我總是自我怪罪——若有人表現出惡劣的行為，那都是因為我做了某件事的緣故。我以為我應該這麼做，不知道這只是在讓對方逃避責任而已。因為只要我把責任攬在身上，對方就可以過得很自在，於是自然對我感到滿意。

我花了很長的時間才明白「自我責怪」和「為自己負責」之間有何不同。前者使我一直深陷恐懼（隨之而來的是我的沉默），後者則讓我察覺，我也共同促成了我所受到的傷害，因此得以勇敢面對。

身處迷霧的我們會受到恐懼情緒的支配。由於活在恐懼中，所以無法正視這些毒害的真實樣貌。隨著恐懼而來的是責怪，最後則是因為感到惶恐，以及沒有針對這些恐懼採取行動而感覺慚愧。我意識到，我的人生裡出現這種「恐懼—責備—羞愧」的循環，每當我因為害怕而沒有捍衛自己時，事後都會自責好幾天。只有在能掌控自己的恐懼時，我才真正開始覺醒。

這裡有兩把利箭，妳有發現嗎？第一把箭是我們女人實際受到的貶損，以及我們的沉默。第二把箭則是我們因為容忍這一切而感到自責與羞愧。我們打從心底明白，我們應該勇敢地說出自己的遭遇。

我們的恐懼都圍繞著以下問題打轉：

- 「別人會怎麼說？」
- 「若少了外界的認可，我還有價值嗎？」
- 「為自己發聲是否會影響到我的財務狀況？」
- 「我的孩子會沒事嗎？」
- 「我是否會面臨身體或精神上的傷害？」

我們不僅感到害怕，還會忍不住因為自己缺乏勇氣而心生厭惡。這樣的恐懼循環使我們的內心一直處於壓抑狀態。最後我們終於了解，想駕馭它，就必須承認它，我們已經準備好大聲呼喊：「我也是這樣！」我們不再沉溺於受害者心態；我們終止了那些讓我們自我壓抑的事物。

我很能理解女人為何感到生氣、憤怒或沮喪，因為長久以來，她們都一直壓抑自己的情緒，所以她們會變得激動難忍、想大喊「不要再這樣」是理所當然的。這樣的女人通常會被貼上「不理性」、「情緒化」以及「精神失常」的標籤，還可能會被這個社會排擠。

因為害怕這種事發生在自己身上，我們往往會盡量不要變得這麼大膽，卻沒有意識到，成為一個勇敢的女人才能拯救自己。

只要恐懼令我們漠視心裡的聲音，就會繼續受到外在力量的擺佈。在恐懼底下，小我會像機器人般的自動做出反應。於是，我們成了恐懼的奴隸。這些恐懼會以很多形式表現出來，例如：

- 害怕被否定。
- 害怕失敗。
- 害怕被排擠。
- 害怕孤單。
- 害怕自己毫無價值。
- 害怕受到身體或精神上的傷害。

我們非常習慣恐懼，它就像是我們的「第二層皮膚」一樣。我們經常感到惶恐，導致往往無法澈底理解自己是如何受到其支配的。由於置身父權社會、害怕被身邊更強勢的男性懲罰，我們女人容許自己被霸凌與消音。隨著時間過去，這樣的沉默、畏縮變成了我們的心理預設。它通常十分隱晦，所以我們很難自己察覺。

無論我們是否身處一段有害的關係，或遭受身體上的傷害，事實是，我們都極有可能面臨這種情況。不要只因為妳們尚未直接受到父權體制的迫害，就傻傻地以為妳們比較聰明。這其實是無可避免的。如果妳們是現代女性，在某種程度上都曾經有過這樣的經歷。

妳們也許還沒發現這些經歷的真實樣貌，但確實已經發生，而且請相信我，它們已經對妳們造成影響。我所認識的每個女人都無法逃過父權社會的箝制。

我花了很多年的時間才體認到，我是如何允許身邊的男人摧毀我的聲音與價值。我必須慚愧地承認，自己是如此盲目且受到制約，導致我大半輩子都容許自己的聲音被壓制。我幾乎不想讓妳們看見我的這一面，我希望妳們覺得我很完美，同時充滿了力量與智慧。但我也知道，唯有將我自身的覺醒過程如實呈現出來，妳們才能開始妳們的覺醒之旅。

把自己脆弱的面向——那些不那麼聰明、勇敢或「體面」的部分隱藏起來，向來容易許多。但現在的我明白，只有在女人們分享她們的真實心路歷程時，其他女人才能安心分享自己的經驗。正是藉由這樣的分享，我們得以一同奮起。

雖然將那些我們不想承認，也不希望別人看見的部分展現出來，是很不自在的一件事，接納這種不自在的感受，是我們這趟療癒之旅很重要的一部分。除非我們凝視自己，並認可內心的每一個面向，否則我們將無法變得完整。自我整合意味著接受自己的所有樣貌，那些體面與不體面、友善與不友善、堅強與不堅強的部分都包含在內。完整代表的不是完美，而是接納——在任何時候，都原原本本地接受我們的真正樣貌。

這本書中分享我的人生故事，就是接納這種不自在的表現。有時候，我會因為害怕妳們不喜歡我而感到排斥，但我知道，自己必須克服這些恐懼。如果我沒有這麼做，我就不會跟妳們分享，同時也不會成長。若我沒有成長，妳們也不會跟著成長。

這種不自在不僅很正常，也是我們擺脫舊模式，並展開新模式的唯一方法。長久以來，我們都習慣逃避這樣的感受。但我希望本書能使妳們明白，只有在「直面」內心的這些黑暗面時，我們才能找到真實的自己，並且獲得自由與救贖。

跌至谷底

我知道，在追尋真實自我的路上，我並不孤單。我已經與許多這樣的女人交談過，她們都想走出迷霧、讓自己的人生變得更清醒。因為對事實視而不見的我們抱持著虛假的自我認知（我們自我壓抑且充滿恐懼），所以要使我們面對現實，往往需要很多次覺醒。

這令我回想起我的客戶潘美。某次她在過完無比痛苦的一天之後打電話給我，她花了一整天的時間服侍她的家人，為他們每個人做了一連串的事：載年邁的母親去看醫生、協助生病的姊妹安排居家照護事宜、幫女兒在租屋處搬動家具、教小兒子做功課，以及參與丈夫正在執行的專案。潘美十分和善、熱心，她以為應該把家人的需求擺在自己的需求前面。她終其一生都這麼做，而且依舊持續扮演這種自我犧牲的角色。潘美沒有意識到，自己為此付出很大的心理代價；她不了解事情的全貌。

在過去的一年裡，她的體重增加了二十七磅；在發現丈夫外遇後，兩人瀕臨離婚；她也經常對孩子們發脾氣。她沒有察覺自己內心的真實感受，反而繼續透過她拚命堅持的角色來加以掩蓋，以為這樣就能獲得她所渴望的心理救贖。她展現的是她心中對母親、妻子和女兒形象的既定觀念；她以為要得到認同，自己就必須這麼做。這簡直快要了她的命，她只是沒有意識到而已。她已經完全被迷霧淹沒。

當我委婉地暗示，為了滿足自己的需求，她一直都在扮演「危機處理者」與「解救者」時，她氣憤地反駁：「妳的意思是說，是我自己想這樣做嗎？」她簡直無法相信，我會做出這種暗示。「為什麼我要這麼做？為何我會自願把自己累成這樣？難道我喜歡自討苦吃嗎？」

我們花了一些時間解構她的心理模式。如此一來，她終於明白自己如何扮演危機處理者、給予者與解救者的角色（她甚至沒有察覺這一點）。潘美始終是家裡的拯救者——問題解決者、照顧者、調停者以及和事佬。每當家人有需求，她就會滿足他們，因為兒時的她就是用這種方式得到父母親的愛。周遭的人有任何需求時，她都不會讓他們自己處理，而是急著去解救他們。在「愛人」與「被愛」這兩件事上，她只知道這個方法。甚至很有可能是她自己引來這些需要幫助的人，這樣她就能扮演這些熟悉的角色。隨著時間過去，不懂得怎麼透過設立適當界限來照顧自己的她已經瀕臨崩潰。

我們的文化訓練女人藉由自我犧牲來取得他人的愛。這樣的犧牲會以各種形式表現出來，無論是哪種方式，我們都以為自己將藉此獲得至親的關愛（這正是我們極力追尋的）。這種行為逐漸擴及我們的朋友，還有其他人。若自我犧牲的角色可以讓我們一直受到關注（不管這種關注正面與否都無所謂），我們就會繼續扮演它們。我們很快就無法分辨，這些角色究竟只是角色，還是我們的真實自我。就像潘美一樣，我們會漸漸開始融解，不是因為操勞過度，就是因為某種危機使然。我們的面具慢慢地裂開，然後光線開始從微小的縫隙照射進來。

當光線照進這些陰暗的角落，那種感覺很可怕。我們第一次捨棄熟悉的角色時，也許會感到失落，卻又同時詭異地變得活力充沛。由於這些感受非常嚇人，我們的本能反應是用舊模式來遮蓋那些裂隙，並且忘掉我們所看到的一切。然而，隨著時間流逝，一旦我們遭受了足夠的創傷，這些裂縫會變得越來越大，小我再也無法掩蓋下去。這樣的狀況發生時，我們常會用「崩潰」來形容，如果發生的時間比較晚，我們則會稱之為「中年危機」。

一般來說，只有在遭受太多創傷時，小我才會偏離它運行的軌道。當這種情況發生時，我們或許會跌至谷底。作為一位治療師，我期盼我的客戶能經歷這樣的時刻。這代表了小我可能會因此死去。即便這位客戶極力避免這種狀況、為了不讓真實的自己被揭露費盡心思，治療師仍屏息以待。當一個人處於谷底時，他的真實自我將被迫卸下面具。這樣的自己往往會令他感到十分陌生。此時，感覺一切都不再管用。我們原本用來逃避真實自我的那些對策，現在似乎全都無法發揮效果。

我的「谷底」就是我把車子駛離路面的那一天。正是在那一刻，我意識到必須立即做出改變。我不知道該怎麼做或從何開始，只知道時候到了，我的靈魂再也禁不起侵蝕。

當我們觸及谷底時，就必須澈底承認，自己曾經允許文化或父母親消除我們的聲音，同時貶低我們；我們得修復這些創傷。其中的困難之處在於，赤裸裸地照見這種「容許」。我們竟然讓自己遭受嚴重忽視與貶損，這實在令人難以接受。

「谷底」之所以這麼傷人，是因為巨大的壓力導致小我的面具破裂。我們是否曾經思考過，摘下面具後的自己可能會是怎樣的人？如果我們夠勇敢、足以找出問題的答案，就能順利找到人生真正的意義，就此成為最真實的自己。這意味著深入探究我們的本質，並且捨棄所有虛假的偽裝。這代表擺脫我們內心不再有用的部分，還有那些束縛我們的心理模式。這同時也意味著正視恐懼（我們害怕採取行動），以及恐懼背後的一切。

對潘美而言，這代表她無須再藉由扮演危機處理者與解救者來獲得肯定。當她越來越認同她的內在自我時，就不再仰賴周遭的人給予她這樣的定位。當她變得越來越愛自己時，她說「不要再這樣」的次數開始變得越來越多。起初，那些和她親近的人對她嶄新的存在方式感到抗拒，甚至覺得被她背叛。他們會有這種反應是很正常的。後來他們發現自己別無選擇，便開始配合她。

潘美讓光亮照進她的心裡。她終於體會到，不再為了獲取別人的認同而犧牲自己是什麼樣的感覺。她有能力回答以下問題：「我是否已經準備好忠於自我，並且肯定自己？截至目前為止，我都拚命想從他人身上得到這些肯定。」在邁向心靈覺醒的路上，我們所有人都會面臨這個問題。

把恐懼變成愛

我們是怎麼學會在恐懼中保持沉默的？我們似乎從小就知道，比起抗議，保持靜默是更聰明的選擇。當我在公車上被亂摸、在街上被吹口哨、在店裡被騷擾，或者受到實質虐待時，我都學會了往肚子裡吞。我總是擔心自己如果發出太多聲音，就會面臨懲罰。和「做自己」相比，我更在意其他人對我的看法。所有遭受虐待的女人都可以證明這一點。我們全都保持沉默，是因為深怕說出自己的遭遇會導致別人不喜歡我們，反而使事情變得更糟。

文化壓迫並控制我們的心理，讓我們每天都活在恐懼裡。它給我們的評分取決於我們有多安靜、順從。我們表現得越安靜，所獲得的分數就越高。這些父權文化的產物把所有人（包含男人在內）都搞得一團糟。這種有害的體制就是如此，任何人都逃不過它的掌控。

當我們變得恐懼與沉默時，就無法「自愛」。自愛的最大特徵之一在於，重視我們內心的感受，同時得以在不責怪自己或感到羞愧的情況下，自在地將情緒表達出來。長期壓抑心裡的真實聲音會造成我們的「內在疏離」日益加劇。因為逃避、忽視自己的真實情緒，使我們誤以為它們根本不存在。雖然這樣的疏離會帶來短暫的舒適感，但是長此以往，會讓我們無法察覺自己當下的感受。這種疏離狀態越嚴重，我們就越缺乏內在連結與內在和諧。很快地，想法與言行將明顯脫鉤，令我們感覺焦慮與失落。

在我和男人之間有過的多數親密關係裡，我都充滿了恐懼。儘管在工作上，我表現得很勇敢、大膽，我在人際互動上卻正好相反。我會把真實自我隱藏起來，並且讓自己漸漸被遺忘。我花了很多年的時間才澈底覺醒。經過一次又一次的壓抑與貶損，我的內在真實一再被否定，導致心中的壓力與日俱增。我假裝什麼事都沒發生，直到某一天，我無法再這樣下去。然後，一切都變得支離破碎。

我之所以能撰寫這本關於「澈底覺醒」的書，是因為我本身已經走過這條艱難的路。這麼多年來，我一直偽裝自己，因此我明白怎樣才能走出迷霧。我的目標不在於強調這些痛苦，而在於告訴女人們，她們可以把痛苦轉變成力量。

我們不願意面對這個事實：將真實自我埋藏起來，就是在和自己對抗。除非我們意識到這一點，否則還是會繼續這麼做。沒有了本真，就沒有真正的和平。唯有在如實接納自己，以及各種人生經驗時，才會有永久的和平。

每一次透過言語和行動來表達自身經歷，我們會變得越來越愛自己。每一次對自己的感受與內在歷程抱持尊重，都是一種自愛的表現。我們每一次勇敢發聲，就能讓自己和彼此被看見與聽見。

當一個女人勇敢說出她的遭遇時，她就不再暗自恐懼。她的心裡將產生全新的感受，那就是「愛」。她會大聲宣告：「我愛我自己。我值得被傾聽。我不只是過去的總和。我相信自己內心的聲音。」

當一個女人勇敢說出自己的遭遇時，她會為其他女人開闢出一條路，讓她們充滿力量，並且獲得自由。當她開始活出本真時，其他人也會有勇氣這樣做。此時的重點不再是擔心自己能否獲得幸福，而是去愛每一個人。她明白，停止恐懼其實就等同於愛她自己，還有她的女兒和姊妹們。

只要能開始注意到，我們如何共同促成女性的自我壓抑，我們就能循序漸進地表達自我。這可能要花很長的時間，因為我們不習慣聽自己把心聲說出來。我們或許可以先從和某個好友或女性長輩分享開始。或者我們可以接受訓練或心理治療，跟那些和我們比較陌生的人一起努力。當我們這麼做時，我們將有意識地表達我們的真實自我，而不是被動、無意識地成為受害者。

察覺文化怎麼壓制我們，並且消除我們的聲音，使我們得以更了解我們的心理狀態。這樣的覺察不是一種被動的行為，因為我們必須仔細審視我們的內在動態，以及所受到的各種制約如何造就這些動態。在主動分析與辨別的過程中，這種覺察漸漸變成了覺醒。

讀到這些文字妳可能會感到害怕或不知所措，甚至也會覺得沒有信心。若是如此，我要在這裡告訴妳「完美的覺醒方法並不存在」，希望這樣能有助妳撫平情緒。這趟旅程也沒有所謂的終點可言。簡而言之，這一切只是妳的自我展現——當妳讓這些文字進入心中，真實自我自然會顯現出來。妳所產生新的意識，彷彿黑暗的房間內亮起了一盞燈。這些文字就是那盞燈，當它被點亮時，妳將開始看見原本藏在陰暗角落裡的那些東西——妳就是會忍不住去看，這是很自然的結果。

妳們都在這裡。這是一場非常浩大的工程。讓我們一起深呼吸，然後進入下一個章節。

2・所謂的「那個女人」

妳光是「好」還不夠，
妳還必須變得更好。
那不只是更好，而是優秀；
那不只是優秀，而是完美；
那其實不是完美，
而是一場對抗自己的戰爭。

⁑

「每當我進入一段感情都會失去自我。」女人常這樣跟我說。當她們告訴我，某段感情將她們的真實自我毀滅殆盡時，我一點都不感到意外。因為透過我們之後一起進行的「內在功課」，我知道她們將逐漸明白，她們的真實自我並非從這段感情才開始被摧毀。她們的內心早已破碎，只是到了此時才澈底瓦解。

沒有人會因為另一個人失去自己。當他們遇見對方時，他們就「已經」喪失自我。

在我們長大成人，並開始一段感情的幾十年前，就已開始背棄自己。基本上，我們還在母親的肚子裡時，這種背離真實自我的傾向就經由她的血液傳遞給我們。如今我們所展現的樣貌源自於祖輩的傳承，只是等到某段感情反映出這樣的迷失時，我們才有所察覺。如果幸運的話，我們會發現這種模式並覺醒過來。

長久以來，我們都沒有清楚意識到這一點。多數女人早在少女時期就被訓練成這樣——她們渴望獲得他人的認可、肯定與讚美，這就是我所謂的「三重威脅」。我們用它們來掩飾內心的空虛（我們的本質原本要在內心成長、茁壯）。由於我們對真實自我欠缺覺察，這三重威脅產生了催眠效果，在不知不覺中主導我們的行為。

我前面所提到的「本質」，指的是存在於自我核心的某種個性，它不會受到任何外在目標的束縛。只要可以自由探索，並且鞏固自己的本質時，我們就會發現原來自己具備如此強大的力量。問題在於，比起我們自己，其他人在我們心裡扮演著更重要的角色。這正是導致我們心理病態的根源。我們受他人影響的程度是很驚人的。

我曾經在我的家鄉印度和西方世界，跟許多女人一起處理她們的問題。我所遇到的這些女人從小都被教導要一味順從。我指的不是被打或遭受虐待，而是她們完全搞不清楚自己究竟是怎樣的人。我們都有這種傾向，為了迎合別人與文化的要求，往往會將自己的個性澈底抹滅。不管戴著什麼樣的面具，每一個女人都因為他人而失去自己的本質。若少了我們受到的各種文化制約，以及對母親、妻子、女兒和姊妹這些身分的認同，我們會是怎樣的人？

了解我們作為女性的預設，是極為重要的一件事。無論我們身在何處、收入有多少，抑或是在巴基斯坦或美國俄亥俄州的農家長大，我們都在不同程度上受到這種設定的影響。一個人可能會在聚餐享用羊肉印度香飯，或者做完禮拜、和親友一同品嘗馬鈴薯燉牛肉時接收到這些訊息。訊息不管是以哪種方式、哪種語言傳遞下去，為了確保其他人（尤其是男人）的需求能先獲得滿足，我們女人都因此習慣自我壓抑，並且犧牲自己。於是，我們經常操勞過度、筋疲力盡。我們發覺自己變得暴躁易怒，卻不知道原因何在。

只有理解自我壓抑或自我厭惡從何而來，才能發自內心地愛自己。要做到這一點，我們必須向內探尋，並明白「背棄自己的心」這件事有多嚴重。唯有如此，我們才得以迎來真正的轉變。

在覺醒的過程中，我們得檢視所抱持的每一個錯誤信念，以及每一個不正常、我們卻習以為常的心理模式。在花功夫進行這種繁瑣的內在功課之前，我們是不會察覺這些模式，也無法擺脫它們的束縛。事實是，沒有人想知道，自己始終深受文化影響。更不用說，我們對「女人」這個角色的觀念大多是謊言。要了解我們被矇騙到何種程度，就必須長時間向內探索、針對這些制約層層剖析。我們的信念竟然多半都不是真的，這是很可怕的一件事！

如果妳們對此反應激烈，我可以理解，也都明白。對我而言，要意識到這些事實是極其困難的。我覺得被我的父母親，以及所身處的文化環境背叛。我感到憤怒與沮喪，想要變得冷漠，並且與世隔絕。會有這些情緒是很正常的。離開熟悉的母體[5]從來都不是一段舒服的過程，這當中充滿了困惑。但若能夠接納這種不自在的感受，而不是抗拒它，妳們就會漸漸開始了解，像這樣仔細審視自己的內心有多重要。

我們越常檢視，並理解那些埋藏在心裡的東西，我們未來就越不容易被蒙蔽。然而，如果我們連自己是怎麼被矇騙的都不知道，又要如何避免一再深陷其中？

所謂的「好」真的好嗎？

儘管這種現象會以不同的方式呈現出來，多數女人的自我壓抑都是源自於某種內在壓力。從「我夠好嗎」這個問題就可以看出這樣的壓力。

這個世界上有誰能達到文化所加諸的各種標準？妳答對了——沒有人可以做到。但我們聽到的卻不是如此，因此產生錯覺，誤以為只要自己夠「這樣」、夠「那樣」，總有辦法變得那麼好。這當然是個陷阱，它讓我們一直覺得自己沒有價值。

長久以來，我們都抱持著「唯有我們是○○、××或△△，才有資格愛自己、重視自己」這樣的潛意識劇本。如果我們合乎某些標準，才會覺得自己是有價值的；我們必須變成某個人或某樣東西，唯有如此，我們才能接納自己。

偽裝和失去自我是如此普遍，我有時會以為，這是女性情感基因的一部分。妳們也許不會察覺自己的迷失，因為它會巧妙地隱藏起來。這樣的迷失會以下列形式表現出來：

- 害怕表達自己的意見。
- 無法設立健康的界限。
- 顯得冷漠與疏離。
- 暴躁易怒、不耐煩。
- 缺少性慾。
- 放棄自己的目標。
- 缺乏自我照顧。
- 漫無目的地忙碌。
- 不知所措、左右為難。
- 感到矛盾與困惑。
- 拖延與自我破壞。
- 自我懷疑、缺乏安全感。
- 無止境的焦慮與擔憂。
- 對食物與特定物質成癮。

為了得到三種珍貴的「毒藥」——認可、肯定與讚美，女人會從根本上改變自己的樣

5 matrix，源自於拉丁語，本意指子宮、母體、孕育生命的地方，也可引伸指某事物在演化過程中所身處的文化、社會與政治環境。

貌，以便符合周遭的期望。畢竟，我們就是習慣自我壓抑。尤其若一個女人在成長的過程中，一直認為自己是個「好女孩」，情況更是如此。「好女孩」會拚命努力獲得肯定，希望能從外界取得支持與歸屬感。她很早就知道，她的「善良」主要來自「順從」與「替他人服務」。至於那些從小被教導成模範兒童的人，可以再加入「表現優異」這一項。這樣的存在方式形塑了某種情感上的標準模式，也就是回應外在世界時的慣用方式。於是，女人會把這種預先設定好的存在模式和她們的真實自我搞混。

「做自己」和「做個好人」之間有著巨大的差異。我們對後者極度關注，以致於將本真與內在和諧完全捨棄。只有在開始意識到對「善良」懷抱執念導致我們脫離內在覺知時，我們的處境才會有所改變。

但難道「做個好人」不好嗎？

如果事情有這麼簡單就好了。問題在於，所謂的「善良」只是聽起來好聽而已，它其實是用來掩飾某個充滿惡意且終究無法達成的要求。它代表我們必須表現出某種行為，藉此滿足別人的期待，無論那是否符合我們的內在自我。當一個人的行為合乎某一套來自他人或社會整體的外在標準時，就會被認定是「善良」的。

男孩們自然也有一套必須遵循的標準，我們所有人都是如此。我們成長的文化環境逼迫孩子們循規蹈矩，因此我們學會了偽裝自己。只不過對女孩們來說，這一切困難許多。為了讓父權體制得以繼續控制女性，我們被訓練成只能藉由做個好女孩來獲取肯定。對女人而言，所謂的「善良」意味著地位卑微、屈居劣勢、對他人迎合順從。至於男孩們呢？

他們可以表現得善良或惡劣，事實上，有時他們表現得越「壞」，反而獲得越多肯定。他們甚至還能成為美國總統。

要將這個問題解構，我們就必須澈底摒除「有善良的標準存在」這樣的想法。少了這種想法，一切都會跟著改變，因為我們明白它是有害的。

好女孩會藉由旁人對她的看法來建立自尊心。她默默相信，如果她沒有把其他人擺在自己前面，她就不夠體貼、不會照顧人。若她沒有滿足別人的需求，大家就會覺得她自私無情。如果她正好是個霸道、愛挑剔的人，就會被貼上「賤人」的標籤。

當然，並非所有人都會盲目遵從這些社會規範。到了青少年時期，很多人會放棄遵守這些限制——他們不是表現出滿不在乎的樣子，就是抵死不從。還記得自己是年輕女孩時，妳做了些什麼嗎？妳是否一味順從，並且讓自己變成典型的「好女孩」？還是發覺自己有段時間變得冷漠、倦怠？或者是用盡全力反抗？

不管青少年和成年人的外在行為如何呈現，察覺我們一直被要求仿效某種原型，是很重要的一件事。無論我們選擇服從或反抗，都沒有先明白我們在對抗或逃離的東西是什麼來得要緊。

困在怨恨裡

我們女人都擁有同樣的背景故事。無論我們膚色黝黑或白皙，身材豐滿或肌肉精實，情況都是如此。既然我本身的故事解釋了我們怎麼被洗腦，以及我的本質如何被巧妙地深埋起來，就讓我針對妳我所生長的這個社會環境的重要層面進行說明。不管出身背景為何，妳們很快就會意識到，我們之間存在著多少共同點。

當我在撰寫這本書時，新聞正好出現「黑命攸關」[6]（Black Lives Matter，簡稱BLM）運動的相關報導。在我所成長的文化環境裡，世人大肆推崇白皮膚，有一款名叫「白皙又可愛」的面霜最受歡迎。在妳們讀到這句的時候，它依舊是一項暢銷商品。皮膚黝黑的印度女孩很早就知道，她們的膚色不符合理想標準，而她們的髮質、臀部大小或雙腿長度也是如此。她們發覺自己的一切都不夠好，於是她們美白臉部肌膚、吃流質飲食減肥，並且把頭髮弄直。

在一個崇尚這些特徵的國家裡，我曾經因為皮膚和眼珠的顏色比較淺而太受矚目。即便我的膚色比其他同年齡的女孩淺，我還是覺得自己不夠白，因此不僅對自己充滿厭惡，也不斷拿自己和銀幕與雜誌封面上的那些標準的白皮膚進行比較。

兒時的我因為外表獲得外界的肯定，這令我非常困惑。我受到極大的關注（特別來自年長男性），同時也遭到奚落與鄙視（這多半來自年長女性）。這些全都是在我十歲之前發生的事。我還記得，當時的我心想：「我要怎麼讓自己變得很醜，或者是極度自我貶低，這樣就不會有人因為我所獲得的矚目而不高興？」

我那時最好的朋友後來告訴我，對她來說，小時候待在我身邊是什麼樣的感覺。「跟妳一起走在路上，是我人生中最糟的經驗，」她說：「所有人都會注意妳。大家會停下來評論妳的眼睛或捏捏妳的臉頰，卻沒有人看我一眼，彷彿我是個隱形人一樣。」我還記得聽到她當時這樣說，我的心裡很難受。我覺得必須向她道歉，並且盡量貶低自己，以便讓她感覺好過一點。

我的朋友只因為皮膚和眼珠的顏色比較深，就被認為不漂亮，她會有什麼感受？這樣的文化有多糟糕——年輕女孩在成長的過程中，因為不符合某種理想化的審美標準，就覺得自己不如別人？

重點是，很多女孩都因為這套「白人化」的審美標準深感困擾。其原因在於，女人會因為她們的外貌不停受到評斷（無論是吹捧還是貶損），而對此我們全然無法掌控。我們的價值感始終和某種外在的東西連結在一起，因此基本上我們都被搞得一團糟。當我們獲得肯定時，會感覺愉快；當我們沒有獲得肯定時，則會感到糟糕透頂。

我們會忍不住厭惡這樣的女人——她們身上擁有我們需要的特質，這些特質會使我們覺得自己有價值。對我而言，這種來自女人的怨恨並不陌生，因為才小小年紀，我就已經聽過太多女人對我的外表冷嘲熱諷。有位我會親暱稱呼「阿姨」的鄰居就常警告我：「不要以為妳的美貌能保持下去，妳只是現在還年輕而已。」也許她這麼說是出於好意，但我只聽見她的輕蔑與厭惡。她沒有察覺，我開始嫌棄自己的外表，只希望我能變得和其他人一樣。

---

6 是一種國際維權運動，這種反歧視的抗議運動起源於非裔美國人社群。自二〇一三年起，因著一系列警察執法所導致的非裔死亡事件，大眾開始在網路上使用「#BlackLivesMatter」這樣的標籤來聲援黑人，同時也以此為名，舉辦了上千場抗議與遊行。

十一歲時，我找到解決這個問題的辦法，那就是讓自己變胖。雖然聽起來很諷刺，但那些拚命想使自己隱沒在人群裡的女人都會採用這個方法。這是我的對策，而它確實發揮了作用，其他人終於不再注意我。儘管男性似乎仍被我吸引，但至少我不再被女性討厭。畢竟，我希望大家不要再對我那麼苛刻，我希望他們能喜歡我。

十三歲時，我已經被澈底教育成既對自己感到羞愧，同時也對他人迎合順從。我周遭的女人讓我知道，我永遠都無法真正脫穎而出，並佔有一席之地。好笑的是，竟然是女人，而不是男人使我了解到這一點。她們的奚落與鄙視令我明白，比起表現出色，當朵「壁花」有利許多。女人最好選擇多數人都走過的那條路——可能在大學畢業後，先工作幾年，接著就安頓下來，並且結婚生子。

這條路便到此為止，彷彿為人妻、為人母是一個女人最後且唯一的終點。偏離這樣的路線感覺前途險惡，有哪個女人會想毀掉自己的社會形象？相較之下，接受這個殘酷的事實，並且變得像「那個女人」一樣會容易許多。

察覺我們心中關於這些標準的劇本，同時檢視它們所帶來的傷害，是很重要的一件事。唯有在意識到文化怎麼壓抑並摧毀我們的本性時，才能開始將真實自我顯露出來。首先，我們必須了解文化如何用各種方式讓我們陷入沉睡狀態。

成為「那個女人」

如果認真思考，妳們將會發現，不管出身背景或身處的文化環境，女人內心都極度焦慮不安。我們用盡各種方法增加頭髮的光澤，使之看起來更豐盈；我們用各種方式彩繪指甲，令其閃閃發亮；我們花在化妝品上的金錢不計其數，並觀看無數YouTube教學影片，學習怎麼修飾臉型……這一切全都顯示，我們的內在疏離極其嚴重。

我們會以很多種方式來掩飾內心的空虛，例如吃個不停、穿集中托高型內衣、打肉毒桿菌，以及戴假睫毛。此外，我們用塑身衣塑造出原本不屬於自己的身材，穿著丁字褲以突顯臀型，還有那些極不舒服、令人苦不堪言的服飾或鞋子……方法林林總總，焦慮的我們為了「修正」自己的外貌耗費極大的精力。很自然地，我們很多人都會反抗，試圖摒棄所謂的「標準」。然而當我們這麼做時，往往會連同珍貴的東西一起拋棄，不再好好地照顧自己。

一個女人感受到的內在空虛源自於這個事實：她的本質從一開始就遭到破壞，無論她的出身背景為何。在某種程度上，她的靈魂已經被摧毀。長久以來，我們都被這樣的觀念洗腦，那就是要證明自己的存在，我們只能拚命符合某一套不可能達到的、關於美麗與善良的標準。對我們很多人而言，那正是所謂的「完美」。當然，完美是相對的。基本上，這意味著承受「必須偽裝自己的壓力」。

比起外表，善良的標準會以更多形式呈現出來。在面臨衝突時，我們會用各種方式壓抑自己的聲音，沉默以對。由於害怕在想法和言行舉止上顯得與眾不同，所以我們選擇默不吭聲；因為擔心會受到懲罰，我們也不敢拒絕別人。這些全都削弱了我們心中那股強大的力量——這股力量十分寶貴，我們卻不曾運用它。

這些存在方式沒有經過明確的教導，實際上也不需要，因為就像我先前提過的，它們來自祖輩，經由母親的血液傳遞給女兒。在周遭環境的耳濡目染下，我們承襲了這樣的心態。這是一種跨越文化的普遍現象，我們以為女人本該如此——就像「那個女人」一樣。

我想告訴妳們，這一切並不自然，完全是文化的產物。我希望讓妳們明白，我們的行為如何嚴重受到某種文化潛意識的操控，而我們根本不必接受它的控制。

我知道妳們會這樣想：「妳說得頭頭是道，現實中哪可能做到。」以我自己來說，在我人生的前四十二年，「那個女人」的執念一直束縛著我。它緊緊掐住我的喉嚨，我只能發出微弱的聲音。它宛如塑身衣般勒住我的肋骨，將我那脆弱的腳踝塞進高跟鞋裡。它把我的勇敢發言變成對自己的質疑，而我的真實自我則成了不折不扣的謊言。它用面具蓋住我的臉。當我拚命拿自己和其他女人比較時，它擾亂了我平靜的心，令我深陷不安。

不管我們離家多遠、變成怎樣的人、多有成就、身材有多纖瘦，抑或是贏得多少次育兒比賽，我們都被困在既定的刻板印象裡。在成長的過程中，我們身邊的女人都鼓吹這樣的刻板印象，這些女性的早期原型形塑了我們的心理。

這就是為什麼，一個人的童年非常關鍵。我們在兒時吸收的一切造就了我們的心理與性格。我們幼小而敏感的心靈會仔細體會，我們的母親怎麼伸張她們的自主權（又或者她們無法這麼做），以及我們的父親如何運用（或濫用）他們的權力。我們周遭的這些早期原型不僅成為我們自身的模範，我們的人生也奠基於此。

打破這些原型，是擺脫它們的唯一方法。但我們都知道，要讓「那個女人」這樣的舊典範[7]從內在完全改變，不是一件容易的事。這需要很大的勇氣。因為我們人類是喜愛維持恆定狀態的生物，一般而言，我們都安於現狀、追求穩定，不喜歡混亂與冒險。唯有在願意大膽嘗試，並且準備好顛覆原有的人生時，我們才能將舊模式澈底轉變。

我指的是一種真正的心靈重生。要做到這一點，我們的內心必須具備強大的勇氣。想完成我所說的這種轉變，我們得「澈底覺醒」。

7 「典範」（paradigm）是美國科學哲學家湯瑪斯・孔恩（Thomas Kuhn）在一九六二年提出的概念，意指在某一時期，由某一群族群成員共同抱持的信念與價值觀。

3·我們敢選擇自己要扮演什麼角色嗎？

若劍鞘內沒有寶劍，它就變得中空；
若箭袋裡沒有利箭，它就變得空虛；
若牡蠣只有外面的硬殼，它就變得空心。
它們都有各自的用途與價值，
必須相互依賴，才能臻於完整。

⁙

儘管女人似乎注定要遵守這些文化規範，但我們心裡都擁有強大的力量，可以改寫自己的命運。這就是澈底覺醒發揮作用的地方。我們越是承認那些痛苦的過往、執著，以及對自身狀態的渾然未覺，我們就越有能力克服它們。正視心魔，是殺死它們的唯一方法。只有在逐一檢視這些心魔時，我們才能真正把自己的力量拿回來。

這本書可以很老套，用一些簡單的概念激勵女人成為最好的自己、安撫憤怒的女人，或者鼓勵讀者們重新找回自己的力量。已經有很多女性寫過這樣的書，然而，我對激勵人心不感興趣。我的著眼點大不相同，我著重的是一個女人的覺醒。在仔細剖析我們如何達到此種境地之前，激勵的話語是無法發揮效果的。它們只是OK繃而已，無法治癒創傷。

要做到覺醒，我們必須跳脫對樂觀與正面積極的渴望。兩者都是很美好的特質，但在我們願意完成自己的內在功課之前，只會不停在高昂與低落的兩極情緒之間來回擺盪。唯有澈底療癒我們的心，才能真正重獲新生。

首先，向內探尋是進行「內在功課」的第一步。我們的本能反應是向外探求，而完成內在功課則代表讓自己不再偏重外在。我們的心靈覺醒有很大一部分涉及了解真相與和解的過程，這段過程既艱難又痛苦。事實上，在解除種族隔離後的南非，以及納粹時代結束後的德國都經歷了同樣的過程——重複講述受虐者的痛苦故事，而且通常是在加害者面前進行。在這樣的過程中，當我們容許自己的傷痛被看見、訴說、記錄下來，並且加以修復時，就能獲得療癒。這一切都從坦率面對自己的痛楚開始。如果少了它，我們就無法得到快樂。真正的療癒向來都是如此——我們必須完全承認自己的痛苦。

將這段過程省略是一種「靈性逃避」[8]，意即為了展現出「靈性優越感」，而逃避心中痛苦的情緒。事實是，我們無法強迫自己感覺愉快，好讓自己顯得格外高尚。這和真正的「心靈勇士」所抱持的目標正好相反。

我有很多女性客戶羞於跟我分享她們的內心世界，因為覺得這樣會令自己的脆弱無所遁形。她們以為只有自己才有這些經歷，但事實是，有類似遭遇的人比比皆是。我們的內

---

8 spiritual bypassing，是心理學家約翰・威爾伍德（John Welwood）提出的一種概念，意指以靈性觀念來掩飾、壓抑、逃避自己的痛苦、未消融的傷痛，以及成長進化的需求。

心體驗就是如此類似。我們因此形同姊妹。一旦我們察覺我們之間的緊密關係，這份姊妹情誼就會變得堅不可摧。

要為「身為女性」這件事尋找責怪對象並不困難。我們可以輕易地怪罪男人還有父權體制，落入「責怪男性」的模式。但這樣做是錯誤的，因為這麼做就等同於背棄了我們的兄弟。是的，男性確實是父權體制的主導者（甚至是創造者），但這不代表他們沒有受其支配。因為父權體制由來已久，現今的男孩在成長的過程中，也會像女孩一樣感受到父權文化的箝制。和她相比，他是否享有更多特權？的確如此。但我還是要強調，不只是女性，男性也在某種程度上受到父權體制的壓制。

我認識許多男人，他們也都覺得自己必須戴著面具生活，我認為自己有責任要指出這一點。他們必須將他們的眼淚、恐懼，以及情慾[9]隱藏起來。無論他們心裡真實的渴望是什麼，都得扮演供養者與保護者的角色，就算不想，也必須裝出一副冷靜或野心勃勃的模樣。儘管女性體驗仍是我關注的焦點，我希望我們都不要忘記，不是只有我們受到父權體制的束縛。這種有害的體制就是如此，所有人都飽受折磨。只要還有一個人被迫偽裝自己，我們所有人都是輸家。同樣地，每多一個人掙脫身上的枷鎖，我們就會明白，每個人都有能力這麼做。

一個覺醒的女人不會埋怨她的困境，或認為自己深受其害。她會把所有因素都納入考量。事實上，她有時很慶幸自己是父權體制的受惠者。比方說，人們不會期待她做那些粗重的體力工作（他們預期這些工作由男性來做）。在面臨危險時，女人和小孩總是得以優先避難。更不用說，比起我們，男人們更被期待要在戰爭中保家衛國。在這些方面，女性享有男性所沒有的特殊待遇，也必須被考慮進去。

針對文化環境或父權體制進行反抗，可能會在某種程度上減輕我們的痛苦，但同時也使我們深陷其中。只要我們得仰賴他人才能解決問題（即便這麼做是很合理的），就無法擺脫束縛。真正的自由與別人無關，一旦明白這一點，我們就會漸漸開始獨自前進。起初，這感覺像是件不可能的任務，但其實不然，我們只是必須令自己的心覺醒而已。

聰明人都很清楚，問題絕對不會只有一個面向。男性和女性共同導致彼此的挫敗，並且讓這樣的狀態一直持續下去。我們女人不僅受制於這個體制，也和男人一起造就了它。我們之所以身處這種混亂的局面，有一部分是因為，我們使它得以延續。

女性要獲得心靈自由，就必須認清自己在父權體制裡扮演什麼樣的角色，因為要是不這麼做，我們還是會只偏重問題的其中一面，那就是「男性」對我們所做的一切。雖然男性的確對女性做了很多不好的事，像是侵犯我們的自由、虐待我們的身體，以及將我們物化，但我們並非完全沒有參與。是的，我們確實必須教育我們的父親、兒子和兄弟們、讓他們明白，祖輩留下的傳統怎麼規範他們的男性角色。然而，這無法使我們真正從根本上轉變。我們必須先捫心自問：「我們對『自己』做了什麼事？我們是如何內化這些外在傷

9 在英語中，「sexuality」一詞的涵義較「sex」廣，除了涵蓋狹義的「性別」、「生殖」與「性行為」之外，也包含心理與社會層面的「性傾向」、「性特質」，以及「對性的感受」，故在本書中多以廣義的「情慾」（或性慾）譯之。

害，並在我們的心中創造出另一位加害者？」

聖雄甘地告訴印度人，大英帝國不是他們重獲自由的關鍵。他沒有譴責英國、要他們放棄對印度兩百年的統治，反而著眼於如何使印度人獨立自主。他沒有直接與敵人對抗，而是挑戰印度人、喚醒他們這些「受害者」內心潛藏的力量，要他們成為自己的領導者，他倡導自治與自立。於是，印度人開始自己紡紗織布、縫製衣服，藉此擺脫對英國紡織廠的依賴。他們也學習如何自行生產鹽巴，同時拒絕使用外國貨。他教會印度人重視自己的勞作，並引以為傲，這些讓英國的統治變得無關緊要。

所謂「有意識的抵抗」感覺就像是這樣，令壓迫者變得不再重要。要做到這一點，受壓迫者必須捫心自問：「我要如何停止繼續貶損自我，不再提供它力量？我要怎樣深入自己的心、找回失去的力量？」藉此審視他們如何共同促成自身受到的壓制，並且使壓制得以持續。

很多女人之所以會不厭其煩地待在失衡的關係裡，正是因為她們一直在等對方改變。她們的情緒如同鐘擺般來回擺盪，永遠取決於他者。這個「他者」可以是任何人或任何東西——她們的父母親、配偶、孩子、帳戶餘額、體重，或是外貌。

這就是為什麼，夫妻會困在悲慘的婚姻裡幾十年，以及為什麼大眾會對特定物質成癮。因為她們和另一方共同導致某種「動態失衡」[10]，卻沒有發自內心地負起責任。她們把力量交給他人，然後不斷期待神奇的那一刻到來——命中注定的「白馬王子」或「白雪公主」（如果她們喜歡的是同性）翩然降臨。只有明白這樣的人不會出現，她們的內心才能得到解放。

知道有多少人的人生宛如溜溜球般搖擺不定嗎？他們總是來回擺盪、猶豫不決。我可以很有信心地說，客戶來找我諮商時幾乎都處於這種狀態。其主要原因為何？因為他們確信，「別人」才是問題所在。

這樣的擺盪不在於我們和他人之間。我們都以為，我們在我們對他人的愛與恨，抑或是急切需求與極度厭惡之間搖擺。其實並非如此。這種搖擺源自於我們自身的欠缺，我們在等的人是自己，在自己身上下過許多功夫之後，我們才會停止擺盪。唯有發現問題不但出在我們身上，也只有自己能解決時，這一切才會開始改變。這正是我們缺少的部分，同時也是關鍵所在。若少了這個部分，就算對方已經轉變，我們還是會覺得自己應該要再讓他們改變。

意識到是我們困住了自己，我們就能逐漸邁向解放。想澈底獲得解放，必須先從內心開始，不再依賴他人。若能擺脫所有的外在束縛，我們就可以把心裡的那股力量釋放出來，並且使自己完全自主。

我們女人必須改寫自己的故事。我們得檢視身上所受到的種種制約，這樣才能消除父權制度長久以來的毒害。要澈底認清性別歧視，我們就必須勇敢問自己：「我們是怎麼促

10 這裡的「動態」意指該互動系統的狀態會隨著時間不斷產生變化。

使這種典範持續下去的？」

女性的一味順從是助長父權惡勢力的幫凶。我們可以埋怨它的殘暴，但聰明人都明白這麼做於事無補。勇敢詢問「女性是如何容許自己心裡的聲音一再被壓制」，我們才能獲得真正的智慧。將注意力從父權體制怎麼箝制女性，轉向迎合順從如何造就束縛，是掙脫這些束縛的唯一方法。

如果我們的「內在」不允許，一個人要怎麼從「外在」壓迫我們？女性必須屈服，男性才得以主宰一切。這邊請讓我解釋得更清楚一點，我的意思不是說，我們「要求」自己屈服，甚至是「縱容」這一切發生。我是指有某些力量使這樣的權力動態變得不可撼動，而我們也參與其中。身為一個女人（而且是個嬌小的女人），我非常清楚，男人光是身材高大就能輕易使我感到不安；無論內心有多堅強，我依舊對此束手無策。但我也明白，只關注如何終止男性的粗暴掌控是很愚蠢的，因為這樣的話我可是得等到天荒地老。所以，唯有在我們女人團結一致、勇敢發聲，並將自己真正的力量發揮出來，身處這種動態的我們才能停止扮演舊角色，同時擺脫父權社會的掌控。我所說的這種力量來自我們的內心深處（背後有著各種辛酸血淚）。只有正視自己的深切痛楚，我們才能逐一掙脫身上的枷鎖。

每當我談到「共同參與」的概念時，許多人都會抗議。想要理解何謂「共同參與」，我們必須勇敢選擇自己要在某種動態中扮演什麼角色——不管是積極作為，還是消極不作為。我希望所有女人都能這樣做，如此一來，我們就可以逐步邁向自主。

若妳們讀到這裡，覺得有些抗拒，我希望妳們能有所察覺，並且將妳們的感受記錄下來。然後，我要請妳們繼續讀下去。隨著這本書的開展，我的觀點會變得更明確：我既不反男性，也不反女性。我的立場是中立的；我明白，唯有在男性和女性都同樣受到尊重，雙方也都能同情與理解彼此時，才會有永久的和平。

某一天，我的朋友莎拉打電話告訴我，她開始接受心理治療，我非常高興。那時的我心想：「她終於這麼做了。」多年來，她都因為婚姻不幸福而感到痛苦。然後，她說：「我的治療師必須教我如何對付我那自戀的老公。我需要能和他溝通的工具！」儘管她確實需要這樣的工具，我還是提醒她：「到頭來，這一切都與他無關。重點在於妳自己——妳怎麼吸引他走進妳的生命，以及妳如何讓他進入這個失衡的循環。如果妳把焦點放在他身上，妳就輸了。妳必須關注妳內心的空虛，因為這才是此種動態無法被扭轉的原因。」

莎拉一開始感覺像是被打了一巴掌，後來她明白我的意思便漸漸氣消，並搖了搖頭：「是啊，這一切都與他無關。除非我了解『自己』的心理模式，否則我還是會繼續複製舊有的模式，然後再吸引另一個自戀的傢伙進入我的生命。」

客戶跟我分享他們的困境時，我幾乎都會聽到責怪的話語。透過把自己的處境歸咎於某個人身上，很微妙地會讓我們感到自在。然而，我們越是怪罪別人，失去的力量就越多。只要認為自己很脆弱、他人可以輕易摧毀，我們就是在削弱自身的力量，但事實是，沒有人可以摧毀我們，除非我們賦予他們這樣的權利。

姊妹情誼的強大力量

女人需要其他女人。我們非常需要彼此，需要姊妹們為自己的成就感到開心，並且同情我們的困境。當我們累到沒辦法整理家裡時，需要姊妹們的擁抱；當我們出席家長會時遲到、衣衫不整，抑或是根本忘了參加，我們需要她們的理解。當我們因為整晚照顧生病的孩子，穿著皺巴巴的衣服出席派對時，我們需要姊妹們的疼惜。我們需要她們成為我們的安慰與保護。遺憾的是，實際情況並非總是如此。女人最常感受到其他女人的嚴厲批評，在這個事實改變之前，父權體制將繼續屹立不搖。

只要某個女人努力表現出她的真實樣貌，我們卻沒有加以讚美，都是在向父權體制屈服。只要我們還在拚命想把女性姊妹比下去，都是在告訴男人，我們必須依賴他們的關注而活。我們沒有選擇一起展現自然老去的臉龐和鬆垮的臀部，反而相互競爭，使其他姊妹覺得自己很糟糕。注射更多肉毒桿菌、希望比其他女人看起來更美，這樣的行為無法使我們發揮集體力量。我們的力量來自姊妹們的接納，而這才是所有女性主義運動真正的使命

——讓女人將她們的力量視為一個整體。

每一次我們擊敗另一個女人，都是在把自己的力量交給男性。他們沒有要求我們這麼做，卻得以間接受惠。許多男人都告訴我，他們很困惑女人之間竟然可以相互嫉妒、使小心眼到這種程度。女人彼此競爭，其實是在使父權體制變得更鞏固。由於感受到彼此的威脅，我們的內心喪失活力，因此更容易受到父權體制的迫害，我們就這樣持續屈服於男性

的主宰，對此渾然未覺。

一旦開始覺醒，我們對其他女人的看法也會跟著改變。她們不再對我們構成威脅或競爭，而是成為我們極需的盟友。我們不再嚴厲地相互批評，而是給予彼此最大的支持。女性主義運動（以及其他活動）挑戰我們，要我們獨立自主、減少對男性的依賴。是的，這確實很重要，但與男性對抗根本不是正確的做法。我們女性團結一致，然後將男性一併接納才是正途。

擁有姊妹情誼意味著勇敢呈現我們的真實樣貌。這代表即便害怕被排擠，我們也敢說出真心話。我們勇於變得坦率；我們展現出本真，因此重獲自由。儘管人生不完美，我們也欣然接受，不會只為了「看起來很完美」而假裝。我們允許自己盡可能地自然，也會盡量接納一切，不妄加批判。我們藉由尊重彼此的差異（而不是試圖變成同一個模樣），教會對方什麼是「自我欣賞」。我們團結在一起，內心將變得更有力量，同時這樣的自我尊重也會激起強烈的連鎖反應，讓整體環境得以變得更公平。

我們的力量不在於反對任何人，真正的堅強絕非如此。藉由反對來獲得力量，那就不是堅強，而是軟弱，因為真正的力量向來都在自己身上。當我們帶著這股力量昂然自立時，我們照顧的人將不只是我們自己，也將照料我們的孩子和兄弟們。一切都從這裡開始：我們必須停止對抗與競爭，彼此支持、提升，並且緊密地集結在一起。

4．拆穿我們一直深信不疑的謊言

鹿不會埋怨自己不是美洲豹，
雛菊也不會在玫瑰身旁無精打采。
在公獅子跟前，母獅子不會垂頭喪氣，
在老鷹面前，孔雀也不會顯得黯然失色。
牠們都堅定不移地展現出自己的價值。

⁘

我至今還清楚記得在祖母的房間裡，看著她熟練地穿上設計繁複的紗麗，然後將一頭長髮紮成一個俐落的髮髻。

我的祖母從來不照鏡子。有一天，我問她這麼做的原因，她回答：「我現在是個寡婦，所以只穿白色紗麗。我的青春與美貌已經逝去，我不再需要凝視自己和化妝了。那些日子已經過去。如果我的丈夫還在，那又是另外一回事了。」

我還記得自己那時不知道該讚嘆她的犧牲，還是提出抗議。雖然我明白這樣是不對的，但她很知足，相信這就是她的命運。由於我心中對長輩的尊敬根深蒂固，我只能沉默不語，並且同意地點點頭。然而，我也同時為她暗自悲傷。

我的祖母對自己的行為深信不疑。她放棄自身權益，也捨棄了過往的自己，卻相信這麼做是對的。她相信，她不該再享受性愛，而這樣的犧牲可以通往天堂。這不僅是種神聖的責任，也是一種精神召喚，讓她想要徹底實踐。她把自我認同和犧牲連結在一起，兩者已經變得密不可分。

我問自己：「她和多數女人是否有任何不同？」我們多數人不都是如此？為了別人而活，將自身價值與幸福和他人綁在一起，因此若我們沒有犧牲奉獻，就會覺得有罪惡感？

單從生理構造來看，女人更適合養育下一代，由女性承擔照顧的責任是很自然的一件事。但在現代，這會造成許多衝突，尤其是當一個母親想扮演照顧者以外的角色時，情況更是如此。我們已經不再是居住在原始叢林裡的游牧部落了，因此當一位母親的男性伴侶可以悠哉地面對育兒，她當然會產生懷疑、內疚與不滿的情緒。進退兩難的她通常必須在追尋自己的目標，以及為人妻、為人母之間做出選擇。兩者兼顧往往必須付出很大的代價——操勞過度與面臨嚴重的內在衝突。由於和她心中「完美女人」的既定形象相互牴觸，追隨自己的人生目標似乎是件大逆不道的事，這樣的代價著實令人難受。

女人吃下的致命毒藥

如果剖開女人的大腦，並檢視深植其中的各種訊息，我們會驚訝地發現，大家不僅抱持非常類似的觀念，腦海裡也充斥著關於如何扮演女性角色的種種細節。「我們已經被澈底洗腦」的事實叫人難以接受，那感覺像是自己的想法受到了操控。

作為女性，我們都吞下了一顆主要成分是「無價值感」的藥丸。這顆藥丸會慢慢地消除我們的自我認知。儘管每個人可能多少都會覺得自己沒有價值，這種狀況在女人身上特別嚴重。最危險的地方在於，這樣的無價值感被隱藏得很好，使我們常誤以為那是一種優點。這就是文化的巧妙之處——將無價值感包裝成所謂的「美德」。對女人而言，「美德」總是和我們有多犧牲自己，以及有多擅長讓別人開心有關。如果無法使別人感到快樂，我們就覺得自己像是毫無價值的失敗者。

根本不需要有人一個字一個字告訴我，社會對於我作為女人有什麼樣的期待，我在五歲時就明白這件事了。我知道，他們期待我廚藝精湛、把家裡打掃得一塵不染，並且將孩子教育得很好。隨著年紀漸長，這份期望清單變得像尼羅河一樣長，美麗、纖瘦、時尚、富有同情心、慷慨大方都被加進清單內。接下來，還有一堆追加項目，例如擁有好膚質、好身材，以及一頭閃亮的長髮。當然，這些規範來自一個西化、工業化的社會，或許在泰國稻田裡工作的女人不會被灌輸這種觀念，然而，她很有可能會在兩性關係中向某種有害的權力差異屈服，同時被要求扮演不符合她真實自我的角色。

從出生的那一刻起，我們就開始必須偽裝自己。我們的母親不斷將這些文化規範傳遞給我們。我們不曾質疑這些規矩，而且也從來不認為自己該這麼做。兒時的我們是如此天真，一味相信我們的長輩。假如他們要我們向某位神明禱告，只要我們看到他們這麼做，就會依樣畫葫蘆。假如他們告訴我們不能相信其他人，我們也會抱持相同的觀念。假如他們告訴我們，皮膚黝黑的人是劣等人，這些人必須趕出我們的國家，我們不僅會相信他們、和他們懷抱同樣的想法，甚至還會以為欺負黑人的我們是好孩子。假如他們教導我們同性戀是錯誤的行為，我們則會變得「恐同」。我們承襲了這些社會價值觀，任何歧異都會導致我們的內在混亂。

小時候，每次父母親露出驕傲或嫌棄的神情，我們都能很快察覺。我們會憑藉直覺，從他們的言語和表情中取得各種線索。讀懂他們的心就像在沙漠裡閱讀地圖一樣，這是我們的生存指南。我們越敏感，就能掌握越多線索，並且為了成為他們想要的模範兒童而扭曲自己。只要獲得他們的愛與肯定，我們就會覺得這些線索是對的，然後做更多事來討好他們。我們還小時，為了得到認可，幾乎願意做任何事。

當孩子用這種方式壓抑自己，那些被壓抑的情緒雖然暫時被埋藏起來，卻不曾消失。它們會直接表現在孩子的身體意象[11]、自我觀感、學業成績、飲食習慣或其他自我照顧的層面上。每一次被要求自我欺騙，就有某種東西在我們的心裡死去。

由於我所成長的文化環境一直傳遞這些訊息給女孩們，所以我發誓絕對不會用它們來教導自己的女兒。雖然很肯定仍有少數滲透到她的生活裡（怎麼可能完全不滲透進來？），我還是盡量避免她接收到這些死板的觀念，竭盡所能不讓她受到這些文化觀念的影響。

---

11 body image，又譯為「身體形象」，是指一個人對自己身體的審美或性吸引力的感知。與社會設定的標準相比，它更強調個人如何看待與評價自己的各種身體特徵。

在每個女人身處的環境裡，都有著無數的家庭與文化規範。我們的各種文化樣態（無論好壞、美醜）都不會自動消失。它們灌輸我們各式各樣的觀念與想法，這些觀念都會成為自我認同的一部分。只有將它們和我們的真實自我區分開來，我們才能開始勇敢、坦率地生活。

種種期待的束縛

我的客戶梅根發現自己無法懷孕時，她的心都碎了，萬念俱灰。在她了解真實自我之前，不能實現為人母的渴望令她難以置信，因此就崩潰了，這簡直像是被宣告只剩下幾天可以活。

她前來找我諮商時看起來很憔悴。她就是無法想像，人生不符合自己的預期，因此不管我建議她找代理孕母、領養，或是做試管嬰兒，她都無法接受。對她而言，不能自然懷孕使她覺得自己差人一等。她根深蒂固地認為，在不透過人工生殖技術協助的情況下成為母親，才是正確的做法。我們花了幾個月的時間揭穿她這種虛假的身分認同。她開始明白自己的價值並不是只看生育能力，因此最終選擇領養一名小女嬰，並且把她當作親生孩子般疼愛。

梅根的故事之所以一直縈繞在我的心頭，是因為她和我們很多人都很類似。我們的潛意識深處都存在著某些形象，例如自己應該呈現什麼樣貌，以及扮演哪些角色。當我們無法展現出這樣的自己，就會經歷「認同衝擊」。這種認同衝擊非常重要，我們的舊自我會因此死去。一時間我們覺得自己無足輕重，人生也不具意義。少了心目中的這些自我形象，我們到底是怎樣的人？

梅根的故事現在應該會在全世界女人的腦海裡迴盪著，它在某種程度上和妳們產生共鳴，讓妳們捫心自問：「若少了這些角色，我會是什麼樣的人？」「若少了母親、妻子、女兒、姊妹、伴侶和朋友這些身分，我又會是怎樣的人？」

幾天前，我正好和一位母親進行諮詢。凱特正因為女兒的焦慮問題感到擔憂，她哀嘆道：「她覺得自己像個失敗者，因為她既不是成績最好的學生，也不是最優秀的運動員。她不是最瘦，也不是最受歡迎的人。她經常自我批判，覺得自己毫無價值可言。」

為了女兒喪失「自我價值感」而煩惱的母親不是只有凱特而已。拜社群媒體之賜，我們很多人都看見自己的孩子（尤其是女兒）被灌輸關於「何謂當個女人」的糟糕觀念，並且備受束縛。孩子過去會從我們或其他至親的下意識行為中學習，現在他們則從無數徬徨迷惘的女孩和女人身上接收到這些訊息。以前問題的著眼點在於家庭內部，如今其因果關係已經擴及全球。在過去，她可能會因為在復活節之後胖了幾磅，聽到來自奶奶的評語；但時至今日，全世界的人都可以對她發表意見。結果就是，年輕女孩們受到了更嚴重的束縛。

我十六歲的客戶艾莉森十分肯定，如果母親知道她有男朋友，一定會大加否定批判。「她似乎覺得我是木頭做的。她認為我不認識任何男生，或者我不該對男生感興趣。因為她在我這個年紀不喜歡男生，她就覺得我應該要和她一樣。她不准我跟那些正好是男生的朋友們出去，因為她覺得這樣很不恰當，這令我非常沮喪。」

我追問她如何應付這種狀況，她回答：「就假裝啊。每次要出門我就說謊，現在我的人生全是謊言。我如果要和傑克約會，就會跟媽媽說我在蕾貝卡家，然後蕾貝卡也必須說謊幫我隱瞞。我別無選擇。我擁有另一種人生，而媽媽完全被蒙在鼓裡。」

由於文化和我們的父母親之故，我們學會說謊。這是一種很普遍的行為，每個人都在很年輕時就學會說謊，有些人成了頻繁說謊的高手，還有些人則是偶爾說謊。在成長的過程中，我們多數人都意識到，說出真相太危險，可能會使我們被否定、被排擠、被開除、被拋棄。當我們還是孩子時就了解，說真話沒有說謊來得高尚。當我們說出真相時，往往必須付出極高的代價，而隨著長大成人，並且受到越來越多規矩約束時，我們就變得更無法坦白。

事實是，說謊會慢慢地侵蝕我們的心，使之支離破碎。我們必須壓抑真實自我，和那些我們所欺騙的人過著雙面（甚至是三面）人生，這還不只是在人際關係方面，而是在我們生活的其他層面也是如此。每當我們將真實自我埋藏起來時，都是在背叛自己。經過一次又一次的掩蓋，我們變得和自己越來越疏離，同時也越來越不信任自己。我們的真實自我發現，它在我們的心裡孤立無援。然後，我們的內心陷入一片黑暗，用現代術語來說，這就是所謂的「憂鬱」。從精神層面來看，憂鬱意味著嚴重的「自我拋棄」。

試想一下，若一個人一輩子都「被關在櫃子裡」，會是什麼感覺。我們的「LGBTQ+」兄弟姊妹們都非常清楚這一點。在「出櫃」時，他們必須面臨的恐懼包含被否定、被排擠。多年來，他們都必須壓抑真實自我，擔心自己能否過得幸福安穩。

我接下來要分享我女兒梅雅十二歲左右時發生的事。那時，我和前夫正在「好好教育」她，我們試圖跟她解釋，為什麼認為她做錯了某件事，而她也專心聆聽我們的教誨。我以為她有把我們的話聽進去，而且還覺得自己教養有方。我們的說教結束後，她面無表情地看著我們說：「你們知道嗎？我發現，我不需要同意你們兩個人說的話。事實上，你們的意見跟我的事情無關。」說完這句話之後，她就離開了，留下我們夫妻倆目瞪口呆。

「她說這話是什麼意思？」我前夫嚷嚷道，感到很火大。「我去把她叫回來，然後告訴她，不能這樣跟我們說話！」他覺得梅雅非常沒禮貌，我本來打算同意他的做法，但還是阻止自己這麼做。我從客觀的角度思考，並且意識到，她所說的話其實正好符合「覺知教養」的目標——我們希望每個孩子都能具備寶貴的獨立見解。唯一的問題在於，我們居然從年僅十二歲的孩子的口中聽到這樣的見解，這實在令人難以想像。事實上，在孩子成長的過程裡，他們逐漸了解自己心裡的想法，我們的意見「應該」越來越與他們無關。我們不該再主導他們的思想。當他們向前邁進、成為自己人生旅途中的偉大主角時，他們不必顧慮我們的感受。

多數父母親都很難接受這個事實。我們最後沒有斥責梅雅，是因為當我們在聆聽她的想法時，她並沒有說錯什麼。（只是對我們的小我而言，這聽起來不太舒服。）她只是把自己的心聲說出來而已。

忠於傳統

從出生的那一刻起，孩子們就承襲了祖輩遺留下來的傳統、習俗，以及事先規範好的存在方式。如果祖先用某種方式做事，孩子們也會被期待要這麼做。在傳統的名義底下，他們無法察覺內心的真實聲音，並完成屬於他們的獨特使命。

盲目遵從傳統會讓我們開始脫離真實的自己。此後，我們會以各種方式背棄自我。若違反傳統，我們就覺得自己像犯了法，甚或是造下無可赦免的罪孽。然而，一旦明白這些傳統有多危險，我們就敢擺脫它們。傳統可以說是來自先人的一種壓力，它們像是法律般的流傳下來，使我們以為打破傳統是很不好的行為。事實上，它們只是某種生存模式，讓我們一直受到死板規範的束縛。在這個無法掌控的世界裡，它們賦予了我們某種控制感。

出生於傳統家庭的人可能會排斥這樣的想法，我完全可以理解。他們對這些生存方式極度執著，因此自然會對我所說的話感到抗拒，甚至憤怒。如果各位覺得被冒犯，我建議妳們先暫停一下。妳們之所以會排斥，並不是因為這個想法很愚蠢或與事實不符，而是因為妳們緊抓著舊有的模式不放。妳們抓得越緊，就越會感受到強烈的抗拒。當妳們察覺自己心裡出現這種情緒時，我的建議是，懷抱悲憫之心，然後試著問自己：「為什麼我這麼害怕放手？」

儘管傳統有助於保存文化遺產，但也會限制我們的思想。當我們在充斥各種傳統的環境中成長時，無論它們是教育傳承、宗教根源，還是文化習俗，我們都會默默認同這些傳統。我們越是在年輕時肩負傳統，就越會將自己的自我認同和它們融合在一起。於是，我們很快就不知道，若少了這些傳統，自己會是怎樣的人。

我們都認為自己擁有自由意志，但這樣的自由意志是有其侷限的。就如同吃自助餐時，我們的選擇會受限於廚師和餐廳老闆的廚藝與偏好。我們其實是在別人已經做好的選擇當中做選擇。長久以來，我們甚至沒有做出任何選擇，只是盲目遵守文化和父母親訂下的種種規矩，穿著、職業、信仰（可能連配偶也包含在內）都是由我們的原生家庭預先決定好的。認清我們的選擇權被剝奪到何種程度，正是覺醒的關鍵。

我在很久之前就發現，有許多傳統（尤其是印度傳統）雖然很美好、值得保存下來，卻也同時充滿了父權思想與各種壓迫。問題不在於傳統本身，而在於被世人奉為圭臬。這些傳統和我們自身的價值感連結在一起，才是真正的問題所在。如果它們提供的是一種選擇，而不是衡量個人價值的標準，那又是另外一回事了。事實上，很多傳統都奪走了我們的純真，因為它們要求我們遵守規範，而不是追隨自己內心的渴望。

在遵從某個傳統幾十年後捨棄它，感覺像是一種背叛（甚至像是種死亡），這就是為什麼很少有人會捨棄他們的傳統。同性戀者在「出櫃」之前，心裡可能會非常痛苦，也是因為這個原因——他們打破異性戀的傳統（異性戀是組織家庭的主流方式）。

從本質來看，傳統缺乏創造力、自發性與獨特性，基本上意味著和過去綁在一起，無論這樣的過往是否符合我們的現在或未來，而這是一個很嚴肅的問題。

我們或許會宣稱熱愛某一項家族傳統，但仔細檢視之後，可能就會意識到我們只是因為「習慣」而一味執著。我們必須捫心自問：「我遵從這項傳統是出於義務，還是真心覺得它值得被保留？」除非認真思考這個問題，否則我們還是會繼續受到過往傳統的束縛。

獲得解放的女人明白，一個人不該被傳統綑綁。如果必要的話，她願意拋棄所有傳統。（是的，我說的就是「所有」。）最後，她也許會選擇保留其中的某幾項，但她一定會先思考，捨棄它們代表了什麼。當她的眼前充滿無限的可能性時，她知道，她已經回歸自我。

5・解構各種心理模式

我們用針線勾勒出生命的樣貌，
那些圖案錯綜複雜、令人感到困惑。
各式各樣的顏色交織在一起，
讓我們看不見這一切從何處開始。
很快地，我們穿著這身衣服，
卻忘了上面的破洞如何被縫補。

⁙

作為一位治療師，這可能是我最精闢的見解：「我們過的不是某種生活，而是某種模式。」

我想帶領妳們穿越人生中的混亂，進入一個更深的層次，讓妳們清楚認識那些驅使我們產生各種反應的心理模式。這段過程能擦亮我們被蒙蔽的雙眼。大多數人之所以沒有注意到這些模式，是因為我們對兩種食糧——「愛」與「肯定」極度渴求，以致於對自身狀態渾然未覺。我們只在乎自己是否獲得關注、肯定與接納，而且為了得到它們，往往不計一切代價。

原因在於我們以為自己所追求的東西只能從外界取得，因此會在一段又一段的關係（有時是一項又一項的成就）裡尋找。我們感覺受到這個世界「操控」，並認為一切都只是發生在自己身上的「遭遇」，而不是由我們共同造就出來的情況。我們覺得自己是無辜的旁觀者，只能被動地對人生中的各種狀況做出反應，事實上不然，我們非常主動地促成了各種經歷。也就是說，被動其實是一種選擇，它不僅十分主動，同時也讓我們誤以為自己別無選擇。除非承認扮演被動旁觀者其實是自己主動選擇的結果，否則我們將繼續深陷其中，默默承受它帶來的後果。這些被動反應的模式，都源自我們習慣尋求父母親的愛與肯定，同時也是回應以下問題的方法：

「我是被愛著的嗎？」

「我有被看見嗎？」

「我是有價值的嗎？」

我們並沒有找出該如何在這些方面自給自足，反而從外界（主要是從父母親身上）尋求。世界各地的孩子在成長過程裡，都會尋求長輩的認可與肯定，居於這個認同位階頂端的理所當然是父母親，再來是其他家族長輩，然後是老師。這套系統讓我們變得依賴他們，覺得必須從他們身上獲得愛與肯定，所以我們輕易地背棄自己，並且遵守他們所訂下的種種規矩。

不管跟客戶提過多少次，我都必須大費周章地解釋，他們才能完全明白眼前的生活模式大幅受到童年經驗的影響。我之所以在書裡反覆提到這一點，也是基於這個原因：我們越是以不同的方式聽到，就越容易察覺自己有不斷複製同一套心理模式的傾向。

琳達就是一個很好的例子。她花了很多年接受心理治療，卻無法理解，為何接受即將到來的升遷機會令她焦慮不已。她必須和上司確認新職務的細節，到了約定好的會面時間，她卻謊稱自己身體不舒服，會議因此延到下個星期，然而到了下周她又推託說需要照顧生病孩子。

她問道：「我到底怎麼了？這是我一直夢寐以求的發展。結果現在我順利得到這樣的機會，卻感到恐懼。」琳達非常害怕失敗，我們用了好幾次諮商的時間分析她的恐懼從何而來。她在一個信仰虔誠，管教也十分嚴格的家庭裡長大。她很早就知道，必須表現得很完美，才能避免遭受懲罰，為了做到這一點也用盡各種方法，包含擁有優異的學業成績與勻稱的身材、嫁給事業有成的企業家，以及教出優秀的孩子。她似乎一直做得很好，直到這一刻才突然崩潰。

我們剖析她的過往，並找出這些過去和現在之間的連結。很顯然，她覺得自己無法勝任這份新工作，她沒有自信，就像小時候一樣害怕受到懲罰。因為對過去極度糾結，她沒有意識到這對自己目前的處境造成多大的影響。過往的恐懼掌控了她，讓她不知所措（過去的那個小女孩也是如此）。「小時候，因為怕惹我父親生氣，我會躲在衣櫥裡。我會在那裡一直待到晚上，直到確定他已經睡著，我才會爬到自己的床上。」現在的琳達正在複製她的創傷，由於害怕自己會成為一個失敗者，並因此面臨懲罰，所以她選擇躲在「衣櫥」裡。

我先前曾經提過，我們都在耳濡目染下，學會留意父母親怎麼對待我們，同時依此調整自己的行為。為了避免遭受責罰，琳達逐漸塑造出一個完美的外在形象，但隨著年紀漸長，這樣的外在形象使她進退維谷、成為阻礙進步的絆腳石。每當小我意識浮現出來時，我們會不顧一切地讓父母親注意到我們。我們可能會變成熱情的討好者、憤怒的反抗者，或是聽話的順從者；無論外在舉止或內在想法都融入偽裝戲碼。我們或被動順從，或積極逃避，在前進與後退之間矛盾、掙扎，這全都是因為我們急著尋求愛與肯定。

我們兒時的重要情感體驗變成了一種標準模式，現在的我們會在不知不覺中複製這種模式。這就是我所謂的「童年創傷」。身為一個孩子，要感受自己的內在傷痛太過可怕，相較之下，選擇不去感受是更容易的做法。因此，小我幫我們築起一道厚實的心牆、將傷痛隱藏起來，並且讓受傷的我們戴上虛假的面具。一旦我們找到應對一切人事物的基本模式，就會沿用下去。在面臨困境時，我們的應對模式最容易顯現出來，我們往往也會直接複製小時候的本能做法。

在職涯中我發現一點，我們不只是「採取」某種模式，我們「就是」那種模式。那種模式變成了我們，換句話說，也就是「小我」變成了我們。原先我們為了應付童年而戴上面具，久而久之，便以為自己就是那個人格面具。與此同時，比起為了應對生命中的新事件而調整自己，我們更寧可重新詮釋這些事件，讓它們符合舊有的標準模式。面對外界的刺激，我們不再順其自然地生活、對當下的體驗真誠做出回應，反而變得高度緊張、敏感，如同鐘擺般劇烈擺盪。

要察覺面對困難處境所出現的激烈反應是在複製我們的過去，並不是一件容易的事。我們和這些模式密不可分，以致於無法理解它們是如何根深蒂固地成為我們的心理預設，並且深深影響著我們的現在，這一切感覺如此真實。只要我們明白自己正在複製某種情感模式，就可以開始顛覆。

「做自己」和「做個好人」之間的差異

一旦注意到自己懷抱「習慣從外界尋求愛」的執念，我們就有勇氣自問「靠自己獲得愛」到底是什麼意思。對自己的覺知極度重視、不理會他人的意見代表了什麼？我們能尊重、尊敬自己到這種程度嗎？只要開始問自己這些嚴肅的問題，就會驚訝地發現我們有多不重視自己，可能發覺我們會說出這樣的話來：

「不，我無法給予自己愛與肯定。」

「不，我不相信自己的看法或覺知。」

「不，我不相信自己值得被聆聽。」

我們會意識到自己有多不看重自己，以及多不重視心裡的聲音。與其嘗試向內探尋，我們寧願從別人身上尋求價值感。如果仔細體察就會發現，我們對自己有多殘酷。我們到底是怎麼學會這樣自我否定與自我厭惡的？

察覺內在疏離如何使我們一直處於失去力量的狀態，可能會令人深感震撼，但卻有機會因此跳脫受害者心態，停止責怪別人。我們也許會首度發現，是自己寫好了劇本、親手促成內在死去。錯不在外界。我們的「重要他人」[12]所扮演的人生角色都是由我們指派的，力量從來不在他們身上，只在我們自己身上。

想改變就得了解我們的內心發生了什麼事。在每一個當下，我們都必須跟自己對話，並且自問以下問題：

「我這麼做是出於責任與義務，還是忠於自己的真實感受？」

「我這麼做是因為害怕失去他人的愛，還是出於自愛？」

「我這麼做是出於匱乏，還是出於富足？」

「我是對未來感到欠缺，還是現在就充滿力量？」

「我這麼做是因為想討好對方，還是想取悅自己？」

「我是在複製舊有的模式，還是在對這個當下真誠地做出回應？」

我們是否有任何的行為動機是來自「本真」與「自主管理能力」，或者它們多數都源自於內心的空虛？若答案是後者，我們的一切動機很有可能都是基於責任、恐懼，以及匱乏。意識到這些內在疏離時，我們會逐漸明白必須重新建立內在連結。但該怎麼做呢？怎樣能使我們的內在連結得更緊密？

這個問題的答案向來都是「讓自己的心回歸平靜，並且深刻反省」。我們越是能在反思中安靜體察自我，就越能了解自己的心裡究竟發生了什麼事。我們開始仰賴自己的陪伴，同時也很珍惜這份情誼。我們不僅和自己的內心建立起某種友誼，也學會重視它的各種意見、想法與渴望。從核心概念來說，當我們這麼做就是已經開始追尋真實自我。

由於會跟自己對話，所以每當我們背離真實自我時，就可以及時注意到；發現即將低估自己時，就能趕緊轉向。隨著越來越能敏銳地察覺到自我壓抑，我們也越來越能留意到壓抑內心聲音的徵兆，因此得以免於重蹈覆轍，還會開始為自己發聲。起初，或許會無法將自己的聲音和其他人的雜音區分開來，但慢慢地會越來越擅長這麼做。這可能要花費很多個月，甚至很多年的時間，但我們終將產生很大的改變——我們的注意力由外在轉向內在；行為動機從自行加諸的種種責任轉向忠於自我；從匱乏變得富足；從本來充滿恐懼轉為能給予自己力量。這些轉變都是因為我們變得越來越愛自己、肯定自己，而在發現這一點之前，我們就已漸漸不再對他人誠惶誠恐。

當自我厭惡轉變成自愛時（這是一個巨大的改變），我們會對自身懷抱的真實力量與生命意義有全新的認識。最後，我們終於和自己重新連結在一起；我們感覺自己與周遭的一切生命緊密相連。這就是自愛與自我尊重的力量所在。

各種角色的功用

在整本書裡，我都對小我帶來的影響表示敬意，因為理解它是我們覺醒的關鍵。除非能察覺小我正在運作，否則我們將永遠受到它的掌控，無法真正成為一個心靈覺醒的

---

12 significant other，在心理學與社會學裡，所謂的「重要他人」是指在個體社會化與人格形成的過程中具有重要影響的具體人物，包含父母親、師長、同儕、好友及伴侶等。

大人。

小我是我們非常重要的盟友，心靈成長的目標從來不在於消滅小我意識，或埋怨它所扮演的角色，我們的目標只在於了解它，然後在了解的過程中，變得不再需要它。

意識到小我正在運作時，我們必須記得，它是在掩蓋我們的童年創傷，也由此可知，它基本上源自於匱乏。過去未化解的情緒造成了這種內在匱乏，唯有挖掘出這些情緒，我們才能治癒傷痛。

在這段療癒的過程裡，我們必須察覺那些心理模式當中的小我面具，並且學會在發現它們時停下來思考。這樣的暫停讓我們可以問自己一些問題，以便進一步探索。我們必須捫心自問：「小我在保護的東西是什麼？」「我要怎麼撫平童年創傷，這樣就不再需要戴上某個虛假的面具？」

自我檢視是這個世界上最難的一件事。沒有人想承認他們親手造就了自己的悲慘處境，因為這樣太痛苦了，不承認這一點人生會好過許多。了解我們的小我有多狡猾，是很重要的關鍵。它的奸詐之處在於，每次都會用不同的方式表現，導致我們無法認清一個事實，那就是我們共同促成了我們的各種經歷。

這就是為什麼，再婚以失敗收場的情況遠比初婚離婚的更多。大家往往對自己的心理模式渾然未覺，小我意識使他們誤以為這次愛上的是完全不同的人，因為新對象有著一頭金髮，而不是一頭深棕色頭髮，或者是一位會計師，而不是音樂家。因為呈現出來的樣貌不同，我們就以為接下來的體驗也會跟著不同，而沒有發現，在這個表象底下埋藏著同樣的情感意識，正是這種情感意識造就了我們上一段失敗的感情。

在進入另一段感情的幾個月內，或開始另一段婚姻不久之後，那些舊有的模式就會浮現出來。與前一次經驗不同的是，這次我們的忍耐度會大幅下降。有時候人得經歷好幾段感情才能明白，自己基本上會一直用相同的情感模式吸引新伴侶。

不只如此，小我還有眾多其他面貌！有時候，我們的行為模式會以拖延工作、成為霸道的上司或不可靠的同事等形式表現出來。由於這是過去沒有遇過的情況，我們會感覺很新奇，但隨著時間過去會開始覺得，這跟以前的工作或人生遭遇一樣。我們感到疲倦、煩躁、無趣，抑或是覺得很無力，並問自己：「我怎麼又面臨相同的處境？」「這種感覺是從哪裡來的？」「我怎麼又回到了原點？」我們沒有發覺自己正在經歷佛洛伊德口中的「強迫性重複」[13]，也就是強迫自己一再複製同樣的情感體驗。

「自我覺察」是削弱小我意識的好方法，也因此覺察永遠都是第一步。這一切向來都從認清自己的處境開始。我們會開始關注自己的心理模式，捫心自問：

「我的小我通常以哪些面貌出現？」

「它何時可能會被觸發？」

「被觸發時，它會有什麼樣的表現？」

---

13 repetition compulsion，為心理學名詞，意指個體會在不知不覺中複製童年時的情境與體驗，包含經歷相同的事件、反覆在親密關係中找到同一類型的人、產生相同的主觀體驗，希望藉此治癒過往的心理創傷，並彌補過去的遺憾。

「它會獲得什麼報償？」

「它想保護我心裡的什麼東西？」

藉由詢問正確的問題，就能避免小我掌控我們的人生。我們勇於向內探尋、使自己變得圓滿，小我的力量就會自動消散、退去。

6．褪去舊皮

女孩都會迎來這樣的時刻——
她和過去的自己告別；
她的舊傷突然停止流血；
禁錮她的枷鎖突然逐一瓦解。
她不再尋求救贖；
她的心終於重獲新生。

⁘

這一章將分享我的覺醒之旅中的一些故事。儘管會有一些獨特的個人細節，我還是要請妳們以自身的人生經歷來解讀。也許我的文字會讓妳們看見自己所遭遇的艱難考驗。如果能用自己的人生來詮釋時，我的這些經驗將對妳們產生極大的影響。

建議不妨一邊閱讀一邊問問自己：「這些經驗怎麼運用在我自身的困境上？」「當我有類似的感受時，我可以做出哪些更好的選擇？」經過這樣的深度思考，妳們會從這本書獲得最大效益。

我的頓悟時刻既痛苦又難忘，那時的我非常肯定當時的婚姻狀態不能再維持下去了。

有某種東西必須改變，不管是我、我前夫，還是所有的一切。

過去二十二年來，前夫是我唯一的交往對象和伴侶，我從來沒想過生命中沒有他的樣子。我們曾經一起成長，然後漸漸變得疏遠，但在此之前，我們的關係曾極為緊密。這二十二年裡，我對他或是這段婚姻完全沒有其他想法。

然而，那是無數因果的累積，某天醒來我非常清楚地意識到，我必須結束這段婚姻。這些因果究竟是什麼呢？首先，這一切起源於我在童年時所受到的各種制約（我們所有人都是如此），它們形塑了我的心理結構，並造就某種關係模式，採取這些模式的我默默容許自己的真實力量被摧毀。這樣的無力感令我感到極其羞愧，進而使我更壓抑自己，同時也變得更加沉默。

此外，我的前夫也有來自童年的因果，於是我們共同造就了我們獨有的婚姻動態。那些沒有獲得化解的童年創傷形塑了某些模式，我在裡面是情感照顧者，努力扮演危機處理者、解救者與療癒者的角色。由於重複扮演這些角色，我自身的需求並沒有被滿足，內心逐漸乾涸，因此變得匱乏。

很多時候，為了維持表面和平，我都安靜地咬牙忍耐；很多時候，為了保持家庭完整，我都選擇嚥下那一口氣。我並沒有在真實自我想要說「不」時這麼做，而是選擇默默點頭；我也沒有在真實自我想要堅持自己的想法時這樣做，反而說服自己「我的要求是不恰當的」。我之所以如此竭力於維持現狀，是因為害怕被視為製造事端、愛找麻煩的人，我會告訴自己：「如果我態度更好一點，我們就會更快樂。」「如果我更瘦一點，我們就能享受更美好的性愛。」「如果我賺更多錢，我們就可以更加享受人生。」我經常自我挑剔、嫌棄自己「不夠好」，非常害怕他變得討厭我、不愛我，所以拚命滿足他的所有願望。我極度在意他是否感到幸福，導致我完全和自己失去連結。

每次感覺到前夫的不悅時，我都歸咎於自身的不足。我深信這都是因為我某件事做得不夠好。很快地，「不夠好」就成了這段婚姻的主軸，同時也在我的心裡留下創傷。結果就是，我一直努力變得更好、更完美、更性感，不管要付出什麼代價，我都會去做。如此過了二十二年，一切戛然而止。因為我沒有意識到自己的內在已經乾枯好幾年了，我的心被澈底掏空，真的沒有任何東西可以給了。我已經無計可施。

每一對夫妻都造就了他們自己的因果連結。他們必須仔細剖析他們的關係動態，並且為這些內在因果負責，而不是怪罪對方，這樣才能帶來最強大的力量。遇到事情不符合自身的期望時，我們通常會竭盡全力地控制或改變對方。多年來我都是如此，一直在等待前夫捨棄那些模式，這樣我就能變得輕鬆一些。然而在嘗試各種方法都徒勞無功之後，我才明白，真正需要改變的人只有我自己。

最後，我們終於領悟到，我們自己（而不是「別人」）才是成長的關鍵。我們不該把注意力放在他人身上，而是該關注自己的情緒反應，例如：「我對別人的行為有什麼反應？」「我那些因制約而產生的生存模式，如何支持他們繼續這樣的行為？」「我是如何做出選擇的？」「我在這些動態循環中扮演什麼樣的角色？」

無論在哪種情況下，我們都有三種選擇：留下來並接受一切、改變我們自己或對方，或是離開。我們往往會在這些選擇之間來回擺盪很多年，並且感到矛盾與不安，但是最終會發現，能改變我們人生的人始終只有自己。有時候，我們會對此心懷怨懟，很可能會埋怨對方，認為都是他們逼得我們得做出艱難的選擇。這樣的想法是很不成熟的，因為沒有人可以強迫我們做決定。我們自身的因果造就了眼前的困境，怪不得別人，一旦明白了這一點，我們就不再沉溺在受害者心態裡，同時也能擺脫過往的限制。

我開始逐漸覺醒時意識到，我不能再等前夫拋棄他的慣用模式，而是我必須捨棄自己的舊有模式。若我覺得自己付出太多，要做的不是求他不要再索取，而是改變我自己，然後停止付出。想通這一點令我大感震驚，但事情就是這麼簡單。當然，這表示我得設立界限，對此我可說是非常不擅長。在多年來不停滿足他的要求之後，我開始說「不」，這樣的改變對我的婚姻造成了劇烈的衝擊。

我持續成長，開始在我的心理結構中創造出新的因果。於是，我自然而然捨棄了「舊的喜法莉」，並且成為嶄新的自己。我開始說出不同的話語，同時也建立起新的界限，甚至連我放進嘴裡的食物也跟著改變。我的穿著、肩膀擺放的位置、說話時的嘴型，以及與他人進行眼神交流的方式都發生很大的轉變。當我的內在自我開始進化時，我的外在也跟著產生了細微卻深刻的改變。很多人都說我看起來不一樣了，是的，一個覺醒的女人看起來就是如此。

很自然地，我婚姻裡的權力動態受到了撼動，進而導致這套動態系統嚴重瓦解，讓我們走在一條崎嶇的道路上，逐步迎向未知的將來。

我們改變舊有模式時，身邊的各種人際關係會發生劇烈動盪，而身處這套舊模式的人自然會提出抗議。他們希望一切能回到自己熟悉的樣子，因此對我們做出的改變感到抗拒。激烈衝突是無法避免的。此時，夫妻可以決定他們要如何化解這種衝突，要麼是正在改變的那一方停止成長（一般而言，結果都是如此），要麼是另一方不再排斥，並且接納對方的成長。

以我來說，這兩種狀況都沒有發生。我們兩個人的改變都不夠，無法和對方保持同步，結果就是我們都壓抑自己的情緒，問題也無法獲得解決。我想在某種程度上，我們都知道這一切都是枉然。在情感上，我們已經變得太過疏遠，雖然很悲傷，我們都明白分開是必然的結局。

在邁向覺醒時，我所走的每一步很自然會導致嚴重的內在衝突。我感到懷疑、猶豫、矛盾、擔憂，有時甚至是極度恐懼。我持續改變的唯一理由是因為知道自己別無選擇。我要不是繼續採用舊模式、否定真實自我，要不就是讓新的自己持續成長，並且開闢出一條覺醒之路。

覺醒的過程中，生活的每一個層面都經歷了大幅改造——不只是婚姻，我的所有人際關係也都是如此。過去的我沉默、膽怯，現在的我則勇於反抗。以前的我會妥協並自我犧牲，今天的我則會勇敢地把自己擺在第一位。在過去，我會容許別人不尊重我，如今我已經建立堅定而有力的界限。有兩件事我澈底不再做：我不再做太多解釋，也不再乞求他人給予肯定。

長久以來，為了讓其他人覺得我「很好」，我都習慣為自己辯解，但覺醒到最後，我終於達到「就算別人覺得我『很糟糕』，我也無所謂」的境界。即便其他人誤解我（甚至是嚴重誤解），我也不在乎。我終於只需要自己的肯定，就算別人不能接受我也沒關係，對我而言這是非常大的成長。在此之前，這是我根本無法想像的事情，結果幾十年後，我終於做到了。這背後當然有許多辛酸血淚，但是當達到這種境界時……這是多麼甜美的勝利啊！回歸「自我」是如此令人愉快。

當女人覺醒時，我們會變得重視自己，自我尊重可以幫助我們為自己的人生設立新的標準，其中有些是不容妥協的。建立這樣的標準或許令人感到退怯，但對逐步邁向進化的我們而言，這個步驟極其重要。我們正視人生的真實樣貌，不再像小時候那樣幻想。我們喚醒了心裡的那個小女孩，並賦予她力量。若他人不尊重我們，我們就會離開，絕無例外。若感覺到他人的虛偽，我們也會因此遠離。每當那個習慣犧牲的舊有自我浮現出來時，我們都會溫柔而堅定地請它離開。我們不再害怕產生激烈的情緒，反而能加以欣賞。少了內心不斷自我批判的聲音，生活剎時變得清晰、簡單。假如想表達自己的想法，我們就會勇敢發聲；假如想哭，我們也會放膽哭出來，一切都不需要得到任何人的允許，也不需要責怪任何人。我們變成了自己的母親、戀人，以及最好的朋友，我們懂得為自己慷慨付出。

實話實說，我花了幾十年的時間才達到這種境界，過程中也獲得各種協助，我不想讓妳們覺得這件事一蹴可幾。此外，擁有「母親」的身分，必定會使這段過程變得更具挑戰性，有時幾乎令人難以承受。和身旁的男性伴侶相比，身為母親的女性會感覺負擔更重，因為照顧家人的責任大多落在女性身上，她們往往在覺得自己似乎拋棄了孩子的時候，感到極度痛苦。

我曾經很害怕讓婚姻狀態改變太多，因為知道這會害女兒很難過。有時候甚至想終止這段旅程，擔心這會對她造成阻礙，畢竟她的幸福絕對比我的幸福更重要。只要她有需要，我隨時都準備好停止改變，為此我也面臨很嚴重的內在衝突，不可諱言有時根本是種折磨。

一個母親該怎麼在「孩子的幸福」和「自己的自由」之間做出選擇？這幾乎是不可能的事，唯有在確信自己的覺醒對所有人都有益，她才能繼續向前邁進。只有在堅信，和經歷困難重重的轉變相比，維持現狀將導致更大的傷害時（儘管這麼做會帶來短暫的舒適感），她才敢再往前跨出一步。

我就是如此。我清楚意識到自己「死氣沉沉」，若是選擇維持現狀，我將無法用適當的方式養育女兒。我非常明白，留下來會損害自己的心理健康，如果選擇離開，並找回內心的安穩，她反而會得到更妥善的照顧。我知道，離開這段婚姻會使我成為更好的母親，同時也可以為她樹立更好的榜樣。

我們沒有人能輕易做出這些決定。在經過多年的深刻自我覺察與心靈探索之後，這條路自然會顯現出來。真正的重生需要時間醞釀，它終究會讓所有人都跟著改變。

但若眼前的選擇沒有像我這麼明確，又該怎麼辦？有許多女人都身處不愉快的關係很多年，卻遲遲無法改變現狀。「繼續站在懸崖邊」和「縱身跳下懸崖」兩者感覺一樣危險，但是兩種做法都無法使她們獲得救贖。幾十年來，「我應該留下，還是離開」的問題一直縈繞在她們的心頭。我總是告訴這些女性，對她們而言，可以做出最後抉擇的時刻尚未到來，因為她們心中充滿恐懼，而這兩種做法都無法讓她們拿出勇氣擺脫困境。我會安撫她們說：「現在還不是時候。」能接受這一點很重要。這麼做能讓我們臣服於自己的心理狀態，並且尊重情緒的來回擺盪。

這種時候我們必須「安靜待在」這種狀態裡，這樣的「停留」需要無比堅強的毅力。只要我們在這段過程中主動覺察，這樣做並不代表態度消極或被打敗，而是一種智慧的展現。對我來說，這種做法可以發揮很大的效果。體察自身困境能使我們獲益良多。透過溫柔、慈愛的眼光照看自己內心的掙扎，有需要的話也會讓各種利弊得失浮現出來。然而，我們不會強迫哪一方非得說服哪一方，而是允許它們各自訴說故事、傳授智慧結晶。若我們急著採取行動，可能會做出草率的決定，帶來更嚴重的後果。我們不會貶低自己或急著下結論，在「釐清頭緒」的過程裡，這是至關重要的環節。如果因為無法忍受這種模稜兩可的狀態而加以省略，我們就會錯過了成長的重要步驟。

在正確的時間點做事是一門學問，從精神層面來看，這麼做有很多好處。唯有在清楚聽見內心的召喚時，我們才能向前邁進，這樣的召喚通常出現於內在覺知和外在世界相互契合，我們在等的就是這種和諧狀態。只要選擇尚未清楚呈現出來，我們就必須自我提醒：「我還沒準備好。」我們容許這種混沌不清的狀態一直存在，並且相信透過這樣的臣服，一旦時機成熟，那條正確的道路自然會浮現在眼前。

女人做出大膽的選擇時，往往擔心伴侶會有什麼反應：他們是會憤怒，或是同情我們的感受？若是前者，我們常因此面臨危險，男性生來就比我們更強壯且更具攻擊性，經常成為我們人身安全的潛在威脅。即使我們的伴侶是女性也不代表安全，她可能因為曾經遭受創傷而變得很具有攻擊性，這也會是十分可怕的經驗。允許自己感受這種恐懼，是我們開闢出新道路的關鍵，這些模式必須被打破，因此我們得先重視自己的恐懼，然後再想方設法從束縛中脫身。容許他人藉由任何方式壓迫我們，自然會產生恐懼。只有在意識到，我們是如何把自己的力量交付出去，才能選擇我們要扮演什麼角色，並創造出新的自我論述。

令人哀傷的是，那些受到身體傷害的女性並沒有時間慢慢進行這段過程。如果客戶遭受這種傷害，我都會強烈建議她們立刻離開，遇到這樣的狀況根本不需要「做選擇」，因為在受到第一次侵犯之後，她們的選擇就只剩一個。然而對這樣的女人來說，一切都已經太遲了。這些女人都有這種傾向，往往會因為所身處的危險處境而責怪自己，她們太過缺乏自我價值感，所以無法鼓起勇氣、脫離這樣的虐待關係；孩子往往是她們害怕離開的主因。這些女人特別需要學會分辨「恐懼」和「恐怖」之間的差異。在面臨任何危機時，我們可能都會感到恐懼，但一旦開始覺得恐怖時，就是該離開的時候了。如果一名女子的恐懼變成驚恐（哪怕只有一兩次），她就必須勇敢採取行動，甚至是離開也在所不辭。

我們的兒女不能繼續重蹈覆轍。他們必須了解，不管施暴者多數時候有多「和善」，這種有害的行為都是不可原諒的。最重要的是，他們必須知道在任何情況下，自己都無須因為另一個人而忍受這樣的恐懼（或驚恐）。只要我們願意告訴他們「絕對不要容忍任何形式的壓迫」，他們就有勇氣擺脫「任何」粗暴不當的對待。他們不需要問任何問題，也不需要編造任何藉口。他們永遠都不該在一段虐待關係裡變得麻木。我們必須幫助他們明白，他們有能力也有權利做出選擇。這一切都從我們開始。

女人被視為天生的照顧者，所以不希望自己的決定為別人的人生帶來混亂。我們非常在乎其他人的幸福，這除了帶來沉重的負擔，同時也使我們無法做出正確的選擇——好好照顧自己。我不僅害怕我的決定會對女兒造成很大的影響，也擔憂其他家族成員會有什麼反應。我擔心雙方家族的長輩會因此感到痛苦。我把他的家人當作自己的家人，直到現在都還是如此。他們還會愛我嗎？他們會生我的氣嗎？我很有可能會和他們失去聯繫。

接下來，還有支持我的客戶和讀者。他們會有什麼樣的感覺？會認為我不是一名「覺醒父母」嗎？畢竟，我寫了一些關於覺知教養的書，還寫了一本《覺醒家庭》，選擇離婚是否會讓我的支持者決定離開我？欣慰的是，我不曾從傳統的角度來說明覺醒父母或覺醒家庭的概念，而是一直強調，真誠是他們的主要特徵。我之所以分享這些，是為了讓妳們參與我內心的掙扎，同時告訴妳們，我也同樣曾經極度恐懼，並對自己感到懷疑。

我不希望讀到這裡的女人擔心一旦覺醒，她們的婚姻就注定要走向終點。實際情況絕非如此，婚姻動態不見得會隨著其中一方的覺醒而發生轉變，進而導致婚姻結束。很多時候，夫妻雙方都能彼此適應、進化，並且一起成長、產生新的婚姻意識，這真的會是很美好的一件事。有許多夫妻都對彼此的成長感到興奮，為了和對方保持同步，他們也會試圖改變自己。有些夫妻可以成功做到這一點，有些則無法，但是我不會批評那些做不到的人。對前者而言，心靈進化變成了一項重要家庭事務。我在工作中看過很多次這樣的變化。對所有人來說，那都是一段發人深省的過程。

我在書裡曾經提過恐懼所扮演的角色。「我們必須修正對恐懼的看法」就是這本書要傳遞的核心訊息。我想告訴妳們，在我追尋本真的這趟旅程中，恐懼一直長伴我左右。會有這種情緒不僅很自然，也很正常。勇敢生活的重點不在於讓恐懼消失，而在於理解它，然後改變它。在克服恐懼的過程裡，勇氣就此誕生。

儘管「因他人而產生的恐懼」應該立刻消除，我們必須了解內在恐懼是人類的一種自然本能。很多人都對恐懼感到害怕，因此被它打敗。在邁向覺醒的過程中，我得重新協調我和內在恐懼之間的關係，於是現在我克服恐懼的方式已經澈底轉變。我明白，每當恐懼湧現時，都必須去好好感受，要做的不是阻擋或逃避，而是接納它——這種恐懼想告訴我什麼事？我必須治癒什麼創傷，才能使它感覺不那麼可怕？

我逐漸和恐懼建立起新的關係。它每次出現，我都會迎接、允許它壓迫著我的胸口，讓我的眼眶泛淚。這樣的情緒很美好，因為它是一種自然反應。當然，恐懼也經常以我不熟悉的方式浮現出來，它提醒著我，明確的路線與藍圖並不存在。只要我聆聽恐懼的聲音，並好好地安撫它，馬上就會開始減輕。妳們知道誰能在我的心裡做這件事嗎？答案是我的真實自我。我越常運用她，她就會越變得強大，很快就開始掌控全局，並且管理我內心所有的混亂情緒。

覺醒沒有明確的方法。我在這段過程中做出的各種決定可能對我本身很有用，但對其他人卻可能是種災難。請不要過度關注我採取的外在做法，而是要注意那些內在對策，妳們絕對能從中取經。我的恐懼有哪些？我怎麼認同並試著克服它們？我怎麼協調我的內心世界？這些問題才是關鍵，可以讓不同族群的女人都獲得幫助。即便我所做出的外在選擇可能只適用於個人的狀況，各位姊妹還是可以從我的內在歷程中學習。

之所以分享這段覺醒的過程對我而言有多可怕，是因為想安慰那些感到孤單的女性，並不是只有她們面臨這些恐懼。要改變一個人的人生是非常恐怖的事，所以我們必須尋求建議與協助。

幸運的是，這段過程中我一直都能向最好的朋友尋求幫助。來自摯友的寶貴支持，使我得以繼續前進，我們一起攜手走向未知。每一次我遺忘心裡潛藏的那股力量時，摯友總是會提醒我它的存在。每一次我懷疑自己，並進入「責備─羞愧」的循環時，摯友會讓我看見真實自我，並且敦促我拋棄小我意識。每一次我感覺恐懼、畏縮、想要放棄時，摯友都會帶領我遠離這樣的念頭。我的眼淚被擦乾、恐懼被撫平；未來是如此光明，我只需要打開心中的那扇門，然後穿過它。這些都是一名充滿智慧的好友的饋贈。

擁有一群支持自己的人（或者是一名知心好友），對身處覺醒過程的我們很有幫助。要獨自完成這件事很困難，為了獲得支持，我們必須先勇敢地尋求協助。我們得先讓周遭的人知道我們需要幫助，並允許自己依賴他人。這需要勇氣，因為這代表必須放棄女強人的稱號、不再堅持完美，同時謙虛地承認自己需要協助。

很多女性都會對此感到掙扎，一方面是不想成為別人的負擔，一方面我們也對所謂的「能幹」懷抱執念。然而，「尋求他人的援助」真正的意義在於，我們願意和他們緊密連結。卸下完美的光環其實是在告訴其他女人，她們也可以這麼做，於是眾人的力量就能集結起來。在我的這趟旅程裡，好友們都是我的盟友，他們一直支持著我，為我建立了一個無形的舒適圈、使我充滿信心，若非如此，我恐怕無法這麼堅強篤定地向前邁進。

覺醒宛如一頭可怕的怪獸。「無知就是福」這句俗話說得一點都沒錯，繼續逃避現實，並遵守他人訂下的規矩的確會容易許多。只要我們保持沉默，就不會惹人生氣。沉默意味著，我們不僅不需要面對衝突帶來的混亂，也不必費盡心思改變自己的人生。相較之下，這麼做安全許多：一切依舊舒適且可以預料。

很多人都仰賴這樣的無知而活。但對某些「任性」的女人來說，這種無知會變成一種束縛，叫她們難以忍受。這些文字就是寫給她們看的。

到了四十幾歲，許多女人都迎來生命中的轉變期；她們選擇了一條比較少人走的路。這是很合理的一件事。我們曾經乖乖跟隨前人的腳步、逐一完成人生清單上的各種「待辦事項」——完成學業、結婚，或許還成為了母親，我們已經完全忘記自己的真實樣貌。一直到我們的孩子進入青春期，某件事發生了……看著他們變得獨立自主、直言不諱、勇於反抗，我們心裡的某種東西因此被喚醒，突然驚覺自己是如此被動與順從。我們看著孩子勇往直前、無所畏懼，不再像以前那麼需要我們。我們開始認真思考：「現在的我要成為怎樣的人？」

這正是發生在我身上的事。我女兒滿十三歲時，她已經變成一個獨立、堅強的年輕女孩，不再像以前那樣需要她的母親。我從「媽咪」變成了「媽」，每個母親都曉得，這樣的稱呼變化代表她已經無法再掌控孩子的人生。她的孩子終於發現，媽咪並沒有很棒、那麼聰明或者那麼有趣，這個世界遠比「媽咪」大得多，得好好探索。現在，她只是「媽」，一種達成目的的手段——唯有在孩子需要食物、金錢或是汽車接送時，才會被召喚。

我女兒十三歲的那一年，也是我翻轉人生的一年。她開始掙脫困住她的牢籠；她長出了翅膀，而我也是。離巢的時候到了。一如迎接新生命的女人，我的世界已經變得截然不同。

創造嶄新的自我論述

我們可以編寫出新的自我論述，其中可以包含外表、婚姻觀、教養方式以及我們所做出的各種選擇。由於進入了某個未知的領域，起初我們會感覺很可怕，但很快就會在這段過程中獲得自由。一旦明白文化無法定義自己時，我們就能開始把自己的力量拿回來。他人的認同變得不再那麼重要。如今，我們為自己建立起新的人生基礎，那就是自我認可。

若要選一個由恐懼主導的制度，那答案就是離婚制度。我們的文化使離婚過程充滿恐懼，藉此掌控每一對配偶，讓他們一直待在一起。這整套制度都是為了製造束縛、競爭與恐懼。離婚律師和家事法院體系，全都促使這股恐懼感持續下去。離婚律師接受的訓練是為了打贏戰爭，而不是為了駕馭小我意識或撫慰人心，所以整段離婚過程自然瀰漫著濃厚的戰爭氣氛。

處理離婚的過程中，我知道自己必須消除律師和法院體系帶來的恐懼，而這可是一項非常艱鉅的任務。就如同文化塑造出所謂的結婚制度，它也創造了離婚制度，正因為離婚制度是一種文化產物，我可以選擇如何應對：是要向文化規範屈服，或是自己另闢蹊徑。解構自身對於這種制度的恐懼，是我面臨的一大挑戰。我能進化到何種程度，端看能否轉變我和恐懼之間的關係。

我很清楚，除非勇敢對抗離婚帶來的汙名，否則我不僅會辜負自己也將辜負女兒，還有那些我可能會在工作中接觸到的人。我的心靈成長讓我得以看穿離婚文化加諸在我們身上的種種假象。我有能力擺脫這些標籤，以及其背後的文化意涵。我不願接受文化賦予離婚的意義，因此重新定義自己，並重新思考，離婚對我具有什麼涵義。

只有在我開始從不同的角度來看待離婚這件事時，一切才真正開始改變。這樣的分離並非外在的破壞，而是捨棄我的過去、偽裝、虛假自我和小我意識。當我開始把離婚當成人生旅程中的一份個人宣言時，一切都變得有意義。我變得充滿力量，同時也和內在真實相互契合。我開始對自己懷抱同情，而不是責怪與怨恨。我一點都不憤怒，事實上，我對所學到的一切滿懷尊敬。我將之視作一種完成，而不是一種結束（這兩者需要的情感能量並不相同）。

我一邊解構所有關於離婚的謊言，也一邊自問：「這段過程是否一定要針鋒相對，或者我也可以建立新典範？」「我是否一定會變得恐懼與匱乏，或者也能變得富足且充滿力量？」「這一定只能是個人經驗嗎？或者也可以是某種集體意識？」

如何在內心建構這段過程，將對我的心理狀態，以及我整個人產生極大的影響。我必須先具備正確的意識。我能改變的人只有自己，因此不斷自我提醒，要顧及所有人的最大利益——包含我前夫在內，無論他有什麼樣的情緒。比起他的態度，我的行為才是我該關注的焦點；我選擇表現出什麼樣子，才是真正重要的事。直覺告訴我，在接下來的幾十年內，我的行為都會對我女兒的心理，以及她的後代造成影響。作為一個覺醒且充滿力量的女人，這將體現出我逐漸增長的新意識。我們的文化創造出這些法規或規範，不代表我非得遵守不可，所以我決定擺脫這一切，在心中做出承諾：我會盡量保持關愛，並且讓我的家人繼續保有幸福。

如果我選擇忠於自己的本質，不是因為我很軟弱，而是在大聲宣告，我的新自我遠離了小我。這樣的分離與我的丈夫無關，這是我和真實自我的結合。我往前跨出的每一步都並非離他遠去，而是朝真實的自己邁進。當我抱持這種觀點時，就能讓自己沉浸在更高層次的意識裡，我幾乎完全不拘泥於那些無意義的外在形式。

我一開始就跟律師說，整段離婚過程將由我全權掌控，他只要提供我法律建議就好。我告訴他，我不會依循傳統的法律規範，因為我的考量是什麼做法對我女兒的心理健康最好。我也跟律師說，若他要我做出任何必須讓前夫妥協的決定，這樣的建議就不妥當，因為會傷害到我的女兒。如果我贏而前夫輸，終究會對我的女兒造成損失，這是我無法容許的。我告訴他，我不會接受法律的欺凌，也不會因此感到恐懼。我會自己定義所謂的「公平」。基本上，我把話說得很清楚——他是為「我」工作，事情需要按照我所說的發展（即便它們和他的建議相互牴觸）。「不衝突、不脅迫、不恐嚇。」我堅定地說。若他做了其中任何一項，我就會開除他。

在我離婚一年後，這位律師終於理解我的觀點。我之所以仔細說明這樣的觀點，是為了使女性確信她們真的可以主導自己的選擇，而且不會覺得受到法律制度的欺壓。只要經濟條件允許，她們就能創造自己的人生。真正的戰爭不在於法律層面，而在於傳統離婚制度和自我本質之間的戰鬥。

我還記得在給律師的第一張支票上簽字的那一天，手是如何不由自主地顫抖。我為了那些失去的過往而哭泣，我依舊清楚記得和前夫一起度過的美好時光。那些我們一起去度假的地方、一起享用的晚餐，還有女兒的誕生……我怎麼可能不記得？過去的二十五年裡，有太多美好的片刻，全部在我簽字的那一刻從我的腦海中浮現出來。我的內心波濤洶湧，而我也讓自己好好感受情緒的流動。這麼做是很自然的，因為除非我充分感受這些真實的情緒，否則我將無法消化它們。

面對未知的將來，我感到極度恐懼。然而，即便在那些恐懼襲來的夜晚，我還是繼續向內探索。我知道我的恐懼來自小我意識，以及文化灌輸我的種種觀念。我必須遠離小我的不足與匱乏。每當我向內探尋時，答案都顯而易見，這就是我該做的事。現在，我必須自己成長、茁壯，並且在婚姻的脈絡之外找尋真實的自己。我必須克服我的恐懼，這就是我在做的事。

由於我們的離婚制度支持財產均分，雙方會一直處於協商，甚至是衝突的狀態。關於「誰可以拿那台鋼琴」、「誰可以拿那件祖傳藝術品」的決定，每每需要很長的時間釐清。若其中一方分到比較昂貴的首飾，另一方也會希望獲得相應的補償，在這樣的一來一往之下，夫妻雙方都深陷在「外在形式」的戰爭裡。

雖然在某些情況下，這種鬥爭確實能發揮作用，卻不見得是最聰明的做法。執意分配每一項財產，或每一個和孩子相處的時段，最後可能會帶來紛亂，並引發不成熟的爭吵。只要我們被這種模式所困，就會一直執著於金錢、家具之類的外在事物，而不會關注更宏觀的無形層面，也就是人與人之間的緊密連結，以及關係和諧。重點不在於誰贏得了什麼東西，而在於所有人的最大利益。當我們把焦點放在後者時，我們就能容許自己「輸掉」某樣東西，而不把它當作一種失敗。

從很多層面來看，結束任何一段感情都是很痛苦的，想要責怪對方、爭取財產，是很正常的反應。這些鬥爭會讓我們誤以為自己擁有力量與控制權，這兩者剛好是這種時刻我們自覺非常缺乏的。無論覺得失去的是哪種內在力量，都被投射至外在世界，因此我們表現得好像這些花瓶和碗盤寶貝得要命，實際上只是想透過這樣的方式來爭取內在控制感。如果離婚律師能了解這一點，並且幫助他們的客戶（而不是利用），離婚的過程將會變得很不一樣。

在這段過程中，內心的空虛與無助感讓我們戴上了「戰士」的面具，因此看不見那些珍貴的精神報償。注意觀察內在的無力感使我們變得對權力無比貪婪，進而表現出極為霸道的模樣，是順利克服阻礙的唯一方法。大家之所以雇用那些「獅子大開口」的離婚律師，就是因為自己也變得貪婪。但事情根本不需要變成這樣。若我們可以處理好心裡的情緒，不要投射到伴侶身上，我們就能保持心情平穩、讓一切順其自然地發展。如此一來，就不會不斷追求自以為是的勝利。

真正的權力戰爭終究不在於外在，而是在於內在。這套離婚制度的目的就是為了製造衝突，我們的困惑與內在混亂是其賴以運作的基礎。如果這些律師具備足夠的靈性智慧，就會知道這種外在的物質爭奪，其實反映的是內在力量與控制權的競爭。他們如果真的有心鼓勵客戶，應該委婉告訴他們「誰拿到那套茶具組、誰拿到那條項鍊」這種事根本不重要，到頭來，它們都不會讓人覺得比較好過。這些都是虛假的勝利。真正的勝利在於，重新找回自己的力量與內在價值感，這才是應該關注的部分。可惜律師通常不會這麼做，因為我們的貪婪與控制慾是他們賺錢謀生的工具，我們越是陷入這樣的衝突，他們就賺得越多。我們必須靠自己察覺這一點，如此一來，就不會再受到這套制度的箝制。

當然，並非所有的離婚律師都只為了賺錢。有些離婚律師具有更高層次的意識，能幫助客戶走在更光明的道路上。重點在於，律師、醫生、牧師、教授、老師，或是任何「專業人士」都不該掌控我們的情緒，我們必須自己決定怎麼駕馭。我們經常被所謂的「專業人士」、「專家」，甚至是「心靈導師」矇騙，以致於喪失了我們的內在覺知。這依然是家庭教育和文化的延伸，它奪走了我們的力量。我們非常習慣失去自己的聲音，所以在面對某個「權威人士」時，會輕易地把自身力量交給他們。

為了能夠從不同的角度來看待離婚這件事，定義「勝利」對我來說代表什麼意義就十分重要。所謂的勝利會是什麼模樣？一旦弄清楚這個問題的答案，我就能依此做出明確的選擇。對我來說，勝利意味著盡量讓我女兒少受一點苦，因此在這段過程中，能否使她安心並感受到愛與肯定，端看我如何選擇。只要明白這一點，我就可以確保自己所踏出的每一步都遵循這個原則，既不會花費很多時間審視那些紙本文件，也不會為了各種細節而起爭執。

我也了解不是每個人都能做這種選擇。甚至對很多人而言，他們該做的事或許正好相反。就像先前提過的，不同人做出的外在選擇可能都不相同，有些人也許會選擇在法庭上鍥而不捨地爭取，其他人則可能會和我做出同樣的決定。

真正重要的不是我們的外在行為，而是我們的內在感受。到最後，重點不在於我們做了什麼事或擁有什麼東西，而在於我們的內心有多堅定。我不斷提醒自己這一點，並且問自己這些問題：「我對這一切有什麼感受？」「我做出的這些選擇是否符合真實自我？」「我這麼做是出於恐懼，還是出於富足？」

我們內心具備強大的力量，足以改寫過去和未來。我們越是欣賞並喜愛自己的本質，就越能擁有富足與喜樂，並以此改變我們的人生。當我們把所有的力量都拿回來時，就可以開始根據重視的事物來調整自己的人生。

我們既是劇作家，也是說故事的人；我們既是導演，也是演員。儘管生命中總是存在許多未知，我們還是有能力改變在內心上演的情節。我們必須謹記，體驗世界的力量就在我們的心裡。它是我們最寶貴的資產，不能把它交給別人。

迎向新生命

對我們很多人來說，最後的覺醒時刻感覺都很恐怖，因為捨棄了那個恐懼畏縮、過度依賴，以及被動順從的自己。雖然原先身處這種狀態無疑是種折磨，然而離開這個「舒適圈」卻也叫人不知所措。因為不管人生再艱難，在某種程度上，它都舒適、熟悉而且可以預料，我們也以透過他人建立了一些關係，甚至是結婚生子。我們可能已經失去自我無數次，只有偶爾在再度被潛意識綁架之前，瞥見自己的真實樣貌。我們在這個「舒適圈」中有過無數歡笑與淚水，是我們唯一的歸屬，所以儘管它並非真的舒適，要放棄這樣的人生也是令人難以想像，還帶來了新的恐懼與創傷。

即便這些依戀與執著曾讓我們感到痛苦，它們還是有著珍貴之處。幾十年來，我們都一直採用這些模式，反映出我們相信自己是怎樣的人。如果決定捨棄舊的自我，我們也必須哀悼它的死去。為了展現出某種「靈性優越感」而選擇逃避哀悼，也是不重視自身真實感受的一種行為。

沉睡狀態下所做的所有計畫，開始在自己眼前瓦解時，我們的未來就變成了一條漫長而孤寂的隧道。我們漸漸意識到，那些老舊、熟悉以及可以預測的東西正在死去，我們跟著卸下所有的面具與面紗。我們或許會心想：「我們怎麼能在精神層面上，如此又瞎又聾又啞地過了幾十年？怎麼能容許自己一直處於這種狀態？」

我們被逼著迎接未知，門外響起了真實自我的敲門聲，但我們害怕得不敢去應門。多數人都會等到這些敲門聲平息，然後就一輩子裝作沒這回事。比起回應我們的本真，我們寧可用手機、電腦、電視以及其他消遣填滿生活。文化使女人們變得不敢追尋真實自我，更不用說和它緊密結合在一起。

在迎向新生命的過程中，我們必定會感到退縮，並且極度悲傷。畢竟怎麼可能不這樣呢？我們不僅有一部分的自己死去，同時也褪去了那張舊皮，因此追悼過去是很正常的反應。不過，開始把心聲表達出來我們會日漸愉快，因而完全不想再回到欺騙自己的狀況。

「捨棄舊模式」代表拋棄它們背後的一切。有許多人在穿越這條隧道時，誤以為自己可以把那些舊動態一起帶在身邊，但很快就發現無法這麼做。我們意識到自己必須「長大」，做出艱難的選擇，不能再像小孩子那樣，幻想自己可以擁有一切。現在，是做出選擇的時候了。

進入重生的過程時，我們會緬懷過去的熟悉與舒適，即便曾經帶來痛苦，我們仍可能會執著於舊有的自我。對我們而言，有些舊自我還是非常重要。以我來說，我一直對做個「好印度女孩」（這個好女孩永遠都不會離婚），以及「好母親」（這個好母親永遠都不會讓她的家庭破碎）懷抱執念，也因此飽受折磨。每當我感到內疚時，就想要退縮，回到過去的那個自己。我鼓足了勇氣，才得以繼續向前邁進。

有個問題在這段旅程中不斷提供方向：「怎樣才能忠於我的真實自我？」我清楚知道，只要懷抱悲憫之心，同時有意識地跟隨心裡的真實聲音，一切都會變好。在付出各種辛酸血淚之後，靈魂終將復活；如果我的結果是這樣，那麼我想對所有人而言，最後也終究是如此。

我花了兩年的時間深刻反省，並進行冥想練習，才學會無視小我的聲音。我的前夫也花了整整兩年的時間，才慢慢接受並釋懷。最重要的是，我花了整整兩年的時間，才完全擺脫舊模式，並且展開新模式。

這段過程讓我體會到，作為女人的壓力有多大——她們不僅必須成為某種模樣，還得正確地完成人生清單上的各種「待辦事項」。身為母親的女性必須承受這樣的壓力：為了保持家庭完整，不管要付出什麼代價都千萬不能離婚。然而，不是只有母親承受莫大的壓力。那些不想結婚生子，或是想要建立同性戀、雙性戀、跨性別，或多重伴侶關係的女人又是如何？變成這樣的女人會怎樣？為了避免受到鄙視，她們的內心必須經歷什麼樣的掙扎？當社會存在著關於「善良」的狹隘標準時，不遵循這些標準是很危險的，讓人忍不住覺得還是乖乖守規矩比較好。

在我覺醒的過程中，每當心裡的聲音或內疚或羞愧地告訴我「妳必須這麼做」、「妳應該這樣做」或「妳不能這麼做」時，我都會檢視這樣的聲音從何而來。我會問自己：「如果喜法莉不害怕的話，她現在會怎麼做？」「此刻我有什麼感受？」很快地，我就不需要再問這些問題，因為真實自我不再被埋藏起來。我和真實自我合而為一，開始活出自己。

開啟內在覺知之後，我把它當作一種引導，為我指引方向。我可以清楚聽見自己心中的聲音，而越常聆聽我就越能敞開心胸，並發自內心感到喜悅。當女兒看到我活得越來越像自己時，她也放下了對過往的執著，歡喜迎接新的人生。

閱讀這些文字時，妳們可能會忍不住心想：「我是否真誠地活著？」儘管從很多層面來看，這個問題感覺都很可怕，只要敢於這樣問自己，妳們就迎來了人生的轉捩點。當它開始變成妳們內在對話的一部分時，人生就會逐漸朝新的方向轉變。彷彿迎向陽光的花朵，妳們也開始了這段追尋本真的旅程。

PART

· TWO ·

正視內心的黑暗面

CONFRONTING
THE
SHADOW

7．小我的各種面具

鏡子裡的倒影往往不甚優美；
藏在面具底下的那些裂隙太過明顯。
儘管我們試圖轉移焦點，
這些裂縫卻變得越來越搶眼。
直到最後，那個影像連同鏡子一起碎裂。

⁘

讓我們繼續前進吧。第一部已經探究恐懼如何掌控我們，現在可以繼續探討我們要怎麼克服這些恐懼。

為了避免恐懼，我們戴上了小我的面具。它們幫助我們適應並度過童年，並在成長的過程中，變成了我們的「第二層皮膚」，如此過了幾十年，我們已經非常習慣這些面具的存在，因此很難分辨什麼才是我們的真實自我。只有在察覺到它們的存在，並且將之摘下來時，才能開始改變我們的心理模式。

在我們變得圓滿之前，小我是不會隱退的。我們內心的空洞必須由完整感取代，而完整感正是真實自我的特徵之一。所以，重點不在於消滅小我意識，而是要療癒我們的內心，讓真實自我得以在心中成長、茁壯。

不同的小我面具雖然可以相互替換，但還是各自具有不同的特質，只要能了解這些特質，我們就能加以辨別。比方說，某一種面具可能會在特定的人際關係中出現，而另一種面具則會在不同的情況下顯現出來。後面在說明這些面具的特質時，我也會說明我們的心理如何運作，以及它如何造就我們的外在動態。

每個人都會對自己或他人的行為持有一套看法，但唯有深入了解這些行為的根源，我們才能開始和自己或他人產生連結，真正的理解可以引發深刻的同理。

希望各位讀者可以在接下來的章節裡，和其中的各種主題與情節產生共鳴。妳們也許會發覺自己同時間認同好幾個，這是很正常的一件事。與此同時，請持續關注內心，並問自己：「我是怎麼用這些面具來獲取別人的肯定？」「心裡的無價值感如何造成我採取這些虛假的做法？」一旦開始這樣反思，不僅會變得更了解自己，也將更了解身邊的人。

給予者：受害者、犧牲者、拯救者，以及過度同情者

當「好女孩」感到絕望時，「給予者」是小我最常採用的防禦機制之一。只要她們害怕被否定、被拋棄，就會立刻戴上這種面具，以此掩蓋自己的內在真實。她們捨棄了真實自我，為了別人的幸福安穩而犧牲。

這樣的面具通常會出現在那些敏感且富有同情心的女人身上。她們遺傳到的生命藍圖就是要自我犧牲，所以很自然會為了其他人而隱藏自己。無論面臨什麼形式的威脅，她們

都會進入這種預設狀態，並且將這樣的基本設定誇張化。她們每一次感覺到恐懼，都會更加鞏固這種模式。

一般來說，這些「給予者」會有跟他人相互依存[14]的狀況，意即高度依賴來自他人的肯定。甚至可以說，她們的自我認知全都奠基於此，若是少了這樣的依賴，她們就覺得自己彷彿不存在。

接下來，我將介紹「給予者」會使用的幾種面具。若對這些面具多少有所認同，這樣的反應有助於了解這些面具對自己的人生造成什麼影響。如此一來，就可以在經歷內在衝突時找到克服之道。

受害者

五十三歲的瑪麗蓮來找我諮商時，正面臨生命中的成長停滯期。她想辭掉沒有前途的工作，卻又不知道該怎麼往前邁進。無論是獲得更好的職位，還是進行新的嘗試，瑪麗蓮很清楚她都必須支持自己。

為了幫助她改變，我提供了許多選項，其中包含變得更有自信，好主動要求升遷。我們還針對她要跟上司說哪些話進行沙盤推演，甚至也訂出了行動的時間表和截止期限。

然而在持續接受心理治療四個月後，她依舊沒有任何成長。對於「為何無法改變」一事，她總是有很多理由，不管想出什麼解決方案，她都有辦法加以破壞。作為她的治療師，我還記得那時感覺非常挫敗，懷疑是自己的做法哪裡出了問題。每每迎來她的諮商時段，我都會感到自怨自艾，後來我才恍然大悟，原來自己感受到了她心裡的情緒——怨天尤人！瑪麗蓮扮演的正是典型的受害者。

於是，我點出了這樣的心理模式。我告訴她，無論前方的道路有多麼明確，她總是有種種藉口，跟自己說：「我就是運氣很差，事情從來不會順利發展。我不知道自己到底能不能做到。」或者說：「我有試著找其他工作，但每次我要跟人資談，他們看起來都很匆忙，似乎不太在乎我的履歷。感覺我對他們來說根本不重要。」

瑪麗蓮的肢體語言看起來比實際年齡老十歲。她總是顯得手忙腳亂，而且不停抱怨。她不是抱怨工作，就是埋怨丈夫不支持她，或是她母親太苛刻難搞。總之，錯都在別人身上，與她無關。

在察覺她的小我面具之後，我便一直逼她面對。說她百般抗拒，真的是一點也不為過，她甚至大怒道：「妳覺得這些事都是我捏造出來的嗎？妳就跟其他人一樣。我先生也是，說他已經不想再幫我了，現在連妳也這樣！我就知道妳也會變得跟別人一樣。」我很明白她的小我意識會如何出招，所以拒絕上鉤。我保持耐心、懷抱同情，然後將她的所有防禦機制都反射回去。

---

14 codependent，是一個心理學名詞，又譯為「依賴共生」或「關係成癮」，意指一種病態的人際關係。相互依存的關係當中，一方通常有生理或精神上的成癮問題，必須依賴他人的關心與照顧，而另一方則依賴對方的這種需求，給予強制性的照顧，藉此滿足自己的心理需要，並獲得自我價值感。

瑪麗蓮的情緒終於潰堤：「我痛恨我的工作。我痛恨我的婚姻。我的處境很悲慘，而且不曉得自己為什麼會走到今天這種地步。我這麼努力維持一切，但它們依舊四分五裂。」她終於坦白面對自己內心的缺憾。現在，比起她的小我防禦機制，她的絕望顯得更加強烈。

我委婉告訴她，小我意識為了讓她扮演受害者的角色，是如何造就這一切。於是，我問她：

「在妳的人生和工作中，妳是否覺得自己『很可憐』？」

「妳是否覺得其他人都在佔妳便宜？」

「妳是否覺得自己很倒楣，希望事情有不一樣的發展？」

「妳是否覺得自己是對的，別人都是錯的？」

「妳是否覺得受到羞辱與貶抑？」

「妳是否對別人懷抱著各種無法實現的期待？」

「妳是否覺得別人會莫名其妙對妳發怒？」

「跟別人分享痛苦遭遇時，妳是否會因為沒有博得他們的同情而沮喪？」

「妳是否覺得只要其他人改變，妳也會因此變得不同？」

每一個問題瑪麗蓮都回答「是」，於是我告訴她，這就是典型受害者所具備的心理模式。我們在童年建立起這樣的模式，好讓自己顯得卑微弱小。接下來我們一起探索瑪麗蓮如何習得這種模式，我甚至不需要深入探究，她就大聲喊道：「是我母親！她是『永遠的受害者』，永遠都是受委屈的那個人。成長過程中，我一直對她的痛苦感到內疚。」她從母親身上學到「責怪全世界，並且不停埋怨『我真命苦』」，是應付一切人事物的方法。她在不知不覺中複製這種模式，導致自己一直停滯不前。

女性中有很多人都像瑪麗蓮一樣。受害者意識使我們始終處於弱勢；我們永遠在等對方改變，或者有人來拯救，這樣我們就能獲得自由。諷刺的是，所有的一切永遠都不夠好，我們非常不習慣感到快樂，因此即便快樂已經來到眼前，我們還是百般抗拒。我們總是預設自己會失望，因此事事總往壞處想，這樣的行徑最終坐實了「永遠不會有好事發生在我身上」的預想。

這種受害者意識不僅很弔詭，也很難跳脫，因為可以讓我們不再害怕無法獲得愛與肯定。受害者會一直抱持這樣的心態，這樣就不必為自己的人生負責。只要事情不是百分之百保證順利，有任何一丁點的風險，她們就會害怕改變。

在此我也必須澄清，「受害者」確實存在，例如那些被強暴、遭受各種暴力或歧視的人。這裡提到的「受害者」並不是指這些人，我所說的「受害者意識」是一種思考模式，深陷其中的我們會因此屈居劣勢、無法脫身，無論自己當前的處境為何，我們都會一直覺得自己被別人「侵犯」或「傷害」。「受害者意識」是一種心態，而不是因為真的遭受情緒或肢體暴力而身處弱勢。

從主管開始解析，瑪麗蓮逐漸了解自己是如何利用他人來演出她心裡的那套劇本。摘下了有色眼鏡，她明白到主管也只是個普通人、有其侷限性。在擺脫受害者的角色之後，她就能主動爭取升遷，還有新的工作內容。

在「扮演」受害者時，我們往往覺得自己是對的，並且感到無助。我們腦海中充斥著各種想法，像是「我不敢相信這種事會發生在我身上」、「我犧牲一切、放棄了所有，真是無法想像我會被這樣對待」。受害者永遠都是那個「可憐人」，總是被某個人佔便宜。

要跳脫受害者意識，我們必須拿回主導權，同時成為自己的支持者。我們必須把內疚與無助感轉變成行動。當一個受害者開始懷抱嶄新的人生目標時，她就會逐步朝新的方向改變。

受害者如果意識到其實並沒有人讓她處於劣勢，這都是自己下意識的選擇，起先她可能會覺得很幻滅。然而，發現造就「我真命苦」這種處境的人就是自己，這也是認清現實的時刻。妳們原以為自己別無選擇，結果發現這種想法根本大錯特錯，察覺這樣的事實令人感到徬徨，也許會感覺整個世界正在崩解。

明白自己可以決定要表現出什麼模樣，妳們就能擺脫受害者心態，大膽地自我擁護。妳們開始獨立自主，而不是一味順從，同時也漸漸遠離那些習慣使妳們自我壓抑的人。如果妳們夠勇敢、足以度過這困難重重的轉變，妳們的受害者心態就會蛻變成勝利者心態。妳們將因此掙脫已經束縛自己一輩子的無形枷鎖。

犧牲者

提到「犧牲者情結」，我的腦海裡便浮現出莎夏的身影。莎夏是工作十分賣力的企業律師，同時也是孩子的母親，以及照顧生病父親的孝順女兒。此外，她也是堅定的環保主義者，每個月至少為慈善機構提供二十五小時的免費法律諮詢服務。她的丈夫是忙碌的公司執行長，而她自己也總是四處奔波。她之所以願意接受心理治療，全是為了就讀國中一年級的女兒安娜——安娜進入國中後便飽受焦慮之苦。

起初，幾乎都是保姆載安娜過來（莎夏偶爾才會載她來）。我費了很大的功夫，才說服莎夏也一併接受諮商，在那段諮商期間，她經常為了缺席而向我道歉。我很能認同莎夏，而且很快就喜歡上她。莎夏能幹、有才華，但就是不懂得該怎麼說「不」……典型的犧牲者正是如此。我告訴她這一點時，她立刻笑了出來，聰明風趣的她回應道：「我知道妳很直接、不留情面，但我不曉得會到什麼程度。妳完全揭穿了我的底細。」

我們因此開懷大笑了一番，我們都是敢於坦白承認自己心理問題的女性，所以頗有惺惺相惜之感。她時時刻刻都在替他人服務，不僅為此犧牲了自己，甚至是孩子們的幸福，我向她解釋了她怎麼建立起這樣的模式。

為了幫助她釐清這個「犧牲者」角色如何自動在她的生活中演出，我問她以下幾個問題：

「妳是否覺得自己的角色就像德蕾莎修女或某個偉大的聖人一樣？」

「妳是否常出面替其他人收拾殘局？」

「妳是否常默默忍受艱苦的付出？」

「妳所肩負的沉重責任是否令妳筋疲力盡？」

「妳是否因為被視作理所當然而感到不滿？」

對於這些問題，她的答案都是肯定的。莎夏說：「我很不習慣抱怨，但是又覺得如果我不抱怨的話，根本不會有人理我。沒有人會問我好不好，或者我有什麼感受，大家總是理所當然認為我很好。是啊，我很好，而且我很樂於讓大家都好。但同時我也覺得筋疲力竭，有時甚至覺得自己被利用。所以，我往往只是在心裡默默埋怨、抗議而已。」

發現我很了解她的深層心理模式之後，莎夏開始定期找我治療，我們一起揭露她的犧牲者情結底下究竟埋藏了什麼。她從小和罹患慢性病的姊姊一同長大，看著父母親每天為姊姊操心，二十四小時盡心盡力照顧她，一刻都不得停。這讓莎夏因為自己身體健康而感到內疚，她回憶道：「若我抱怨一些正常小孩會遇到的問題，他們都對我不屑一顧、說我不知感恩。我對這樣的自己有很深的罪惡感。在成長過程中，我曾經因為自己不是生病的那個人而感到非常沮喪，我也非常嫉妒我姊姊。」

就是這個！她因為這樣的狀況而覺得自己不夠好，那個真實的自己讓她感覺很糟糕。為了讓自己不要這麼「差勁」，莎夏只能像個超級英雄般做更多好事，也因此她自覺必須為每個人做每件事（甚至包含動物和環保議題在內）。由於自己不是那個「生病的孩子」，她執意用這種方式彌補。

某次諮商時，莎夏的情緒澈底崩潰。「從來沒有人把我當成孩子看待，我甚至根本不存在。只有在我能幫忙父母親的時候，才會得到認可。」說完這些話之後，莎夏立刻陷入一陣沉默，接著又壓低聲音說：「說實話，我討厭生命中的每個人。我已經付出一切，他們卻還是一直予取予求。我討厭他們，我也討厭我姊姊。天啊！我現在的生活真的完全再現了我的童年，對不對？」

當我們開始意識到自己內心的感受，以及小我如何創造出那個虛假的面具時，心裡那些渴望被真實自我填補的空洞就會顯露出來。於是，我們就能逐漸邁向圓滿。

莎夏必須先哀悼自己在兒時失去的一切，如此一來，她就可以開始彌補這樣的缺憾，而不是將之隱藏起來。那次諮商剩下來的時間，她都在哭。她不再是那位體面、能幹的律師，此時的她是個毫無防備、不停顫抖的小女孩。少了她的小我面具，她是如此自然、坦率；莎夏終於找回那個在童年時被她拋棄的小女孩。

一旦我們發現這個被忽視的孩子和她真實的需求，就能開始設法滿足。莎夏意識到，她要做的不是把自己的內在需求昇華為替他人服務，而是必須將它們轉變成「為自己服務」。如今的她開始重新撫育[15]自己，這是一段令人喜悅的過程。父母親過去給予姊姊的那些關愛，她曾經把它們給了其他人，現在她必須慷慨地為自己付出。由於把自己擺在第一位，她漸漸開始捨棄那些不必要的責任與義務。她不再過度彌補每個人的短處，同時也慢慢開始照顧自己，最後，她終於達到新的境界——其他人的不幸不再讓她感到心痛。這真的是種解脫。

15 reparent，是一個心理學名詞，意指個體在長大成人後擔任自身內在小孩的父母，藉此撫慰、療癒它過去的傷痛，並滿足它的真實需求。

這些犧牲者經常抱怨身體疼痛與神經緊張，這是因為她們非常不重視自我照顧，從而導致神經系統負擔過重。要消除犧牲者情結，就必須自我尊重，她們應該讓自己獲得關愛、同情與協助。她們所給予他人的一切，同樣也必須給予自己。這聽起來很自私、自戀，但這正是犧牲者所需要的。

當犧牲者把焦點轉向自身時，她一定會覺得自己很自私，甚至起初不知道該怎麼做。捨棄生命裡所有無關緊要的事物，是重視自己的第一步，這當中也包含了一定程度的放手（雖然很困難）。當她不再背負別人的期待時，就能開始更自由地呼吸，並且很快就會變得獨立自主，不再需要從他人身上獲取肯定。

這種放手包括辭去各種額外職務，像是非營利組織、家長會、醫院慈善基金會的董事會成員等。當她不需要當一個犧牲者時，就不再害怕自己是個有缺點的普通人。

拯救者

我所認識的每位治療師都為這種小我面具所苦。我很肯定，多數從事助人行業的人都具備這些特質。

二十歲出頭時，我總是急切地想幫助其他人。儘管這是個很好的動機，也促使我做了很多好事，我卻因此變得太過極端。我不但想幫助別人，我還想「拯救」他們——而且不光是拯救而已，是要「治癒」他們。每次開車經過公車站，我都有種想停下來、讓某個人搭便車的衝動，幾乎把我原本的計畫拋在一邊。或者遇到有人面臨財務困難，我都會想出手幫他們解決難題。

到最後，我必須問自己：「他們真的有要尋求協助嗎？」答案是「沒有」。我這股嚴重侵犯他人界限的「幫忙欲」，都不是出於對方向我提出這樣的請求，全是我自己在腦海裡編造出來的。這使我開始思考，這種拯救他人的需求從何而來。

我很快就發現這樣的需求其實是一種面具，其存在目的是為了掩蓋我內心深處的某種東西。我的「拯救者」面具也有黑暗的一面。它確實很友善、熱心，但如此極端的特質也顯示，它是為了滿足我心中的某種渴望。我對他人的痛苦懷抱無限同情與疼惜，所以希望能減輕他們的痛楚。然而，他們的眼淚也令我感到很不自在，所以我試圖拯救的，其實是不想看到他人受苦的自己。

我內心渴望的是這些東西：

「我的付出讓我覺得自己是有用處、有價值的。」

「我的付出讓我不會因為別人的痛苦而感到難受。」

「我的付出使我不必忍受未知所帶來的不自在。」

「我的付出使我覺得自己比較能幹、優秀，並且擁有力量與控制感。」

「我的付出會引來那些絕望的人，讓我得以持續這種循環。」

「我的付出讓別人依賴我，因此使我獲得某種權力感。」

「我的付出使我不必學習成為『接受者』。」

「我的付出意味著我可以對自己疏於照顧。」

我們這些拯救者往往會因為把注意力放在其他人身上而失去真實自我。這讓我們得以保有某種善良，甚至是崇高的形象，藉此補償我們心裡的那種劣等感。

我還記得二十幾歲時的某次諮商督導，我跟督導說因為協助客戶處理她壞掉的車子，所以超時了整整一個小時。這樣的緊急狀況並非單一偶發事件，因為這位客戶總是讓自己落入依賴他人的情況，而車子只是她需要解決的眾多問題之一。

督導聽到我說後來我還開車送這位客戶回家時，差點從椅子上摔了下來。他用一種混雜著懷疑與同情的詭異表情看著我，我這才明白自己犯了一個很嚴重的錯誤。我以為我這麼做很有愛心，但是他跟我說，我這樣做是出於「拯救者情結」。我從來沒有聽過這種東西，因此深感興趣。他點出我把自己和這位客戶融合在一起，並且將她面臨的困境完全視為自身的困境；我和她之間完全沒有任何界限。他接著親切地說，我這麼做其實是在讓她變得依賴我，她的力量因此被削弱，使她無法獨立自主。

這是我第一次認識所謂的拯救者情結。我以為事情很簡單，只要了解它就可以戰勝它了。我沒有意識到自己得花幾十年的時間才能克服，而且它代表的其實是某個更龐大的問題。在逐步邁向圓滿的過程中，我漸漸明白，「拯救者」這種角色認同有多危險，以及我為什麼必須加以擺脫。對我們這些從事助人行業的人，還有多數女人（尤其是那些比較仁慈、善於照顧人的女性）而言，這是很困難的一件事。我們之所以選擇照顧、療癒他人，是因為富有愛心、樂於付出。要在這樣的特質上建立界限並不容易，但如果不這麼做，我們的小我防禦機制就會坐大，讓我們誤以為自己可以拯救世人。

許多治療師都有這種錯覺，還有很多以各種頭銜自稱（例如「心靈導師」），或是作為上帝代理人（例如「神父」）的宗教領袖也都是如此。在察覺我的拯救者情結，以及其背後隱藏的某種自戀傾向之後，我十分震驚。我的這種錯覺到底是怎麼形成的？我怎麼會如此高估自己，以為我對別人有這麼大的影響力？

只要了解我是如何傷害我的客戶，我就能捨棄拯救者情結：我不僅掠奪了客戶的應變能力，同時也使他們在發展過程中變得越來越痛苦。我剝奪了他人面對自身困境，並試圖找出解決方法的能力。一旦清楚明白這一點，我就知道自己必須立即摒除拯救任何人的想法。

我的四十七歲客戶艾希莉堅決不讓她的孩子們感受到任何衝突或痛苦。她會來找我諮商，起先是因為兩個孩子違背她的意願，並且不斷製造混亂。他們不但在家裡很少幫忙家務，還未經允許就偷用她的信用卡。艾希莉來找我時，已經無計可施：「我為了他們做牛做馬、拚命付出，我不懂他們怎麼可以這樣對我。」

於是，我問她：「妳為什麼為了他們這麼拚命？妳想達到什麼目標？」

她回答：「我只是很心疼他們。爸爸在他們還小的時候就拋下我們離開了。從那之後，他們的生命裡就少了一個男性角色，我一直為此感到內疚。在知道他拋棄他們，讓孩子有多痛苦之後，我就非常努力想彌補，但不管我做什麼都沒有用。」

我能理解艾希莉的感受。她的心中充滿了愛，就像我們所有人一樣。我跟她解釋，她之所以想要過度付出，並不是因為孩子真的需要。這樣的慾望源自於她內心深處的罪惡感，這股罪惡感令她難以忍受。她對前夫的所作所為感到懊悔與自責，也無法放下這樣的情緒，於是她拚命不讓孩子們感受到痛苦，以此作為補償。她沒有意識到，她其實是在拯救自己。

多年來，她一直無條件滿足他們的要求，卻沒有設立必要的界限，導致他們變得肆無忌憚。我告訴她這麼做反而對他們造成了傷害，讓他們誤以為自己的要求一定會獲得滿足，同時別人也一定會拯救他們。正因為如此，他們對她總是予取予求，並且無視於她所重視的事物。

我向艾希莉揭露她的心理模式之後，她非常吃驚。她驚訝地發現內疚感讓她變得盲目，並且驅使她做出各種行為，而當她明白這一切又立刻變得更內疚。她的自我認同和她的拯救者形象已經密不可分，導致發覺自己是如此地自我中心令她大為震驚。

某些小我面具之所以沒有被察覺，是因為文化的鼓吹和助長，在女人身上這種情況特別嚴重。我們被這些面具矇騙。唯有在開始「自我毀滅」時，我們才能慢慢地擺脫。最重要的是，我們會戴上這些面具，是因為害怕把真實自我顯露出來。我們很早就知道，自己可以透過這些小我面具來取得他人的肯定，這也是我們一直受到它們束縛的原因。

要消除拯救者情結，就必須學會面對痛苦，也就是從我們自身的傷痛開始。多數拯救者創造出這種面具，都是為了逃避自身的痛苦。拯救者無法忍受別人感到痛苦（尤其若這樣的痛苦是她造成的），所以她會試圖消除，並以為只要自己替別人免除痛苦，他們就不需要親身經歷這些痛楚。解救他人會讓拯救者覺得自己很有能力，「修復」他人則會重新賦予她重心與方向感。明白我們不能拯救或修復任何人，是跳脫這種模式的唯一方法，我們甚至無法為自己的孩子或親人做這件事。這是非常殘酷的事實——我們能拯救的人只有自己。

當拯救者了解，對其他人來說，痛苦對喚醒他們的真實自我很重要（甚至不可或缺），她就可以轉而關注自己的痛楚，以及自己用來逃避這些痛苦的方法。她必須戒除忍不住想幫別人解決問題的壞習慣。

如此一來，她就不再把焦點放在別人身上，而是開始向內探尋。她會問自己：「我要怎麼療癒我的心？」接著就能逐漸撫慰她的內在傷痛。過去的她不曾讓自己哭泣，如今她允許自己這麼做；對於自身的痛苦，她更能勇敢地面對，同時也因此逐步成長。當她意識到，這其中蘊含多麼強大的力量，以及這樣的向內探索也可以為其他人的人生帶來同樣的影響，她就能明白自己的拯救行為使他們無法深入他們的內心，並且處理他們自身的傷痛。她不再不讓他人感受到痛苦，而是教導他們接納這些痛楚。

過度同情者

小時候，我在孟買的某一間天主教女子學校就讀。雖然父母親沒有要我信仰任何宗教，還是決定把我送進這裡讀書，因為它是我們家附近比較好的一間學校。

每次在各項考試或期末考前的晨禱時間，我都會看到信奉天主教的同學站起身來，熱情地向耶穌禱告。她們皺起眉頭、雙手合十，並且輕輕來回擺動身體。在這最後關頭，她們似乎都拚命向耶穌祈求，希望祂能在考試時拯救她們。這一切我全都看在眼裡。據說她們如果考得不好，回家後往往會被父母親用皮帶鞭打，我實在很同情她們。

於是我做了一個決定：我願意把上帝賜予我的祝福送給她們。由於我沒有任何信仰，並未真正和任何神明產生連結，我只希望這麼做不會對自己有不好的影響。總之，我也會晨禱時間站起來，然後向這些同學信仰的上帝，還有所有我能想到的神明禱告，懇求祂們賜給她們好成績。我甚至跟這些神明討價還價，祂們可以讓我某一科考得很差，然後拿我考得比較好的那些科目分一點分數給她們。我的父母親並沒有在學業成績上給我壓力，我希望眾神明能理解這一點，並且看顧、保守我的朋友們。從小學一年級到三年級，我都一直這麼做。

我之所以還記得這件事，是因為它顯示了我從小就同情心過剩。七歲時，我曾經幫忙照顧我們那棟大樓裡某個生病的老人。我會協助他的妻子更換床單和準備好他的衣服，我每天都去探望他，直到他康復為止。在我們那個社區裡，我是唯一一個會這樣做的孩子——我會提早離開兒童遊樂區，到他們家玩他最愛的卡牌遊戲，完全不需要等人吩咐我做這些事。我這麼做是出於我的本性，因為我的母親就是很典型的過度同情者。她以身作則，教導我將自身的同情心發揮到極致。我學會對他人極度關心，因此如今成為一位心理學家，可說是一點也不奇怪。我的同情心讓我的客戶覺得他們獲得理解、支持與肯定，而在邁向圓滿的過程中，這是很重要的一部分。然而，這樣的同情心也使我和他人之間的界限變得模糊——他們的痛苦變成我的痛苦，他們的故事也變成了我的故事。

直覺敏銳、富有愛心、樂於付出都是很棒的特質，然而就像所有的面具一樣，這些特質也可能變得太過極端，導致我們忽視真實自我。大家開始預期我會排除萬難幫助他們，這讓我意識到自己是如何被這個角色所困。一旦我無法提供協助，他們就會覺得很不開心，彷彿我必須隨時聽候使喚，加上我又非常執著於扮演這個角色，因此沒辦法給予幫助會令我感到極度內疚——協助他人度過困境是我的天職，即便疏於自我照顧也在所不惜。只有在察覺我身處同情者的「角色」時，我才能開始擺脫它。以下是造成我同情心過剩的典型特質：

「我能深刻感受到別人的痛苦。」

「我能對別人的遭遇懷抱同情。」

「我想減輕別人的痛楚。」

「我願意不顧一切地幫助他人。」

「我無法設立堅定而明確的界限。」

「我無法向他人尋求幫助，並且欣然接受這些協助。」

「我無法在不感到內疚的情況下清楚說出自己的需求。」

「當別人不欣賞或肯定我時，我通常會感到很受傷。」

「我很難拒絕別人，並勇敢地面對衝突。」

「我無法忍受關係緊張與矛盾。」

「我渴望別人需要並依賴我。」

「我往往會對別人過度幫助、過度付出。」

在列出自己的心理模式之後，我就可以更客觀地觀察，這也讓我開始明白，自己是如何和他人建立起各種關係。

一般而言，同情者都非常渴望被當成「好人」看待。她們的付出往往會變成過度自我犧牲，但是這些付出如果包含了接受回報，就完全不會被視作付出。同情者通常沒有意識到這背後隱含了某種條件，那就是如果對方變得更好，她就會覺得自己很棒；如果他們沒有任何改變，她則會感到沮喪、怨恨，甚至覺得自己被貶低。

過度同情的主要黑暗面在於，它往往伴隨著模糊的界限。只要有人需要這些同情者，她們通常很難加以拒絕。她們認為，所有的不良行為都來自於每個人身上的痛苦。由於能夠深刻感受到別人的痛苦，她們幾乎不可能將兩者分開來看，因此永遠都無法讓那些接受她們幫助的人，學會為自己負責。而為這個狀況所苦的她們，寧可繼續緊抓著「善解人意」的角色設定不放。

同情者想要過度付出的這種慾望，源自於內在匱乏。她的自我認同感取決於別人有多依賴她，心裡因此懷抱並隱藏著某種自戀傾向，使她享受被人需要的感覺。這就是為什麼，同情者往往會和「狩獵型自戀者」（predatory narcissist）發展出親密關係。雙方都會藉由相互依賴與餵養的方式來填補內心的空洞。

同情者要了解自己，就必須針對她的心理模式進行系統化分析。這代表轉而關注一項事實：她的處境是由她和其他人共同造就的。首先，她必須了解自己是透過自我犧牲來獲取愛與肯定。她無法拒絕別人不見得是因為自己不想這麼做，而是因為害怕引發衝突，甚至被拋棄。除非同情者找出這些深層恐懼的來源，否則她是無法建立起必要的界限。

多年來，我一直聽很多女性怪罪他人，尤其是令她們感到不愉快的現任或前任伴侶。「都是他的錯！他很惡劣，是個混蛋。」憤怒的她們總是有理由責怪對方，畢竟她們可是關係中的「好人」。她們的小我意識造就了這一切。然而，也許她們真正想說的是：「不要再這樣！我不會再容許你這樣對待我了。你不值得跟我在一起。」但她們總是太過恐懼，所以並沒有鼓起勇氣發聲，反而讓對方繼續虐待她們，這樣她們也可以繼續覺得自己比較「善體人意」。

因為我們這些「好女人」無法容忍自己變成別人口中的「賤人」，所以還是繼續維持舊有的模樣。小我意識把我們訓練成和善、體貼、富有同情心，和剛才對我們丟東西的那個爛人相比，我們的氣度大多了。於是，我們又再度被虐待，我們的界限又再次被侵犯，但我們依然沒有察覺這一點。我們心裡的怨恨變得更加強烈，我們因此感到慚愧，接著責怪自己或對方，然後這種循環就一直持續下去。

這樣的解構與分析極具挑戰性。當同情者意識到，她之所以一直被踐踏，是因為自己允許別人這麼做，她會覺得很難受。就像所有的覺醒一樣，這個發現會令她大感震驚。

要防止同情心過剩，就必須具備自我價值感，並且適當地自我照顧。當同情者察覺到心中的自我認知，自然就能建立堅定而明確的界限。有了這些界限之後，她不僅可以發揮充滿關愛他人的美好特質，同時也能要求對方顧慮她本身的需求。想擁有強而有力的界限，她就必須放棄對「做個好人」的執念。一旦捨棄這種下意識想法，她就能明白，設立不容侵犯的界限有多重要。

社會大眾往往對所謂的界限有著不好的印象，因為害怕這些界限會導致疏離。然而這並非設立界限的目的，如果這些界限是源自於內在和諧，我們會因此建立健康的人際關係，雙方都能學會如何獨立自主。

一旦同情者改變了心裡的那套劇本，她就能開始療癒自己。她過去可能以為，過度付出是讓人際關係得以運作的唯一方法，現在她則開始學習如何接受。當她意識到自己的價值，以及自己值得接受回報，她就越能設立健康的界限。這些界限將使她的心愉快自在地呼吸。

我可以很誠實地說，我的心中存在著每一種「給予者」原型的某些部分。妳們或許也有同樣的感覺——彷彿這些面具彼此融合在一起。這是很正常的一件事。畢竟，我們的心並沒有被明確劃分成不同的區塊。持續吸收這些面具當中最符合妳們自身狀況的部分，並且將它們記錄下來。妳們很快就會明白，妳們的主要小我面具怎麼浮現出來，以及當妳們處於匱乏狀態時，妳們最常採取什麼樣的做法。

8．控制者

完美主義者、直升機、暴君，以及鎧甲戰士

⁙

「控制者」是一群極度焦慮的人，她們會把這種焦慮轉變成對周遭環境的控制，如此一來就會覺得自己很有能力、足以掌控一切。她們會透過這些方式偽裝自己：喬裝成高成就者的完美主義者，駕駛著「直升機」、過度擔心孩子的照顧者，宛如暴君的霸道控制狂，還有堅不可摧的鎧甲戰士。

給予者想讓全世界知道她們有多善良，控制者則想告訴全世界，她們有多能幹。給予者不能忍受被當成自私的人，控制者則無法容忍自己被視為失敗者。這兩者都受到某種下意識渴望的支配，急著想回答「我夠好嗎？」這個問題。這是所有小我原型都會問自己的問題。

顧名思義，控制者總是想掌控自身的人生境遇、人際關係，以及各種可能的結局。為了減輕對於自己不夠好的焦慮，她們試圖控制目光所及的一切，包含更常清掃家裡、更常

做菜、做更多運動、更常在孩子四周盤旋、為了〇〇或××做更多準備、更努力工作、變得更有企圖心、化更多妝、買更多衣服、職涯發展更扶搖直上，以及對身邊的人更加蠻橫霸道。這些人不管做什麼事都會變得很極端，而且也會試圖掌控所有細節。

這些控制者靜不下來。她們太過焦慮，導致必須藉由拚命做個不停來釋放壓力。和她們相處通常是非常累人的一件事，因為會令周遭的人也感到焦慮。接下來，讓我們一起探索「控制者」會使用的各種面具，然後看看是否有任何部分讓妳們產生共鳴。

完美主義者

儘管優異表現與成就感是日常生活中很健康，甚至不可或缺的一部分，完美主義者已經遠遠超出健康的範圍。她們一絲不苟、過度仔細準備。由於對所有可能的錯誤都戒慎恐懼，她們會用極其嚴苛的標準要求自己，藉此避免任何意外與失敗。

這種對完美的渴望可能會使她們擺盪至另一個極端：在還沒開始努力之前就直接放棄。因為太害怕失敗，她們根本不敢嘗試。雖然這樣的心理模式比較難被察覺，而且往往會被貼上「懶惰」的標籤，但我們也該記得一點，遲遲不肯採取行動其實可能也是病態完美主義的一種表現。

完美主義者種種行為背後的動機在於避免失敗。不成功或表現不佳令她們難以忍受，所以會用盡一切辦法避免這種情況發生。任何冒險的結果都和她們的自我觀感連結在一起。如果她們願意冒險一搏，往往是基於要是能取得一番成果，「我很棒」的美妙感覺就會隨之而來。相反地，如果表現不好，她們就會覺得自己很差勁。她們內心的鐘擺完全受制於外在成果，對於「淪為平庸之輩」的焦慮摧毀了她們的內在自我。

蒂亞就是個極端完美主義者。她五十幾歲，是一個美麗、身材纖瘦的女人，這樣的美貌總是受到旁人的恭維奉承，她根本不以為意。再說，這一切都不重要，重要的是她還不夠瘦、還不是紙片人身材。她看著鏡子卻不覺得自己美，只看見鬆弛的臉頰、下巴，還有那些惱人的皺紋，喔對了，她走路時竟然感覺到大腿內側會相互摩擦！正因為如此，蒂亞持續進行各種醫美手術，凡是妳們能想到的她都已經做過了。從施打肉毒桿菌、抽脂、臉部拉提，到注射各種填充物等，她全都試過。即便不停嘗試新的醫美技術，她還是很不滿意。

蒂亞來找我治療有一年的時間了，但無論我怎麼勸，她還是一直嫌棄自己。如果我讚美她，我一定會聽到「謝謝妳，但是……」這樣的回應。對完美主義者來說，自我接納與自我欣賞是非常陌生的兩種特質。

不只是蒂亞，我已經看過太多朋友和同事都飽受完美主義的折磨。這樣的完美主義會以「準備過度」和「進退維谷」兩種完全相反的方式呈現出來。這些完美主義者渴望掌控一切未知，所以她們不是花很多年的時間未雨綢繆，就是直接停下腳步、進入沉睡狀態。

完美主義者會不斷在心裡嚴厲地批判自己。她們內心的聲音感覺像是這樣：

「妳必須一直做個不停，有所表現，心裡才會感覺比較好。」

「妳必須每一次都比上次表現得更好。」

「妳得拿出超乎水準的表現，不然就直接放棄——平庸是不行的。」
「妳無法信賴任何人，並且把工作交給他們，因為他們可能會搞得一團糟。」
「妳應該重複檢查每件事，並進行風險評估。」
「妳應該做得更多、更努力。」
「妳必須把注意力放在那百分之一的錯誤上，否則整件事可能都會出錯。」
「在確定會成功之前，妳不想著手進行新的項目。」
「當妳沒有取得想要的成果時，妳必須對自己極度挑剔。」
「當一切沒有照計畫進行時，代表妳沒有能力、毫無價值可言。」

米卡是一位職業演說家，在我參加的許多座談會中，她都有出席。她通常會在後台不停踱步，並針對演講內容一次又一次地演練。她向我坦承，她都會在幾個月前事先選好演講時要穿的衣服，同時聘請演說教練、協助她調整語調。我告訴她：「想要有優秀的表現並沒有錯，但努力表現出最好的自己和追求完美之間存在著巨大的差異。」前者促使我們持續學習與成長，後者則會讓我們養成「完美癖」。前者對我們很有幫助，我們也能適應得很好；後者則是不正常的做法，會導致我們適應不良。這兩者背後的動機天差地遠，它們是兩種截然不同的存在方式。

完美主義一旦走偏，就會變成近乎心理病態的「完美癖」。當我們對優異表現的渴望變得偏執，就會讓它控制我們，並奪走我們的快樂。只有在自然且專注的狀態下，快樂才會湧現，我們心中的那些批判會破壞這樣的狀態。

我知道米卡飽受「完美癖」之苦，因為她每次在後台進行準備時，內心也感到十分恐懼。她隨身帶著筆記、投影片，還有她會在早餐時吃兩顆的抗焦慮藥物。在每次演講之前，她都會崩潰。她跟我說：「我很怕我會忘記要說什麼或做什麼，因此變得極度慌張。」

人生並不保證每次都會成功，偏偏這是完美主義者所期待的。唯有在完美主義者懂得向內探索，並體察自己因為害怕失敗、被否定而產生的焦慮與痛苦時，她才能學會接受「人生本來就充滿不確定性」。當她開始從自身的自然存在狀態中萃取出某種內在價值感，了解自己完全不需要做任何事才能有價值，她就能擺脫自己可以掌控一切的錯覺，並且接納這個事實：放棄掌控，才能活出最好的人生。

意識到錯誤或失敗不僅無可避免，也是獲得進步不可或缺的要素，完美主義者就會從內在開始轉變。在這之前，她們都避之唯恐不及。只有在發自內心地愛自己時，完美主義者才能捨棄她們的極端標準，不再對失敗感到羞愧。

直升機

伊麗莎堅持要求女兒選擇離家兩小時車程以內的大學就讀。但她的女兒雪柔想到對岸去念書，因此母女倆經常起衝突。某天在進行諮商時，雪柔說母親令她感到窒息，然後氣沖沖地衝了出去。

伊麗莎非常震驚，她想跟著追出去。我必須站起身來、把她帶回座位上：「妳不能去追她。她又不是五歲小孩，都已經快成年了，妳在擔心什麼呢？」

伊麗莎這樣回答：「我擔心她會傷害自己。她這麼生我的氣，我不知道她會做出什麼事來。我覺得我必須在現場，確定沒有任何不好的事情發生。」

伊麗莎是很典型的「直升機父母」。她過度關心孩子的需求，也過度參與他們生活的每一個層面。她還是把他們當作幼兒看待，在她的眼裡，他們依舊很不成熟、無法保護自己。

在和我個別諮商時，雪柔坦承因為怕惹母親生氣，她一直都默默順從她。可是現在要讀大學了，她很擔心不能選擇自己想要的學校，焦慮不已。

伊麗莎不認為自己的教養方式有任何問題。她不願意承認自己是受到某種焦慮的驅使，以及這股焦慮其實與她的女兒無關。她和我在工作中看到的其他直升機父母沒有什麼不同，他們往往過度保護孩子，化身成孩子的全天候管家、司機和貼身女傭，幫他們處理生活裡的各種大小事。

這種小我的面具不只侷限於父母親，而是在各種人際關係中都會出現，同時具有很多不同的面貌。其極端控制慾會以幾種形式呈現出來：

- 過度佔有：把對方當作自己的附屬品。
- 過度保護：將對方視為某種珍貴物品，必須小心看管。
- 過度安排：鉅細靡遺地掌控對方的生活，並為他排滿各式各樣的活動。
- 過度挑剔：挑所有人、所有東西的毛病。

- 過度掌控：把對方的人生當成自己的人生般的掌控。
- 過度參與：踰越應有的界限，並接管對方的人生。

直升機媽媽的行為受到某種強烈焦慮感的驅使，這種焦慮和她的無力感有關，但是她會把這樣的無力感投射到別人身上。因為無法忍受這種心理狀態，她會將這股強烈的能量投射至外在世界。

在經過多次試管嬰兒療程失敗後，史黛拉終於在五十幾歲時生下了珍妮特，所以理所當然地對這個「奇蹟寶寶」呵護備至。她之所以和我預約諮商時間，是因為丈夫強迫她要這麼做。「他覺得我的瘋狂行徑會毀了珍妮特的人生。」她這樣告訴我。

她進一步解釋這些「瘋狂行徑」是什麼：「我很怕她會跌倒、受傷，所以我不准她跟著我到後院去，因為那裡有一些台階，她可能會摔倒。我要她在家裡都戴著頭盔，我怕她的頭去撞到牆壁。她在遊樂場玩耍的時候，我絕對不會讓她離開我的視線。」她不斷舉例說明有多害怕她的孩子受傷。我們可以說她非常小心翼翼，但從另一方面來看，她是「進化版」的直升機媽媽。

於是，我們開始針對她的控制慾進行探索。在過去的十七年裡，她總共做了九次試管療程。當一個人如此努力，並且經歷了這麼多紛亂與不安時，實在很難去批評她。如今，她終於達成了目標，她會認為自己必須好好呵護這個寶貝，確實一點也不奇怪。

她一直想當個最棒的母親，這種執念掌控了她的人生。她想繼續保有「最慈愛的母親」這樣的身分認同，並證明她這些年來的努力都是值得的。在史黛拉看來，若珍妮特受傷或被送到醫院，她就是一位失敗的母親。因為她太渴望成為稱職的母親，導致她變得十分無助。

她沒有向內探尋、找出她不安全感的來源，反而對「保護孩子」一事變得過度熱衷。只要確保珍妮特沒有發生任何事，她就不需要面對作為母親的無力感。

在成長的過程中，我身邊有很多女人都是直升機。我有個永遠靜不下來的阿姨，她就是沒辦法讓自己閒下來，總是必須不停整理東西、清掃家裡。還是孩子的我在一旁看得頭都暈了。她內心的焦慮令她無法單純地放鬆。除非她一直做個不停，否則她就會擔心有什麼不好的事即將發生。

多數直升機根本不覺得她們在控制別人，而是認為自己充滿關愛。小我意識就是用這種方式誘使她們繼續同樣的行為。如果一個女人覺得自己很體貼、能提供很多協助，她怎麼會捨棄這樣的角色？唯有在她肯承認這些過度關愛是受到自身焦慮，以及伴隨而來的自我保護機制的驅使，她才會捨棄這個面具。發現自己是在傷害深愛的人，她有可能會停止這一切，因此，承認自己的掌控慾是非常重要的關鍵。

這些直升機必須學習如何放下她們的控制慾，簡而言之，就是必須學會放棄。只要能明白不管再怎麼努力想掌控，人生本來就很短暫且充滿混亂，她們就可以學著不再做個不停，並開始專注於當下。

只有在她們願意接受她們無法掌控一切時，她們才能放下，並向人生的本質臣服。對我們所有人而言，相信人生的本質都不是一件容易的事。更何況直升機已經學會鉅細靡遺地掌控周遭環境（特別是她的親人），藉此逃避自己的脆弱。起初，這樣的放手顯得既奇怪又麻煩，而且對她來說，少做點事反而感覺極其困難。然而當她漸漸懂得放手，就能學著把這股能量轉回自己身上。如此一來，她就可以放下身邊的人、讓他們追尋他們本身的獨特使命，同時也欣然擁抱屬於她自己的天命。

被動順從的暴君

這種面具是給予者和控制者的超級混合體，她是極端善變的指揮官。

一般來說，使用這種面具的女人都是討好者。她溫馴、被動、對他人迎合順從。她樂於討好身邊的人，即便要她改變原本的計畫，通常也不太會抗拒。問題在於，由於害怕引發衝突，她往往會不顧一切地討好他人、不願意正視自己內心的真實感受。任何形式的衝突都令她感到恐懼。為了控制周遭的衝突層級，她會竭盡所能先滿足對方的需求。表面上她笑著搞定一切，心中實則承受著巨大的壓力。

那麼，如此溫柔和善的人怎麼會變得暴躁易怒？答案是，在她因為太過努力而崩潰時，這一切就發生了。比方說，因為要舉辦派對，她想把家裡收拾乾淨，並讓賓客都能吃飽喝足、玩得盡興。她希望所有人都能獲得最好的款待，於是為此忙了一整天，然而丈夫和孩子卻沒有同樣的設想，所以就算家裡亂成一團，他們也無所謂。這時，她就會突然情緒失控，一發不可收拾。疲憊、沮喪的她變成了一個氣憤的暴君，看到家人對這些漠不關心，讓她氣得對他們大吼大叫。

有很多母親都非常認同這一點，我知道自己就是如此。我們時時刻刻都在照顧孩子和家人，並且打點家裡。我們整天都在答應別人的要求，同時試圖保持冷靜。我們沒有意識到，這一切如何在不知不覺中影響著自己，也沒有發覺拚命付出的自己有多疲倦。我們壓抑自己的情緒，將疲憊和淚水隱藏起來；我們讓自己的界限變得模糊——直到突然崩潰的那一天。由於一直漠視自己的需求，造成我們的憤怒一觸即發，並且很自然地發洩在錯誤的對象（往往是我們的孩子）身上，這又讓我們十分內疚。

我們一旦爆發就會感到很困窘，因為不敢相信，在壓抑自己並付出了一整天之後，竟然做出這種事，感覺我們好像把一切都毀了。對一個被動順從的暴君而言，這就是她的命運：一直深陷在拚命討好別人的循環裡，卻沒有注意到，自己的界限不斷被踰越。

她所身處的這種循環有以下特徵：

- 她一味答應所有的要求，直到她變得既疲倦又憤怒。
- 她沒有說出自己的需求，直到她累到崩潰。
- 她疏於自我照顧，導致她罹患慢性病。
- 她會利用罪惡感來掌控他人。

事實上，我們並不想答應每一項要求。我們不想這麼努力，也不想因為拒絕別人而有罪惡感。我們不想控制別人，但還是一直這麼做。

這令我想起席娜，第一次和我進行諮商時她痛哭失聲。她說自己必須去上憤怒管理課程，因為她的孩子讓她失去理智。「她們都是好孩子，但我期望她們變得完美。我真的整天都在對她們大吼大叫，希望她們像聽話的小士兵一樣。」

以養育兩個不滿六歲的孩子的母親來說，席娜可謂成就非凡。她不僅每天烹煮新鮮菜餚、整理家裡，同時也負責管理她丈夫公司的所有資金與帳目，以及所有的家庭開支（包含修繕費用在內）。遺憾的是，她只覺得自己是位失敗的母親。她沒有意識到自己拚命想變成的「理想母親」，其實只是一種不切實際的期待而已。

「妳為什麼會有這麼大的壓力？」我問道。

「我先生要求床單都要燙平，所有東西都必須一塵不染。」她說道：「他的母親以前每餐都自己煮，所以他認為我也應該這麼做。」她用畢恭畢敬的口吻描述她的丈夫，然後繼續說：「我先生覺得我不夠勤奮、做事不夠有條理。他認為我應該要完成更多事，並且為家庭投入更多心力。」

這就是問題所在：席娜努力想迎合丈夫對於「該如何持家」的嚴苛標準。為了達到這種標準，她把孩子納入她的部隊裡，因此毀了她們的童年。

席娜察覺到自己在做什麼，簡直嚇壞了。她坦言：「我想叫他讓步，但我不敢。我很怕我們會起衝突，我很討厭這樣。衝突讓我感到恐懼。此外，我也想成為他理想中的完美女人，就像他眼中的母親一樣。」

席娜跟我透露，父親在她小時候拋棄了他們，母親獨自撫養孩子長大，為了維持生計，她必須兼好幾份工作。因此席娜很早就學會做個完美的女孩，這樣就不會讓母親操心。現在，唯一的問題在於，她依舊不夠完美。無論她多麼努力，她那極度嚴格、凡事要求盡善盡美的丈夫還是覺得不夠。

討好者要克服這一切，就必須「開除」她們拚命討好的那些人。每一個討好者都會試圖討好某個令她們崇拜的人，為了得到這個人的青睞，她們會竭盡所能，於是便要求身邊的所有人都一起提供協助。我告訴席娜，她已經做得很棒，還有她對丈夫有著錯誤的崇拜，她聽到這些話一臉驚愕。我們發現，她會如此卑躬屈膝，是因為她害怕丈夫會像父親那樣拋棄她。在席娜的內心深處，隱藏著某種根深蒂固的想法，那就是如果她這個女兒表現得更好，她的父親就一定不會消失。這就是為什麼，她拚命想變得超級完美，好讓她的丈夫不會離開。

我跟她解釋：「妳把先生變成了妳的上司。他並沒有要妳這麼做。他確實很霸道，但這不代表他得成為妳的上司，是妳給了他這個位子。開除他吧！這種不對等的權力動態在妳的心裡造成混亂，然後妳又把氣出在孩子身上。妳的人生應該由妳自己作主。如果妳先生不高興，他也可以做出必要的改變。妳不能為了取悅他而拚命扭曲自己。這是他該做的事。現在就馬上開除他！」

席娜開始意識到，她在丈夫身上賦予父親、上司，以及讚許者的角色。她「需要」他的認可，而當這項需求越強烈，她就越會向他那套荒唐的標準屈服。若她開始展現自主權，就能讓他不再過度干預，並且自己成長、茁壯。

在其中一方仰賴另一方認可的糾結關係裡，這段個體化[16]的過程是很重要的關鍵。在席娜的潛意識裡，她還在等待父親的認可，同時也擔心會被父親拋棄。當已經長大的她開始哀悼她的過去，並彌補那些缺憾時，就不必再崇拜她的丈夫。把他當成有缺點的普通人，她就可以建立界限，並且把注意力從清洗碗盤、自製麵團等，轉向真正需要關注的地方——她的孩子是否快樂。

席娜終於擺脫「被動順從的暴君」這樣的角色。她明白這麼做可能會使那些習慣控制她的人不再認可她，這多少令人感到卻步，但她也知道，即便真是如此，她也能接受。畢竟，她已經獲得了一個全新的上司、朋友和戀人，那就是她自己。

這裡的解決方法只有一個，那就是成為自己的主人，同時給予自己肯定。只要我們試圖從外界獲取肯定，內心就會一直處於不和諧的狀態。在我們向內探尋之前，我們將不停地來回擺盪。我們的偽裝終將崩潰。那時，一切將一發不可收拾。就像其他的小我面具一樣，我們越是誠實面對自己，我們就越不容易爆發。

鎧甲戰士

我們很容易察覺這樣的女性存在，因為她非常顯眼。雖然很罕見，但我們一輩子至少都會遇到一個這樣的人，而且幾乎不可能忘記她。她似乎總是主導並掌控一切。她冷靜理性、處世圓滑、堅毅剛強、獨立自主，她不會讓人們看見她心情不好的樣子。她總是堅持

16 individuation，又譯為「自性化」或「個體轉化」，其概念是由心理學家榮格所提出，意指個人追求獨特自我特質、逐漸發揮潛能的過程。經過這段過程，一個人不僅活得更像自己，也更加獨立自主。

要自己振作起來。

一般來說，這樣的「阿爾法女」[17]（Alpha woman）很早就明白，想主宰一切就必須將自身的男性特質發揮到極致。她之所以會戴上這種面具，也許是因為兒時遭受虐待與創傷，於是這個女孩打造出一副堅實的鎧甲，不再讓自己受到虐待。這是很合理的一件事。她必須變得堅不可摧，不能表現出脆弱的模樣，這代表她必須理性、堅強、獨立。簡而言之，她得拋棄自身女性化的那一面。

在成長的過程中，這個女孩一直相信，想擁有力量就必須征服世界。她變得過度積極、賣力；成就斐然的她無論做什麼，都會成為頂尖人士。妳們可能會發現，她是某些組織、政黨或活動的領袖。我們很感謝她，但不能忘記，為了建立這套防禦機制，她犧牲了自己的幸福。

凱莉將這種小我原型體現得淋漓盡致，她幾乎沒有做不到的事。「在我們家，我必須同時扮演男孩與女孩的角色。他們希望我善於運動、理科成績在班上名列前茅。此外，我還必須擅長縫紉烘焙等傳統的女性手藝。」現年五十三歲的她，不但是很有成就的精神科醫生，同時也是作家和小提琴演奏家。那她的罩門是什麼呢？答案是人際關係。她面臨的最大困難與挑戰都和人際關係有關。

「我就是無法容忍任何戲劇化的情緒，」凱莉說道：「我會在這時變得冷漠。對我而言，那感覺混亂又危險。情緒代表威脅。我無法顯露自己的情緒，也不讓別人表現出他們的情緒。」

凱莉的前幾段感情都結束得很突然。每當她和伴侶之間有某些問題浮現出來，然後對方因此表現得比較激動時，她就會變得冷漠，並且逃避對方。因為她認為她的伴侶應該要和自己一樣——總是理性，甚至疏離。

於是，我們開始探究凱莉為何對情感表露如此反感。果不其然，我們回到她六歲的時候，她的父親嚴厲、易怒，而且是個酒鬼。父親曾在氣頭上告訴她，自己希望她從未出生，甚至坦承他一直想要一個兒子。更令凱莉感到受傷的是，母親不曾出面保護她。此外，父親對她的厭惡也潛藏在許多事情的背後，例如他老是逼她玩不喜歡的打鬧遊戲，如果她因此哭了，父親會不留情地嘲笑她。若她表現出一絲軟弱，他就會對她大聲怒吼，甚至還經常用皮帶打她。有時候，她會哭著找媽媽，但母親似乎從未聽到她的求助。長期被父親譏笑、欺凌、虐待，加上被母親忽視，她逐漸塑造出剛強的外表，並看著她的真實自我慢慢地凋零。

我跟她解釋，她打造的這副「鎧甲」在童年時期確實可以保護她，但如今不僅不能幫助她，反而還削弱了她和他人之間的連結。我們一起大致列出她所造就的這種性格特質，這樣她就能清楚辨別自己的心理模式：

- 冷靜、不顯露情感。

17 「阿爾法」（Alpha）是一種性格分類，這類人通常都具備聰明、自信、強勢、行事果決、富有企圖心、勇於接受挑戰，以及在團體中位居領導地位等特質。

- 在與人爭執時表現得理性、疏離，並且跟對方講道理。
- 嚴肅、沉默、無法釋放自己的情緒。
- 太過成功、做事太有條理。
- 手邊有各種資訊與數據，簡直就像Google一樣。
- 盡量不看感性的電影，或進行感性的對話。
- 要進行災害控制時，大家都前來會尋求她的協助。

這些描述都很中肯，凱莉也因此自我解嘲（平常她很少這麼做）。她很快就開始明白，她創造出這種面具是為了不要惹父親生氣，並且變成他一直想要的那個兒子。

穿上這種盔甲的女人通常喜歡安靜獨處。她們不喜歡身邊或心裡有其他人存在。忽略她們、忘記她們可能會受到傷害，是一件很容易的事。這些女人外表剛強，再加上無比能幹，要和她們變得親近極其困難。她們會讓其他人覺得「不要打擾她們比較好」，因此錯失人與人之間的連結。

凱莉花了幾個月的時間改變。她非常不習慣將真實自我展現出來，因此她必須訓練自己用完全不同的方式說話。她得學習常聆聽內心的聲音。為此，我必須指導她、問她：「妳現在有什麼感覺？」接著反覆問她：「那現在呢？」因為她太習慣用純粹的理智思考，她不知道該怎麼向內探索。但她漸漸學會這麼做，同時也更能接納別人進入她的內心世界。

要讓這些戴著剛強面具的女人轉變，就必須訓練她們開始感受自己的情緒，而不是訴諸理性。除了理智之外，這樣的女人也得逐步學習運用自己的情感。在表達想法時，她們必須說「我覺得」，而不是「我認為」。她們必須了解，情緒既不是一種威脅，也不是軟弱的表現，它只是另一種溝通形式而已。事實上，能表露自己的情感，也是一種力量的展現。

這些女人往往根深蒂固地認為，情緒是一種缺陷，所以堅決不讓自己擁有情緒。一旦開始相信，她們可以處理好自己的情緒，因而願意嘗試新事物、認識更多人、冒更大的險時，她們就能獲得成長。如此一來，她們將變成更完整的人。

9．索取者

天后、公主與孩童

妳們是否覺得自己具備每一種面具的特質？如果因此感到不知所措，是可以理解的。人類是隨機應變的生物，我們會在不同的時候呈現不同的樣貌。然而，在讀完所有人格面具的說明之後，妳們就會發現每個人都只會受到某幾種面具的支配。

那麼，「索取者」又是怎樣的人呢？和給予者與控制者不同的是，索取者的行為源自於缺乏自主管理。她們遠離了自身的內在力量，會抓住身邊的人吸取他們的資源，以此維生。這些索取者依賴他人幫她們處理各種大小事，並提供情感支持。

索取者和自戀者很類似。自戀者通常都很自我中心，因此沒有意識到別人的需求。索取者也是學會透過「自私」來保護自己，她們讓自己顯得無助，並表現出被動攻擊[18]的行為，藉此依賴周遭的人。接下來，讓我們來看看「索取者」有哪些共同的行為表現。

天后

「天后」認為她有權使喚別人，並且為所欲為，因為她覺得自己就是比其他人優秀。這種優越感使她誤以為人人都應該替她服務，並認為這是她應得的。

雖然並非總是如此，但一般來說，天后通常獲得某些榮譽、體會過作為「明星」是什麼滋味，讓她認為自己應該受到這樣的禮遇。她希望獲得百分之百的關注、無止境的讚美，以及所有人的喜愛。

我通常會在那些具有某種頭銜、名人身分，或社會影響力與聲望的人身上看到這樣的能量。然而，我也曾經在位居家庭位階頂端的人身上看過這種能量，她們仰仗這樣的地位來指使身邊的人。她們極度渴望得到肯定，因此對自己的社會形象深信不疑，並期待觀眾或家人能巴結她們。很自然地，這種短暫的關注消失時，她們往往會因此精神崩潰或出現成癮行為。

女人因為擁有某種成就、享有某種社會地位，就擺出一副天后的架式，並不是很罕見的事。從另一個角度來看，她們可能是突破了某些限制，才達到這項成就，但這不代表她們可以對別人頤指氣使。我們的小我意識就是用這種方式將我們和他人的肯定綁在一起。

18 passive-aggressive，為心理學名詞，意指不直接表達負面情緒，而是透過不回應、表面順從、語帶諷刺、抱怨、敷衍、拖延等方式，讓對方感到惱怒。

史蒂芬妮曾在某齣百老匯戲劇中爭取到配角的位置，她開心不已，這可是她一輩子的夢想。我看著她從一個普通女孩變成戲壇新秀。儘管展現力量向來是件好事，但是當一個「天后」這麼做時，一切就變質了。

史蒂芬妮就是如此。不久之後，她就開始不停跟我抱怨同事。對她而言，他們都太普通、太外行，甚至就連導演也很不專業。她希望同事把她看得很重要，要是他們沒有這麼做，她就會表現出「自戀型暴怒」。她覺得自己應該獲得更好的對待，因此感到極度痛苦。

她會來找我諮商，是因為她的演出遭受了嚴厲的批評，令她十分震驚。她無法接受這樣的評價，然後繼續正常地過日子……她甚至考慮完全放棄演戲。她的優越感已經遠遠超過她對演戲的熱愛。我替她剖析天后能量有哪些特徵時，她聽了非常吃驚，以下是我特別跟她強調的部分：

- 必須成為眾所矚目的焦點。
- 只容許正面肯定。
- 負面評價是種災難。
- 人們必須覺得她比任何人都優秀。
- 需要被悉心呵護。

發現自己在扮演「天后」的角色，史蒂芬妮覺得很難為情。我請她回憶童年時期最後一次被當成天后對待的時刻。她想起小學三年級曾經在學校的戲劇表演中裡飾演主角，她也仔細訴說那時她感覺自己非常特別，尤其母親也為此感到自豪。史蒂芬妮的母親在當地是著名的演員，一直是史蒂芬妮想要仿效的對象。對小史蒂芬妮來說，成為眾所矚目的焦點是如此美好，因此她終其一生都對這樣的時刻充滿嚮往。可惜的是，長大後的史蒂芬妮不曾擔任主角，這總是讓她覺得自己沒有價值。自小學三年級以來，這齣百老匯戲劇是她最接近主角的時候。

因為受人注目，史蒂芬妮終於感到安心，同時也開始覺得自己比較有價值。她沒有意識到，為了在她和周遭的人之間創造出某種階級，她戴上了天后的面具。她之所以需要權力是因為內心缺乏力量，由於極度渴望肯定，所以完全無法容忍任何負面回饋。

作為一個公眾人物，我看過不少和我同時代的知名人士都展現出天后能量。在有點知名度之後，她們就覺得自己應該得到不同的對待。她們對這樣的肯定變得貪得無厭，如果沒有獲得特殊待遇就會感到惱怒。

我們不該把天后能量當作一種力量，因為它並非來自覺醒的心，而是源自於某種匱乏與空虛感。這些天后在小時候無法得到某樣東西，導致她們試圖從其他人身上獲取。

天后能量在父母親身上很常見，有時候母親會藉此對孩子頤指氣使，這的行徑通常出於她們自己在童年時，完全無法行使這種權力。我發現，有些婆婆也會把這樣的能量用在媳婦身上。

由於我們的文化對明星極其崇拜，並且讓那些名人產生「光環效應」[19]，他們自然會認為自己真的光彩奪目。我剛成為公眾人物的時候，也發覺眾人的讚美令我感到陶醉，不過這也讓我明白，我必須對自己的心下功夫。我開始捫心自問：「為什麼別人的看法對我這麼重要？我的內心是否如此空虛？」

和自身價值缺乏連結時，我們很容易受到他人意見的支配，彷彿必須仰賴他人，才能建構我們的自我認知。這就是為什麼那些太早取得明星地位的人，多半會在眾人眼裡走向毀滅。他們往往在找到真實自我之前便成名，加上深受正面與負面評價的影響，他們經常對自我認知產生懷疑。

因為我的工作時常需要公開露面，我必須懂得怎麼遠離輿論的干擾。我在Facebook上進行直播或上台演講時，一定會收到許多回應，其中包含我的樣貌、穿著到談話內容，以及他們同意與否。藉由聆聽回饋來獲得成長一事，雖然對我很重要，但輿論反覆無常，我也可能因此受到傷害。

唯有在澈底遠離各種看法（包含正面意見在內），我才能獲得自由。這些正、反面意見都只是陌生人的心理投射，與我個人的實際狀況無關。如果他們覺得我很有能力，並不是因為我就是如此，而是因為他們正好同意我所說的話。如果他們覺得我極為愚蠢，那也許是因為我的想法和他們根深蒂固的信念相互牴觸。讓自己遠離這些評論，是一大關鍵。

天后能量源自於深刻的不安全感。懷抱這股能量時，我們會變得爭強好勝，心中充滿對他人的嚴厲批判。只有在天后願意向內探索，並誠實面對自己的心魔時，她才能打破這種模式。她必須停止偽裝，並且開始將心裡的真實感受表達出來，通常是覺得自己低賤卑微、毫無價值可言。當她對這樣的內心世界有所察覺，就可以把面具摘下來，然後美好的事就會發生。大眾開始看見她的真實自我，同時也變得更能理解她。她會和他人建立起真誠的連結，並且意識到自己不再需要「天后」這個面具，因為如此緊密的人際連結遠遠勝過一切。

當我們回到內心深處那個安靜的角落，會發現自己根本無須當個天后。事實是，不管我們是不是天后，我們一直都很有價值。除非能察覺這個事實，否則我們將不斷尋求他人的認可。

公主

戴上「公主」面具的人不願意展現她自身的力量。心智還停留在青少年時期（或更之前的年齡）的她桀敖不馴、驕縱任性，拒絕長大。長大令她感到卻步，因此她總是在等別人出手幫她處理一切。她覺得大家應該給予她各種機會，並且包容她。她不見得會像天后那樣使喚別人，多半只是被動地等待與期盼。

黛比透露婚姻讓她感到很痛苦時，她已經來找我諮商好幾個月了。雖然她很聰明，她

19 halo effect，又譯為「月暈效應」、「暈輪效應」，意指某種以偏概全的認知偏差——若某個人具有特殊長才，或者在某個領域表現相當突出時，旁人對他的整體評價就會跟著提高，這樣的評價甚至遠遠超出這個人的實際表現或能力。

卻坦承自己從未深入探索任何事。「從學業到體育，我全都淺嘗即止，沒有任何事吸引我。」黛比的人生就這樣過去，孩子也出生了，她遲遲沒有去找工作。如今，這一切理想離她越來越遙遠。黛比跟我抱怨她的婚姻裡沒有什麼情感連結或親密感。她的丈夫是一位事業有成的醫生，平時幾乎都不在家。她埋怨丈夫都忽略她，而且總是把工作和孩子的重要性擺在她之前。她覺得很無趣，也很厭倦。我建議她去找份工作或擔任志工，這樣生活會過得充實一些。

幾個星期過去，黛比還是繼續抱怨。她希望人生更有目標且充滿熱情，卻沒有採取任何具體行動。她經常和丈夫針對她可以花多少錢進行溝通，黛比似乎不曾滿意他提出的金額。我建議她自己賺錢，在經濟上變得獨立。

黛比深覺自己被輕視——這一點和受害者很類似，不同的是，她同時也被動地認為自己應該獲得特別待遇。「他為什麼不乾脆點，取消預算上限？他有的是錢啊。我想重新裝修我們的泳池別墅，但他否決了。我討厭他這麼小氣，我真的很希望他能像其他人的先生那樣，對太太慷慨大方。」

希望別人照顧我們，是「公主情結」的象徵。我們認為自己應該被照顧、被保護，並且被滿足。我們從來沒有想過必須為自己的人生貢獻同樣的心力，更不用說「為別人付出」這樣的事情了。

我後來開始深入探究黛比的心理，探究她到底為何不想去找工作，她給了我各式各樣的藉口：

- 「我從來沒有做過正職的工作。」
- 「我不知道自己是不是工作的那塊料。」
- 「我至少還需要一年的時間。」

對於我所提出的每一項建議，她的回應都是「我不知道」。之所以會這樣，是因為她根本不需要搞清楚，反正其他人（也就是她的丈夫）會替她了解。

停滯不前並顯得無助，是「公主」的主要特徵。她心眼不壞，甚至也不喜歡操控別人，她只是極其自私而已。她不覺得自己有能力採取必要的行動。即便可以自行完成某些事，她的下意識反應還是向他人請求協助，而周遭的人因為太習慣她的無助，會自動幫她收拾殘局。

黛比依舊在等丈夫為她提高花費預算、同意重新裝修泳池別墅，同時也在等著一份理想的工作從天而降。在等待的過程中，她一直期盼一切能有所改變。當我告訴她，事情不可能自己改變時，她感到很失落，問道：「我該怎麼做？」這個問題我已經回答過無數次，現在只把它視作她無助形象的一部分。

很多人會在著手進行某個計畫之前問一堆問題，像是「我要怎麼做」、「我現在該怎麼辦」，他們起初聽起來很誠懇，但在反覆回答同樣的問題之後，我們就會意識到，他們只是習慣表現得被動與無助而已。

我發現在黛比的迷惘背後，隱藏著某種強烈的意圖，那是一種蓄意的頑固與無力感。於是，我不再急著提供建議給她。我知道她害怕採取行動，也害怕長大、獨立自主。相較之下，等別人替她冒險會容易許多，這樣一來，她就可以把責任推到其他人身上，然後全身而退。她只要跟自己說，事情沒有成功都是因為別人的錯，或者自己已經很努力了，卻還是徒勞無功，她就能繼續保有完美無瑕的自我認同。

我大致跟黛比說明她的人格面具有哪些特徵之後，她先是陷入沉默，接著突然哭了起來。她說沒有意識到自己在我面前竟是這麼透明，以及她的存在方式是如此受到制約。她以為她就是這樣的人。我幫黛比列出這種面具的特徵，這樣她就能辨別自己的心理模式：

- 習慣表現出無助、不知道該怎麼處理各種事情的樣子。
- 害怕長大，並且為自己負責。
- 透過無助的形象來獲取關愛。
- 抱持消極、被動的態度，避免自己受到失敗的傷害。
- 覺得自己享有特權，當他人沒有給予協助時，就會感到憤怒。

往前追溯黛比的問題時，我們一起揭露了她和成績斐然的哥哥一同長大的童年。在她的記憶中，哥哥獲得了所有人的關注，而她則覺得自己被忽視，因此感到孤單。唯有在生病或是其他不好的事發生在她身上時，她才會被家人關心。因此，她很早就學會顯得被動，藉此吸引家人的注意。

這些公主害怕失敗、被拒絕、被否定，這些都會令她們覺得自己毫無價值。消除這種情結的唯一方法，讓她們狠狠跌至谷底。多數人都只有在山窮水盡、窮途末路時才會真正轉變，所以為了使這些公主改變，她們身邊的人都必須停止支援。一旦旁人不再容許她們消極、被動，她們就不得不學會臨機應變。

我還記得曾經跟某位典型的公主客戶說，我無法再幫助她。她聞言感到晴天霹靂。我委婉地告訴她，不解救她其實才是最好的做法，如果我繼續讓她依賴我，反而將對她造成傷害。為了令我感到內疚，她立刻大聲哭喊：「妳怎麼可以離開我？」我知道這種無助的形象是來自她的小我意識，而不是她的真實自我——因為她的真實自我是既勇敢又強大的。我要她進行某些改變，只有完成這些改變，她才能再回來找我。直到現在，我都還在等她打電話給我。我並沒有很介意這件事。我很了解，小我的各種面具具備什麼力量，它們會使我們一直受到某些心理模式的束縛。

唯有在澈底陷入停滯時，黛比才得以開始療癒自己。她的丈夫不願意改變並拯救她，甚至還提出離婚的要求。她的孩子都在外地讀大學，或者已經出社會了。這時的她已經走投無路，人生儼然觸及谷底。她做出的第一項改變是找一份兼職工作，而這份工作最後變成了正職。起初，黛比很排斥辛苦工作，但是她開始存到錢時便信心大增，相信自己可以獨立自主。到最後，她的自信終於轉變成自我價值感。看著她從被動的公主蛻變成一個成熟的大人，我感到與有榮焉。

若一個公主想改變自己，她就得戒除依賴別人的壞習慣。她必須長大，並且主導自己的人生。一旦她能主導自己的命運，她就會笑著發現，這一切並沒有那麼可怕，因為前方的風景是如此美好。

孩童

「孩童」活在自己的舒適圈內，她天真、樂觀、充滿希望、安於現狀，並且害怕長大與面對現實。這樣的她往往喜歡安逸，例如一直待在同一座城市裡、做同一份工作（如果她有在工作的話），生活一成不變。

這個孩童不喜歡改變、動盪或衝突。她寧可維持現狀，過得非常痛苦，也不要冒險改變、為自己創造幸福的可能。對她而言，安全感比真實的自我更重要。因此，為了避免衝突，她對他人迎合順從。她懷抱純真的夢想，並期待著它們某一天會實現，卻始終沒有為此採取行動。她看起來很開心、樂觀，但那是因為活在不切實際的幻想中。

逃避、不願意認清現實，是「孩童」的主要特徵。我發現，這種面具通常會出現在這樣的女人身上：她們在感情裡沒有獲得應有的對待，但她們會編織美麗的童話故事，藉此繼續維持現狀。或者她們會對上司或同事懷抱幻想，說出類似這樣的話：「我希望某天他來上班時，會發現我像個貼身助理一樣為他做了這麼多。」她們也許會跟自己說：「總有一天，我男友會跟他太太離婚，然後跟我相守一輩子。我知道他真的很想這麼做，只是現在還沒辦法而已。」就如同孩子會說「總有一天我會當總統」或「總有一天我會變成太空人」，她們都活在未來的「總有一天」裡面。

我還記得第一次和美樂蒂進行諮商的場景。她穿著一襲淺黃色長洋裝走進來，看起來十分虛弱、憔悴，蒼白的手指緊緊糾結在一起、不停地顫抖著。「我覺得我先生有外遇……雖然不是很確定，但我確實看到一些徵兆。這已經不是第一次了。」我試圖了解她是怎麼應付這種狀況，她說：「我什麼話都沒有說。原本我以為這只是偶發事件，然後，同樣的事不斷發生。我希望這一切能夠停止，我很驚訝他會做出這樣的事，所以我當他只是一時糊塗。現在這種情況再次重演，我不敢相信我又再度面臨和十年前相同的處境。」

美樂蒂從未針對這些事情和丈夫正面對質，而是寧可保持沉默，這樣就不會節外生枝。我問美樂蒂這次她打算怎麼做，她回答：「我會跟以前一樣，然後等風暴平息。事情總會過去的，對吧？我知道我先生沒有要騙我的意思。如果他真的在騙我，那也不會一直持續下去。我會正面思考，然後讓他去做男人們會做的事，畢竟有誰的感情是完美無缺的？」

才過沒多久，原本十分沮喪的美樂蒂就已經變得開朗、樂觀。看到她的變化如此迅速，實在是很有趣，她幾分鐘前的那些情緒究竟到哪裡去了？這時我也才明白事情究竟是怎麼一回事。美樂蒂在面對現實時，內心非常混亂，感到既幻滅又痛苦，幾乎令她難以承受。一旦她的內在小孩感受到深刻的情緒，小我意識就會立刻跑出來拯救她，並幫她戴上「孩童」的面具、將這些傷痛隱藏起來。當她牢牢地戴著這個面具時，一切都改變了。此時，她從正在面對紛亂現實的大人變成住在幻想世界裡的孩子，一切都是如此美好。

這個孩子讓美樂蒂繼續保持樂觀、無須改變自己的人生。它容許她無視自己的「認知失調」[20]，並且變得自欺欺人。比起面對婚姻裡的痛苦事實，躲在這個面具背後輕鬆許多。只有在我協助她了解，這一切都是因為她的小我意識使然，她才能擺脫這樣的心理模式。為了幫助她辨別這些模式，我大致列出她的行為特徵：

- 在做決定時，一直處於消極、被動的狀態。
- 遲遲無法付諸行動，導致別人只好替她採取行動。
- 不能忍受痛苦，一味逃避、盲目樂觀。
- 澈底否認自己人生中的痛苦事實。
- 堅持說自己很快樂，即便那並非她的真實心聲。
- 對自己或他人的真實感受與痛苦欠缺理解或覺察。
- 對自己與他人始終抱持膚淺的看法。
- 不喜歡深入探究生命的現實。
- 忽略自己的真實感受，並迎合他人，藉此避免衝突。

那些戴上「孩童」面具的人其實很早就明白，人生既混亂又充滿危險，必須勇敢地迎戰。她們一直逃避現實，因為這樣的人生比較安全，而且事情發展都可以預料。最重要的是，她們不必面對生命中的各種未知。

在這個面具底下，有一個受傷的小女孩，她對自己生命裡的諸多混亂感到迷惘。美樂蒂的父母親在她七歲時離婚，她說自己的人生在一夕之間改變，整個世界變得截然不同。沒有人安撫她激動的情緒，或消除她心中的困惑。美樂蒂還記得那時她讓自己的言行都退回到年紀更小的時候（因為幼兒時的她比較平靜、愉快），於是開始吸大拇指和尿床。這只讓她的父母親變得更火大。儘管如此，從那之後，她就一直保有她的純真，以及這個孩子般的形象。她用這種方式自我保護，讓自己一直感到安心與溫暖，因為那些傷痛太過可怕，她發誓再也不要經歷這一切。這也是她喜歡戴上「孩童」面具的原因，這樣就能被快樂與希望緊緊包圍（即便那只是錯覺）。

要消除美樂蒂的「孩童情結」，就得捨棄她沿用多年的否認策略，改為坦率地面對現實。她早就知道事情的真相，只是裝作不知情而已，因為這樣日子會比較容易——不需要跟任何人對質、不會引發任何衝突，也不必做出任何改變。

美樂蒂想要進化就必須摘下「孩童」面具，並原原本本地接受她人生的真正樣貌。她必須自我覺察。一旦開始正視人生的真實樣貌、不再像孩子那樣幻想，她就能發掘自己的內在韌性，發現自己其實既堅強又勇敢。最重要的是，她將意識到自己可以承受改變，而且這對她是有好處的。她將會擁抱更多改變，同時捨棄偽裝、不再充滿恐懼。當她這麼做，「天真」就會被熱切的「真實」所取代。

當一個女人把這種「孩童」的原型發揮到極致時，會出現所謂的「洋娃娃情結」：她會變得極其順從、遷就，宛如任人擺佈的玩具。彷彿洋娃娃一般，這個女人會為了滿足對

20 cognitive dissonance，在心理學上指個體因為自身的行為、想法、信念和價值觀之間出現矛盾，因此感到不安、尷尬、焦慮。為了減輕或消除這種感受，該個體會試圖用各種理由或藉口來合理化這樣的矛盾。

方而過度犧牲自己。一般來說，女人會在遭受嚴重忽視與虐待的狀況下戴上這樣的面具，這個洋娃娃會對那個比她強勢的人唯命是從。想擺脫這一切，她必須察覺自己內心的聲音，並且勇敢地運用。儘管有些危險，一旦她開始行使自由意志，她就能掙脫束縛。那些邪教犯罪，以及傑佛瑞．艾普斯坦[21]這類案件的受害者，往往都具有洋娃娃情結。長久以來，這些女人被迫拋棄自我認知或自主性，導致她們誤以為自身的存在就是為了聽命於他人（即便這當中包含了虐待）。

讓小我意識退散

記得我們人類是種微妙的生物、可以同時呈現出很多不同的面貌，是很重要的一件事。嘗試分類各種人格面具的同時，我也明白我們太過複雜，實在很難清楚歸類。除此之外，小我可以同時使用不同的面具，讓我們接連扮演不同的角色。我們的心理並沒有一成不變的規則，必須體察每一個當下，並且問自己，現在是哪一種小我面具正在發揮作用。請不要預測、批判我們的小我意識，只要專注於當下就好。

在了解小我的多重面貌之後，我們就不會在外在世界浪費太多精力，而會把注意力轉向內在，並且問自己：「這件事觸動了什麼樣的過往創傷，因此使我感到恐懼？」探索在小我防禦機制的背後隱藏著些什麼，就能讓我們理解為什麼當初會覺得自己需要保護。這時通常會追溯至童年時期的恐懼，我們不僅害怕自己不夠好，也擔心自己不被看見、無法獲得愛與肯定。一旦發現小我意識只是在保護我們免於感受到小時候的那種恐懼時，我們就能對它表達感謝。同時也會明白，現在我們必須重新成為自己的父母親——那種我們一直渴望，卻不曾擁有的父母。

小我只會在我們潛意識的陰暗角落壯大起來。我們越是清楚覺察自己內心的感受，小我的力量就越會消散。所以要讓小我意識退散，就必須了解我們的真實自我。一切問題的答案都在於此。

---

21 傑佛瑞・艾普斯坦（Jeffrey Epstein）是美國一位避險基金經理人，與許多政商名流往來甚密，之後因為涉嫌多起性侵案件，以及教唆、販運未成年少女賣淫入獄，二〇一九年在位於曼哈頓的監獄中自縊身亡。

PART

· THREE ·

回歸自然

BACK

TO

NATURE

｜重要聲明｜

我絕對相信，我們每個人都有權利認同自身性向，並依此選擇最適合自己的生活方式。所有女人和男人的人生經驗都應該獲得重視，無論他們是否認同自己的生理性別。

在這個章節中，我主要針對性別認同與生理性別一致的「順性別者」進行說明。我所剖析的那些重要現象，並非只存在於這個族群。雖然我是以傳統性別的角度進行論述，我無意將女同性戀者、男同性戀者、雙性戀者、跨性別者、非二元性別者（nonbinary）、性別流動者（gender-fluid），抑或是雙性人（intersex）的生命體驗排除在外。我很肯定自己一定有些許遺漏，但這不是我的本意。不管我們的性別認同為何，這裡都有值得我們深入了解的部分。

10．我們的自然生理構造

我們彷彿上天的傑作般完美無瑕；
我們猶如鐘錶般極其準確；
我們恰似謎題般複雜難解；
我們像是綠洲般源源不絕；
我們宛如浩瀚宇宙般無束無拘。

⁘

我女兒青春期的時候，我們經常談論關於情慾的問題。她時常抱怨認識的那些男生心智很不成熟，或是只對「打炮」有興趣。她告訴我，她有許多女生朋友都覺得跟男生上床壓力很大，以及她感覺自己還沒做好心理準備。有時候，她會問我和性有關的問題，同時也常跟我分享她內心的矛盾與恐懼。

每當我們談論關於性的話題時，我都很欣慰，因為這不會令她感到不自在。我就沒辦法和我的母親這樣做，我們從未談起這個話題，更別說分享我對性的感受了。這件事我應該要自己弄清楚，而母親也寧可我不要跟別人發生關係——當然，如果要組織家庭那又是另外一回事。

在成長的過程中，我所接收到的訊息是：性是很糟糕的一件事。豈只是糟糕而已，它還很噁心，若我們跟別人發生關係，我們就是下流、齷齪的女人。這向來不符合我個人的道德觀。我真的不能理解，如果它真的這麼糟糕，為什麼我們只能用這種方式生小孩？把性視為禁忌，我覺得完全沒有道理可言。

重新理解我們的身體與生理結構，是這趟覺醒之旅非常重要的一部分。我們必須深入探討，是什麼讓我們成為男人和女人。我們會問自己：「我的生理性別怎麼影響我的心理？」我們會坦率地談論我們的身體、性別還有情慾，以便了解它們如何對我們造成影響。

從大自然的角度來說，事情相當單純，我們多數人生下來就是「男性」或「女性」，這是我們的「生理性別」。不過，我們的生理性別不見得等同於「社會性別」。我們的性別認同是由文化環境和個人認知建構出來的產物。儘管對多數人而言，生理性別都是天生的，我們還是會根據與家人之間的心理互動和自身遭遇，來塑造我們的性別認同。

所謂的「女性」或「男性」並非絕對。唯一的客觀事實只有我們的「女性特徵」和「男性特徵」。這是我們的基本生理結構，雖然如今可以藉由現代醫學、荷爾蒙或手術，進行某種程度的改變，它仍是我們與生俱來的特質。

當我們覺醒時，了解大自然如何形塑我們的生理構造，並且讓我們發揮各自的功能，是很重要的一件事。我們女人必須進一步思考這些關鍵問題：「身為女性代表什麼意義？」「擁有陰道、乳房，以及較高濃度的女性荷爾蒙，對我們會造成什麼樣的影響？」

「我們的文化怎麼利用我們的生理差異，讓父權體制得以主宰一切？」唯有從生物心理學的角度來理解女性和男性特質，我們才能更了解自己。

即便男性和女性都應該享有同樣的自由與尊嚴，在大自然的建構之下，我們並不平等。我們的體型、力氣，還有生物角色都不相等。我們必須明白兩性之間的巨大差異，這將有助於我們更深刻地理解彼此。

大自然如何造就女性成為照顧者

女人的身體構造是設計來奉獻自己。因為具備這種照顧人的天性，我們自然也會對他人的需求比較敏感。我們非常擅長召集夥伴，並建立族群，這就是所謂的「女人之道」。

由於先天的生理構造使然，女性生來就擁有照顧他人的能力。這樣的天性受到我們身處的文化環境所濫用，只要沒有清楚意識到這一點，我們就可能因為犧牲自己，而遺忘真實自我。

來看看身體結構是怎麼造就我們成為給予者。請試想一下，為了生育下一代，我們的生理構造有多麼特殊。一個人是否決定成為母親，並非重點所在，「我們的生理結構是為了孕育下一代」的事實不會因此改變。另外，也請想像一下，為了容納迅速成長的胎兒，子宮將會擴張，乳房也會自然變大，並儲存乳汁，好餵養我們的孩子。這種設計簡直可以稱作奇蹟。

在我初為人母的那段期間，每當女兒需要喝奶時，我的乳房就會自動分泌乳汁。我還記得自己當時對此感到十分驚奇，因為在此之前，這對乳房是美麗與情慾的象徵，如今它們因為餵養我的女兒，變得無比神聖。我體會到自己和自然之間的連結——完全不需要任何刺激，我的身體就知道該做什麼事，這令我讚嘆不已。這是我第一次把自己當成動物看待，我其實是大自然繁衍生息的工具。這樣的發現並沒有讓我覺得受到貶低，反而感覺自己很尊貴，因為就像母雞、母猩猩和母獅子那樣，我也為孩子奉獻出我的身體。我覺得自己和所有有情眾生互為一體；我覺得自己和富饒豐盛的大地母親融合在一起——我們都滋養生命、強而有力，而且生生不息。

女性的生理構造使她們成為給予者，但社會文化卻重新塑造她們，讓她們犧牲自己到完全失去自我的地步。文化把我們設定成某種死板的模樣。了解兩者之間的差異，是我們覺醒的關鍵。

文化知道我們是天生的給予者，可是它不僅沒有讓我們感受到自身的強大力量，反而還奪走了它。因為女人會包容、照顧他人，我們的文化正好利用這一點，使我們為了迎合別人而扭曲自己。

那麼，要怎麼運用我們的天性，才不會失去自我？要如何當個給予者，才不會捨棄自我？除非我們意識到，文化對我們的生理特質所施加的種種制約會使我們走向毀滅，否則被動順從的我們還是會繼續處於被壓迫的狀態。

大自然希望我們充滿力量，而不是讓自我毀滅殆盡。想要覺醒，就必須明白真實自然和文化制約之間有何差異。

大自然並沒有要我們失去自我，而是希望女人能擁有完整的自己。這就是為什麼，她讓我們選擇是否要成為母親，若我們決定不要這麼做，她也不會懲罰我們。大自然會保持中立，她相信物種演進有其制衡機制——有些物種會大量繁衍，有些物種則不是如此。她不會加以批判，也不會令我們感到羞恥。事情就是這樣。然而，我們的文化並非如此中立，它會讓那些沒有成為母親的成年女性覺得難堪、羞愧，甚至遭受排擠。這些情緒源自於對文化規範的執著。另一方面，大自然也明白，每個人都不盡相同，不能要求大家一定要變成某種模樣。我們的文化排斥多樣性，而大自然則欣賞並推崇它。

了解我們的生理結構，是一切理解的源頭。因為它讓我們具備生育與照顧的能力、富有同情心，並且擁有情慾。如果想從心理、文化和精神層面理解自己，我們就必須了解我們的生理構造，以及它如何使我們受到父權體制的箝制。

認可我們的陰道

我們的陰道複雜而神祕，大自然把它隱藏在我們大腿之間的某個連接點上。若仔細觀察它的構造，妳們就會發現它層層疊疊，宛如一枚含苞待放的花蕾（它由外陰部溫柔地包覆著）。似乎是因為我們的陰道非常脆弱，所以在演化的過程中，大自然將它擺在如此隱密的位置，讓它深受保護。

由於構造特殊，我們的陰道不但可以接受男性陰莖的進入，同時也能讓胎兒經由它來到這個世界上。它被動地接受，卻也會在我們的孩子誕生時變得主動。由於身兼這樣的雙重角色，它既可以靜止，也可以活動；它既收縮也伸展；它既接受也給予。對我們來說，這是很自然的一件事。在遠古時代的部落裡，這種生理特質曾經受到重視，那時我們女人享有很高的地位與領導權。然而，在當今的父權社會，我們是被孤立的一群，而我們作為給予者的天性也遭到濫用。

雖然我們的陰道很隱密，這不代表應該加以忽視，甚至是否定它的存在。大自然從未教導我們要避開它，但現代文化卻持相反的立場。身處現代社會的我們，越來越常被教導要否定自己的情慾，我們根深蒂固地認為如果依循本性而行，自己就是「很糟糕」的人。女人被灌輸關於這件事的第一個觀念，就是她們應該要避開她們的陰道。

在成長的過程中，我一直相信，陰道是一個「不可以被觸碰的地方」。若我們順應自己的性慾，就是「壞女孩」。因為不能用欣賞的態度對待本身的情慾，我們無法和自己的身體產生連結，更不用說主導自身的歡愉。如果觀察、觸碰，或感受我們的陰道令我們感到羞愧，又怎麼能期待別人觸碰的時候，我們可以好好享受呢？

我們之所以放棄自身的力量，有一部分是因為和自己那蘊藏著強大力量的陰道非常疏離。我所認識的女人多半都是如此，很少人和它建立起親密的關係。別人往往告訴我們，會這麼做的人都是蕩婦。

妳的母親曾經跟妳談論有關性快感和性交疼痛的話題嗎？她是否幫助妳熟悉自己的陰道構造，並告訴妳可以學習用不同技巧取悅自己？我和母親之間從來沒有這樣的對話。是後來才靠自己明白這一切，同時將自身的情慾掌握在自己手中。

若一個女人不曾被教導要欣賞她的陰道，她要怎麼知道什麼樣的動作能為她帶來快感？又要如何引導伴侶滿足她？我們必須引領伴侶，讓對方知道我們喜歡以什麼樣的方式被觸碰、被取悅。這麼做並不會使我們變得淫蕩、下流，然而文化規範卻告訴我們，只有「淫蕩的」女人才會展現出她們的情慾。

由於涉及第二人而否定我們的情慾是一回事，但是因為涉及「性」而避開我們身體特定的部分又是另外一回事。這兩者都否定並壓抑我們的自然本性，但後者還包含否定我們的身體。被教導要避開自己身體的某一個部分，彷彿它並不存在時，我們就會下意識地相信那是自己身上「很糟糕」的地方。因為否定自身很重要的部分，我們會產生某種內在疏離。這樣的疏離會在不知不覺中蔓延至生活的每一個層面。

所有人都從陰道出生，而它同時也是我們性別賦權的來源。忽視它帶來的諸多美好，是很荒謬的一件事。要察覺這些美好，就得重新認同我們的情慾。我們必須明白，一個能主掌自身性別賦權的女人不再需要依賴男人（除了生小孩時不能沒有他以外）。一旦她重新找回陰道蘊含的那股力量，就得以從父權體制的掌控中解放出來。這樣的女人不容忽視。推崇自己的陰道，以及它所代表的一切，可以讓女性走向重生。

女人一直根深蒂固地認為，陰道只是為了滿足另一個人（通常是男人）的性快感，這是陰道存在的唯一正當性。這種觀念是導致自我壓抑的原因。我們以為自己只能取悅他人，所以把自己獲得性解放的關鍵交出去，並容許自己被父權體制貶低；我們的自我壓抑正是父權體制賴以運作的基礎。

試想一下，如果將這樣的歡愉掌握在自己手裡，並且開始掌控自身的性慾與高潮，情況會是如何。當我們可以用心讓自己達到高潮，就擁有了性自主權。因為把注意力放在自己身上，我們使自己快樂地閃耀起來，同時也不再依靠男人（或身邊的其他人）。我們變得自給自足，如此一來，仰賴男人的部分更加是只為生孩子而已。和男人性交雖然同樣能令我們感到愉悅，卻不再是必要的選擇。

要獲得性能力與性解放，就得從認可我們的陰道開始。陰道不只是我們身體上的一個開口，不是那個在我們「下面」、必須用平整的裙子與端莊的坐姿掩蓋的東西。它是生命誕生的地方。沒有陰道，就不會有生命誕生，我們因此擁有生育下一代的能力。它不僅能孕育生命，也可以帶給我們喜悅。唯有在了解陰道存在的目的時，我們才能從生理、心理、文化和情感層面理解自己。

了解陰道和我們的束縛與解放都有關聯之後，就可以澈底主宰自己的人生旅程。覺醒意味著有力量掌控我們自身的每一個部分——那不是用來控制他人的力量，而是我們的真實自我所蘊含的強大力量。

從一味順從變得獨立自主

一個女人如果能藉由她身體上的開口放開自己，她就有能力提升她本身和伴侶的性體驗。她越是敞開，她的陰道就越能收縮、顫動，為伴侶帶來極大的快感。然而，也正是這樣的敞開使她變得極度脆弱，成為男人激進征服的目標。由於陰道口無法完全緊閉，男人有機會強行侵犯，因此她必須更小心保護自己。所有父母都曉得自己女兒的這項弱點，這令他們非常煩惱。女兒也許會因為她的兄弟享有更多自由而提出抗議，但擔心她安危的父母親則會要她安靜、乖乖聽話，因為他們很清楚兒子不會像女兒一樣面臨這種風險。

陰道蘊藏著強大的力量，它既能給予，也能帶來歡愉。獲得解放的女人懂得這樣的力量，她會謹慎地分辨並選擇要把它用在誰的身上。當她慎重地做出這個選擇時，就從一味順從變得獨立自主。

除非我們有意識地去了解要如何靠自己達到高潮，否則我們還是會繼續被動地服侍他人，並同時感到不滿足，卻不知道原因何在。一個女人在發覺自己「驍勇善戰」的那一面之後，她就會明白必須先「服侍自己」，才能服侍他人。當她懂得先忠於自我，再考慮別人的感受時，就會根據自身利益採取全新的做法。現在，她可以兩者兼顧。她不但可以遵循她作為照顧者的天性，也能關注自身的成長——成為完全獨立自主的個體，並且擁有自己的需求與慾望。

懷孕會引發複雜的連鎖反應，此時女人就被賦予照顧腹中胎兒的神聖責任。孩子從我們吃下肚的食物裡吸收營養，我們彼此的血液經由胎盤進行交換。為了容納這個孩子（有時還不只一個），我們的身體也會跟著成長。我們先天的生理結構讓我們得以擴展自己，藉此照顧另一個人的需求。

懷胎生子使我們進入一個新的階段：我們從此和另一個人緊密地連結在一起。這九個月的親密連結改變了我們，若是越早將過去的自己埋藏起來，並接受這個母親的新身分，我們所受到的傷就越少。我們可以在懷孕的那些日子哀悼過往，然後擁抱新的自我認同。

從生物心理學的角度接納我們的母性層面時，我們就真的有機會擺脫文化的壓制，同時給予自己力量。一旦意識到孕育、生養孩子的能力有多驚人，我們就能察覺自身擁有的力量。我們的身體為了滿足孩子的需求而自動調整與轉變時，就變得與自然同步。我們如同大地和海洋一般，富饒豐盛且生生不息。我們與宇宙萬物相互呼應；我們開始明白，大自然使我們變得無比神聖。唯獨文化虐待我們的身體，並嚴重傷害我們的心，讓我們喪失和這種神聖力量之間的連結。一個覺醒的女人會重拾大自然賜給她的一切，如此一來，她的女兒和姊妹們也可以這麼做。

我們所有人（無論是否選擇成為母親）都具備對母性力量的覺知。這種覺知是我們能否悉心照料孩子的關鍵。在開啟這樣的內在覺知之後，我們或許就能將它運用在生活的其他層面。就像身體為了滋養我們的孩子而轉變，我們也可以為自己做這件事。即便一個女人沒有生小孩，她還是宛如母親一般，可以妥善照顧其他人——不管對她的朋友、長輩、寵物、其他孩子，或她的內在自我都是如此。

我要反覆強調，所有女人都擁有母性能量。無論從生理或社會層面來看，我們都一直具備這種力量。無論是否成為母親，都必須謹記自己有能力照顧周遭的人，其中也包括我們自身。只要能欣然接納這樣的能力（特別是對自己），我們就能開始脫離對他人的依賴。

重新認可自己

一個覺醒的女人會選擇先向內探索，然後才向外探尋。

在覺醒的過程中，我們必須覺察，並重新認可自己的身體與性愛特質。前者包含了解我們自身的自然循環與韻律。以月經周期為例，我們對它的高低起伏非常不了解。在月經周期的每一個階段，身體都會經歷非常大的荷爾蒙變化，而我們卻很少順應這些變化。於是，我們經常違背身體的自然節奏，這樣的不同步對我們的心理造成了負面影響。

我原本不曾認真注意荷爾蒙對自己的心理狀態具有多麼龐大的影響力。直到開始餵母乳，這一切才有所改變。現在我已經接近更年期，也跟許多朋友談論過這個問題，我不得不向自己體內的這些化學物質屈服。荷爾蒙使我們擁有獨特的女性能量，多數女性每個月都受到荷爾蒙的強大力量影響，導致我們的情緒與食慾起起伏伏。荷爾蒙和生理機制之間的複雜交互作用，每天都對我們的心理造成很大的影響。

我們也來談談避孕藥吧。口服避孕藥在一九六〇年問世時，為女性帶來了嶄新的生活方式。一方面它讓女性獲得自由，但另一方面也同時使她們備受束縛。它讓女性在享受性愛的同時，得以降低意外懷孕的風險，此外也使女性（無論結婚與否）對自己的月經周期，以及「性表達」更有掌控感。如今，她們不僅可以自己規劃生育時間，不需要受到配偶或伴侶的支配，也有機會盡情追尋自己的職涯。有越來越多女性完成大學學業，收入也隨之提升。她們的結婚年齡逐漸延後，並因此享有更多選擇的自由，同時也更常表現出自己的情慾。

但所有的好東西都有其缺點，避孕藥也是如此。它的缺點在於讓我們脫離身體的自然節奏，而違反大自然的規律是要付出代價的。很多女人會抱怨避孕藥造成體重增加、腸胃脹氣、出現嚴重的經前症候群、暴躁易怒等狀況。這對我們絕對不是好事。所以在覺醒的過程裡，我們必須進行一些研究、使自己對荷爾蒙有所了解，並依此做出適當的選擇。我們必須確保自己不會在無知的情況下做出選擇。

只要開始認可自己的身體，還有自己所做出的選擇，就能更有力量地展現自身的情慾。如此一來，就可以擺脫父權體制對我們的種種性壓抑。「性」不再是個骯髒的字眼，性體驗也不再令人感到羞恥。

當我開始認可自己的情慾時，我發覺不僅和自己的身體更緊密地連結在一起，同時也變得更接納它，更欣賞與尊敬它。這使我在性愛裡轉變與成長；現在我把它當成一種探索與進化，完全由我自身的渴望，而不是文化規範所掌控。

在確實理解自己的身體有多美妙之後，她就能超越外在形體，領會它的神奇之處。旦了解她身體蘊含的強大力量，並且欣然接受這一切對她代表的意義時，她就能和自己，還有內在潛藏的那股力量建立起親密的關係，並開始運用這股堅強的能量。

11．兩種不同的生物心理學

陰莖生來就是為了獲得立即的愉悅與滿足，
它需要經常受到關注與照顧。
它的需求飄忽不定，讓男人無法隨意掌控，
深陷其中，既快樂又痛苦。

⁙

多數同時擁有兒子和女兒的父母親都會驚訝地發現，孩子之間有著顯著差異。這或許是他們第一次意識到兩性之間的差別有多大。從男孩和女孩的性情就可以明顯看出他們各自的獨特性，儘管這些心理上的不同有些是文化的產物，但仍有很多是生理差異造成的。如果想充分覺察我們對自己、對他人產生的情慾（以及我們的本性），了解這些生理差異是很重要的關鍵。

這一切都要從男性開始說起，大自然把繁衍後代的責任交給了他們，某程度上可以說這件事由男性主導。她賦予男性和女性互補的角色，他們各自在繁殖關係中發揮不同的功用。讓我們先從男性的高潮射精說起。

要了解男人和女人在性關係裡有多麼不同，就必須先關注這個事實：幾乎所有男人每次做愛時都會達到高潮。雖然多數女人都有能力獲得高潮，一連串的研究顯示，只有約百分之四十的女人「幾乎每次」做愛時都會達到高潮。即便如此，這些統計數據也不具一致性。因為它們受到很多因素的影響，像是這些女人是否身處戀愛關係，或感覺和她們的伴侶緊密地連結在一起。

在我自己的性經驗裡，我有注意到這一點。在做愛的過程中，我伸展我的身體，試圖尋找那該死的「G點」，並等待高潮的來臨，然而我的男伴卻拚命努力「不要」高潮。這是一項很有趣的發現，為什麼其中一個人那麼努力想要高潮，另一個人反而拚命「不要」達到高潮？是只有我這樣，還是女人幾乎都是如此？直到我做了一些研究，才驚覺原來對所有女人來說，要獲得高潮都不是一件容易的事。

這種現象會促使我們思考一個問題：「這樣的差異有什麼重要性？」

也許大自然會創造出這種差異，是因為女性和男性在繁殖關係裡扮演不同的角色所致？男性的精液中含有數千萬隻精子。肩負繁衍責任的他們，在做愛時一定會得到快感。他們很容易被挑起性慾，而且很快就可以達到高潮。若不保證他們一定會獲得快感，他們就無法輕易完成大自然交付的任務，因此強烈的高潮是他們完成任務的獎賞。

請思考一下：在兩性關係裡，為了繁衍下一代，只有其中一方需要達到高潮並射精。如果大自然讓男女雙方都必須獲得高潮，那麼她就會同時給予兩個人主動的角色。她知道，主動衝刺搭配被動接受、陰陽調和，才能達到健康的平衡狀態。因此，她將主動的角色賦予男性、被動的角色賦予女性。她明白，在這場「生命之舞」中，兩者都很重要。

因為女性的角色比較被動，她們不需要為了繁衍後代而達到高潮。若她們在易孕期（俗稱「危險期」）發生性行為，就算沒有高潮，也還是可以懷孕。人類以外的其他動物會以各種方式——從散發費洛蒙到發出特定叫聲——求偶、交配。大自然則保護女人避免她們一直懷孕，她們只有在每個月的某段時間容易受孕，而且這樣的時間只佔她們人生的一小部分。如果她們在易孕期接受男性的體內射精，她們就有可能會懷孕。但對男性而言，他們的情況天差地遠。雖然他們隨時都處於準備好的狀態，為了讓繁殖任務有機會成功，他們必須獲得高潮。

因為男性一定可以得到這種快感，他們會比女性更常尋求高潮。在尋求高潮的過程中，他們會自然喚醒狩獵本能，所有雄性動物都存在狩獵行為。然而，就我們所知，在非人類動物的世界裡，很少有強暴行為出現，更不用說現代社會中的其他性變態[22]舉動。我們的文化卻濫用、扭曲這種自然的存在方式，導致「有毒的男子氣概」粗暴地襲擊女性，卻完全沒有顧及她們的脆弱。

男性的生理構造

男性的陰莖常被稱作他們的「第二個大腦」，其中含有許多神經末梢，因此他們的性慾經常被激起，甚至是在違反他們個人意願情況下。我遇到太多男人在諮商時向我坦承這令他們感到很難為情，因為很多時候，這並非他們所願。研究顯示，一般男人每天會勃起十一次左右——多半發生在晚上，而且通常都沒有任何明顯的性刺激。

為了確保種族繁衍，男性的性慾必須輕易且頻繁地被挑起，那麼大自然是如何造就這種機制的？答案是，她讓男性對視覺刺激更為敏感。這就是為什麼很多女人都會笑男人「眼睛喜歡亂瞄」。然而如果真的了解他們的眼神會四處遊走的原因，就會發現其實大部分的男人都無法控制自己。

妳是否對剛才讀到的東西產生了負面反應，覺得這根本是在「鬼扯」。我過去也有同樣的反應，每當我的男性朋友回頭看那些擦身而過的美女時，我都會輕蔑地怒目而視。我不但將他們歸類為「不成熟的傢伙」，甚至還把這件事一直放在心上。直到後來，在做了一些研究之後，我才明白這是由於他們的生理特質所致。很多女人之所以會有負面的反應，是因為她們誤以為「我們人類不是動物」。當忘記我們也是動物時，就會忽視自己的天性，並且深受其苦。

男人本來就會被視覺刺激挑起慾望，這是他們與生俱來的神經化學機制。沒有意識到這一點的女人會誤以為，男人是蓄意要傷害她們。事實絕對不是如此。

有個朋友曾跟我分享他的經驗。有天他去看電影，某個從戲院走出來的女人瞬間吸引了他的目光，他只是轉頭看了她一下，沒想到他的妻子見狀，氣得對他大吼道：「你這個色胚！」為了讓事情過去，他解釋說自己以為這個女人是某個認識的人。不過，妻子不接

22 sexual perversion，是指對非典型對象、物件、情境、幻想、行為或個體產生強烈的性衝動，例如戀童癖、戀物癖、戀屍癖、露體癖、性施虐等。

受他的說法，直接衝出戲院，搭計程車回家。當天晚上以及接下來的幾天晚上，他們都沒有做愛。

知道有多少男人跟我抱怨過這種爭執嗎？他們因為盯著某個女人瞧，惹惱了妻子或女伴。於是，他們只好壓低視線，假裝沒有注意到某個美女（但其實心裡很想盯著她看）。對他們來說，這就像欣賞美麗的花朵或夕陽一樣。

女人不了解的是，男人對女性形體的反應是天生的。我們都以為男人回頭注視某個美女，是故意這麼做的，因此覺得自己受到輕視。沒想到我們錯得離譜！這一切都和生理機制有關。大自然要男性四處梭巡，這樣才能完成他們的「工作」。女性對此批判男性，卻不想知道，一直處於原始需求[23]被挑起的狀態，對他們來說是什麼樣的感覺。

男人的生理任務是吃飯、睡覺和做愛。女人也是如此，但對我們而言，性愛並不是沉重的負擔。我們的月經周期大約在二十八至三十天左右，而男性的荷爾蒙周期則以二十四小時為單位。男性比多數女性更常感覺到性慾，就是因為這個原因。男性的性刺激是由他們的睪固酮所掌管，而多數男性體內的睪固酮含量是女性的十到十五倍。光是這一種荷爾蒙就會導致一切差異。血液中的睪固酮濃度比較高，意味著他們的思維模式與女性截然不同。

催產素常被稱作「擁抱荷爾蒙」或「愛情荷爾蒙」，因為當人類緊緊抱在一起或進行社交互動時，大腦就會分泌催產素。或許男性和女性體內的催產素濃度不同，也讓女性無法認同男性應付性慾的方式。對女人來說，性和人與人之間的連結息息相關（也許我們所做的事多半都與此有關）。我們體內的催產素濃度比較高，促使我們優先重視親密關係與緊密連結。舉例來說，我們的身體會在生產時分泌催產素，讓我們可以餵養孩子（催產素會促進乳汁分泌），並且和孩子親密地連結在一起，這是男性不曾有過的體驗。女人不明白，為什麼男人能做到性愛分離，但這其實是可以理解的。

有許多男人都告訴我，尋求抒解性慾的管道就像在找東西吃。他們的意思是，就如同我們經常感覺飢餓一樣，他們也時常感受到自己的性慾。這並非他們有意識的選擇，而是一種生理反應。性慾與食慾都源自於同樣的本能衝動，渴望性愛和尋找提供某道菜餚的餐廳一樣中性。我們會嘲笑正值發育期的孩子老是肚子餓嗎？而我很清楚自己極度渴望食物時會怎麼樣，那時的我暴躁易怒，而且很幼稚。對於所有能找到的東西，我都想一口咬下。當我明白飢餓如何影響我，然後再把這種狀態和男人的欲求不滿連結在一起時，我就能理解荷爾蒙對他們造成了什麼樣的影響。

有了這樣的理解之後，我就不再責怪他們，反而產生了深刻的同情。我必須坦白承認，作為一個女人，我最多只能「同情」這些男人，卻永遠無法真正明白他們的處境。不僅如此，我也非常希望幫助他們調節性慾，而不是羞辱他們。就像男人永遠不會知道，月經來潮、懷孕、產前陣痛、生產、哺乳是什麼感覺一樣，女人也永遠不會明白對男人而

---

23 libidinal need，佛洛伊德認為，原慾（libido）是驅使生物產生本能需求的一種心理能量，這種慾望（包含食慾、性慾等）必須立即獲得滿足。

言，一直受制於性慾代表了什麼。了解這一點，是讓我們從兩性關係，以及我們所身處的文化環境中解放出來的關鍵。

面對男人一直有性需求，女人往往會覺得很煩。有時候，我們會感到沮喪是很合理的，畢竟我們是他們狩獵的目標，扮演獵物是非常累人的一件事。當然，有些女性的性慾則是比他們的男性伴侶強，這種情況並不罕見。我只是從「多數男性的性慾比女性強」這樣的既定印象來進行論述。

明白男性的先天生理機制和女性有多麼不同，可以帶來同情與理解。我們便不會將他們視作自己的敵人，而會把他們當成苦苦掙扎、需要理解的普通人。我們不會把他們對我們（或對其他人）產生的性慾，視為對我們或我們自身價值觀的一種侮辱，我們會用生物學的脈絡來理解它。

只有在性衝動持續的那段時間，男人才會把它放在心上。因此，在某種程度上，他們可以對性這件事不帶情感，甚至做到性愛分離。為了完成釋放性壓力的「每日任務」，他們有時會物化我們。大自然並沒有要他們把這種物化變成虐待，然而，社會文化卻幫助他們粗暴地壓制女人。是的，大自然確實交付男性繁衍後代的任務，但這不等同於虐待。因著這項任務，男性進入女性體內是有其功能性目的，進去、出來，然後結束……至少我們的感覺是這樣，於是又變得更鄙視它。我們因為男人一直需要做愛而批評他們很幼稚，然後繼續過日子。

因男人性慾高漲而貶低他們，這有一部分是因為，我們覺得自己有可能會受到強行侵犯，但還有一部分是因為，我們不了解大自然怎麼造就他們的生理機制。就像我們發覺阿嬤的義大利千層麵或巧克力蛋糕美味得令人難以抗拒，所以只要她逢年過節時做這道料理，我們就會很想吃或吃得太多，但我們不會因此責罵自己一樣。同樣地，我們不能因為男人對性感到飢渴就羞辱他們。我們必須記得，即便男人性慾旺盛，大自然並沒有要他們強迫女人，或是粗暴地控制她們。是父權體制讓他們這麼做的。

為什麼色情網站的瀏覽次數最多？為什麼娼妓業是最古老的行業？難道只是因為「男人都是豬」嗎？若我們同意這種解釋，不就是在說我們的兒子將來都會變成豬？這聽起來合理嗎？有很多女人和若干男人都會肯定地說：「是的，男人真的都是豬。」他們之所以有這樣的反應，是因為文化使我們非常習慣醜化男人的性慾，卻不了解其背後的生理機制。

我並不是在鼓勵男人看色情片、光顧脫衣舞酒吧，或是盯著體態豐滿的陌生人瞧。我只是試圖從生理層面來了解，他們「為何」會這麼做。光是批判和羞辱無法讓我心安理得。我想進一步探究，男性的先天生理機制如何對他們的性慾造成影響。一旦了解這一點，就能理解所謂的「男人之道」。

因為擁有可以插入陰道的陰莖，男人已經很習慣突破界限。光是這個舉動就已經構成某種程度的侵犯，即便是以最溫柔的方式進行也一樣。他們的衝刺必須具備某種攻擊性；在身體外頭的陰莖宛如征服女人的武器。這就是為什麼，男性在某種程度上，比較容易變得蠻橫霸道、具有攻擊性。當這一切變得太過極端時，它就會變成「有毒的男子氣概」。

我們的兒子和兄弟們需要幫助。我們必須教育他們，幫助他們了解自己的身體和慾望。當正值青少年時期的他們開始感受到強烈的性慾時，應該要有被欣賞與重視的感覺，而不是感到羞愧。他們必須把自己的情慾當作神聖的事物看待，就像對待我們自身的情慾那樣。他們這麼做就能有意識地尊重它，並且重視他們的性伴侶（兩者都反映出大自然的神聖）。抱持這樣的意識，就不可能會傷害到另一個人，而是提升、推崇他們的伴侶。一切都從這裡開始，我們必須重新定義情慾，同時讓男性和女性都產生新的性意識。

珍貴的卵子

精子很容易取得，卵子則極其珍貴。男人每次高潮時射出的精液中，都含有數千萬隻精子，而他們每天都會生產數億隻精子。這些數字非常驚人。他們對自己的「種子」漫不經心就是因為這個原因。那麼女人呢？我們每個月只會排出一顆卵子，而一生中擁有的卵子數目也很有限。它們在我們出生時就已經存在，然後數量就開始逐年遞減。男性一整個月都擁有生殖能力，女性則只有在那顆珍貴的卵子排出時，才有可能會受孕。她們的「受孕窗期」[24]就是如此要緊，因此決定要把這顆卵子交給誰，是極為重要的一件事。

女人是否排卵無法從外表看出來，只有她們自己知道窗期什麼時候會開啟。大自然保護我們，讓我們對受孕時間有一定的掌控權。對於獲得這顆珍貴卵子的對象，我們必須謹慎挑選，不是每個人都能擁有這樣的機會。這就是為什麼，在自然界，通常都是由雄性動物追求、引誘雌性，為了獲取讓這顆卵子受精的珍貴機會，他們必須彼此競爭。

了解到男女先天的生理機制是如此不同，我們的行為就會變得截然不同。我們不會再為了吸引男人的關注而相互對抗，反而會期待他們為了我們彼此競爭。現今的女人經常為了吸引男人的注意而相互競爭，為什麼會顛倒過來呢？如果我們理解大自然的用意，就會停止這種競爭。我們不會為了引誘身邊的男人而扭曲自己，明白自身價值的我們會讓他們來追求、誘惑我們。

我看到現在有非常多年輕女孩濃妝豔抹，戴上假睫毛，並在臉頰和嘴唇注射肉毒桿菌、拿掉她們的肋骨、填充她們的臀部，這些全都是為了和其他女人競爭。這全是為了吸引男人的目光。這樣的競爭讓我們女人把自己的力量交給了父權體制。我們沒有大方認可自己的真實樣貌，讓男人自動靠過來，反而反其道而行。我們無情地彼此競爭，把自己弄成一副不自然的模樣，沒有意識到這麼做會削弱我們的力量，並降低我們的價值。我們只覺得自己的外表因此變得更美。儘管這個問題仍有待討論，可以確定的是，我們在心裡自我貶低，並且出賣自己，讓自己落入父權體制的圈套。有發現我們是如何共同促成我們所受到的壓制嗎？

我們得扭轉這個局面，必須停止把自己裝成欠缺的那一方。就算男人沒有比較需要我們，至少程度上也不會比我們需要他們來得少。為什麼我們會先把自己貶低成物品，然後

24 受孕窗期又稱為「著床窗期」，是指女性子宮準備好接受胚胎著床的一段時間。受孕窗期會在女性排卵之後幾天開啟，但每個人的開啟時機，以及窗期長短都不盡相同。

再來抱怨被物化？只要展現出真正的神聖價值，我們就能要求並獲得應有的尊重。我們的力氣或許沒有男人來得大，但擁有孕育生命最需要的東西，那就是我們的卵子。

獵食者與獵物

六、七歲時，我就知道要保護自己不受到男人的傷害，我告訴自己必須像個忍者一樣，雖然根本不知道該怎麼做。十二歲時，我曾經被兩個男性親戚性騷擾，還曾經在公車、火車上以及家族活動中，被幾十個男性陌生人毛手毛腳。我那顏色較淺的皮膚和眼珠在印度非常受到尊崇，因而受到太多矚目。當我的乳房開始發育時，我成了非常多男人進攻的目標。這樣的關注已經遠遠超過任何年輕女孩可以承受的限度，我學會對身邊的任何男人提高警覺。

母親對我所經歷的一切渾然未覺。她完全不知道我很容易成為男人和年輕男孩下手的對象。她怎麼可能都沒有發現？後來當我告訴她這些事時，她十分震驚。由於她的父母親非常嚴格，在成長的過程中，她一直受到他們的保護，所以沒有像我遭受這麼多不當關注。也因為被雙親保護得好好的，她在性這件事上極度壓抑。她不了解真實世界的兩性動態，所以沒有意識到她必須保護我、讓我不會受到周遭男性獵食者的傷害。

有個喜歡對我上下其手男性親戚，有時會找機會在晚上拜訪我們家，每次我都會用毛巾把自己從頭到腳趾纏得像香腸一樣，然後躺著裝死。可惜這種做法不曾發揮效果，雖然我表現得很勇敢，有一次甚至真的把他推開、往他的鼠蹊部踹下去，然後跑到我母親的房間裡。後來我揚言要把他的可惡行徑告訴母親，但這依舊阻擋不了他。他已經摸清了我的底細：我的心腸太軟，無法傷害我的父母親，並令他們感到擔憂。我很早熟，又富有同情心，我認為我夠堅強、足以自己承擔這些痛苦，而不是加諸在我父母身上。我的直覺告訴我，他們無法承受這一切，而這也表示這個喜歡毛手毛腳的傢伙贏了。我始終保持沉默。很快地，我就向他（還有接下來的其他人）的不當關注屈服。

這整件事的不幸不只在於，這些男人對毫無防備的年輕女孩上下其手（就像男性對全球無數女性所做的那樣）。真正令人感到悲傷的是，我們的母親、阿姨和女老師都沒有告訴我們，要如何為這一切做好準備。沒有人跟我說我是男人的獵物，但我真希望有人能這樣告訴我。我希望有人握住我的肩膀，並且認真地看著我說：「妳是一個亭亭玉立的女孩，從現在一直到老，妳永遠都是男人獵捕的對象。並非所有男人都把女人當成獵物，但很多人都是如此。明白這一點對妳是有好處的，會為妳帶來力量。不需要因此感到難過——自然界就是這樣運作的，而且了解這一點，妳就不會措手不及。妳會一直小心翼翼，會盡量聰明地保護自己，並且知道即便這麼做還是有可能會被強行侵犯。一旦發生這樣的事，妳就會立刻呼喚妳的姊妹們，或者我們當中的某個人。妳要尋求協助，勇敢為自己發聲，以此抵抗任何暴行。成為獵食者的囊中物並不可恥，如果發生這種事，那不是妳的錯。妳身型嬌小，容易成為未馴化的獵食者下手的目標。但這不會使妳一輩子受到傷害。」

噢，我真希望有人能告訴我，我會有這些遭遇是很正常的。如此一來，我就可以坦白說出心裡的困惑。然而，我所身處的文化環境沒能讓我為自己發聲，因此我現在寫下這些文字，希望能為有同樣經驗的母親和女兒們帶來力量，讓她們用不同的方式面對這一切。

我這是在支持獵食者嗎？絕對不是如此。就如同妳們所看到的，重點根本不在於獵食者，而在於我們這些獵物。了解我們的真實處境，我們就能真正得到自由。我們不能假裝事情不是這樣。我明白，把女人形容成獵物，會令妳們感覺很難受——然而，成為獵物不必然會使我們受到傷害。受害者意識是一種心態。我在年輕時確實被獵食者染指，這絕對不是我編造或想像出來的。但我已經克服過去的痛苦，不再沉溺在受害者意識裡。就像我先前提過的，「作為犯罪事件的受害者」和「沉溺於受害者意識」之間存在著很大的差異，我們必須明白這兩者的差別。

「獵食者」或「獵物」的標籤只是用來說明誰是獵人，以及誰是牠們狩獵的對象而已。非人類動物知道自己身處食物鏈的哪個位置，從很多方面來看，牠們似乎都能接受這一點。基於這樣的認識，牠們發展出敏銳的偵察與狩獵能力。牠們會保護自己的孩子，同時精明地看管牠們的部族。牠們之所以具備這種本能，是因為很清楚自己的處境。當然，有些男人從未把女人當作獵物，他們也會排斥這樣的說法。重點在於，男人是「天生」的獵人，他們的偵測雷達（不管是否派上用場）向來都是為了尋找誘人的女人。

多數女人都對成為男人的獵物感到厭煩，因為這不僅令人十分疲憊、沮喪，有時也讓人極為惱怒。我們覺得很羞恥，同時也因此變得脆弱。無論這些男人是否直接接近我們，事實是，我們一直都是他們暗中鎖定的目標。

幾天前，我和兩個朋友在電梯裡，有個年輕男人走了進來，若無其事地走到我們所在的位置，視線甚至不曾離開他的手機。直到他走出電梯為止，被三個女人包圍的他都表現出很自在的模樣。我和朋友都對此感到驚訝，因為我們知道，如果換作我們在電梯裡被三個男人包圍，感受將截然不同。我們有過多少次這樣的經歷？因為害怕抄捷徑走巷子會有危險，只好選擇繞遠路，或者晚上穿越公園時，看到公園內有其他女人（而不是只有男人）因此鬆了一口氣？

在某種程度上，男人都知道他們是獵食者，同時也知道自己不會成為任何人狩獵的對象。這是何等輕鬆、自由啊。女人必須一直處於防衛狀態。這是我們作為女人的宿命，我們越早在不懷抱受害者心態的情況下接受這一點越好。

很多人都把「成為狩獵目標」錯當成男人的關愛，心想：「哇，他好迷戀我。他覺得我很美，所以對我應該是認真的。」又或是告訴自己：「因為他送我花，我覺得他應該是愛我的。」我們沒有意識到這都是狩獵行為的一環，和他的下一個目標相比，他不見得比較喜歡我們。在他的眼裡，女人就像是自助餐提供的菜餚，他想要看看有哪些菜色可以選擇。我知道這種說法聽起來很粗俗，但多數男人——單身男人都會承認這是真的，至於已婚男人……他們絕對不會這麼老實，自找死路。

很多時候，我們都誤以為男人在注意自己，就代表他在乎；他展開追求，讓人以為他是真的對我們有興趣。面對男人在跟自己有過性接觸之後便一走了之，女人通常會埋怨這樣的情況。這是因為我們並沒有發現，他不曾真正在乎過，我們只是他狩獵的對象而已。雖然這樣的事實很殘酷，但我們必須接受它，同時讓我們的女兒也明白這一點。

由於不了解狩獵的本質，女人往往會喜歡上死會或花心的男人，又或者發現所愛的男人關注其他女人，因此而感到受傷。我遇過無數女性跟我抱怨她們的約會對象。她們無法相信，為什麼這些男人會在跟她們發生關係，甚至和她們在一起一段時間之後，突然移情別戀。我們不明白這一切，並且把它放在心上，哭得死去活來、失眠，甚至變得歇斯底里。如果夠理解男性的生物心理，我們就不會浪費時間哭泣。我們會盡可能自我保護，不讓自己成為他們獵食的目標。我們會更謹慎辨別上床的對象，並詢問正確的問題，不讓自己被花言巧語迷惑。我們將明白狩獵的本質，並聰明地扮演屬於我們的角色。

即便把自己交給最合適的追求者，還是必須清楚理解這真正代表的意義。當我們進化時，所謂「最合適的追求者」應該是了解自身生物心理，並且坦白承認這一切的男人。這樣的男人不會在沒有透露意圖的情況下利用一個女人。

很多女人之所以會說被周遭的男人矇騙，是因為我們太過天真。聽信男人的甜言蜜語，卻沒有意識到自己可能只是他們達到目的的一種手段。雖然並非地球上的所有男人都這樣，他們大部分都是如此。

我的用意並不是要大肆揭露男人的惡行惡狀，只是希望女人能了解，每次她們覺得自己被拋棄時，到底發生了什麼事。這多半和她們本身沒有什麼關係，而是和狩獵的本質有關。如果能明白這一點，痛苦就會變得少一些。

了解男性伴侶的先天生理機制，意味著理解我們面對的是怎樣的人。問題不在於喜歡與否，而在於了解事情的真相。這將使我們做出強而有力的選擇。用這種方式理解男性之後，我們會變得更有智慧，同時也讓我們的心獲得自由。

了解兩性之間的差異

抱持「男人和女人應該很類似」這樣的想法，是我在兩性關係中觀察到的根本問題之一。在越來越了解雙方的先天構造之後，我就逐漸意識到，這種想法只是一種幻想。事實上，這樣的幻想正是許多人在兩性關係中受苦的原因。

和異性進入一段親密關係，自然會體會到我們之間的重要差異。對任何關係而言，這都是非常正常的一件事，但對兩性關係來說更是如此。就像我先前大致提過的，我們的先天生理機制存在巨大的差異，也就是說，認為「彼此可以完全一致」幾乎是種錯覺。如果不能彼此連結，我們的需求就無法得到滿足，女人會因此進入一種不滿的狀態。焦躁的我們要不是內心暗自感到鬱悶，就是選擇直接向外探尋（也許是透過出軌）。這樣的疏離往往會令人感到很痛苦，而這些苦多半都是沒有必要的。如果明白根本的問題在於，自己沒有試圖和異性相互配合，反而幻想我們要用同樣的方式體驗人生，理解了這一點，這些痛苦就會消失。

我們人類本來就是「兩性異形」的生物，也就是說，人類這種物種有兩種截然不同的形體——男性和女性。我們不僅在生理和性愛層面有著差異，在心理、情感還有精神層面也存在很大的不同。讓兩種有著天壤之別的人住在同一個屋簷下，並切斷他們和廣大族群之間的血脈連結，通常會帶來災難。

一對兩性配偶長期被一夫一妻制下的核心家庭束縛，可能是導致關係失衡、家庭暴力，以及離婚的根本原因之一。把兩個存在高度差異、對實際狀況尚未清楚覺察的成年人用法律契約綁在一起，要求他們對彼此至死不渝（無論他們的原始慾望有多不一致），然後要他們一起養育孩子（不管他們的教養哲學有多麼不同），這一切終究會失敗。多數婚姻會走向瓦解，以及其餘沒有離婚的人往往只是改把重心放在商業與社交上，就是出於這個原因。

難道這代表所有夫妻都無法融洽相處嗎？絕對不是如此。我所說的是夫妻之間普遍存在不滿的現象，而不是指個別夫妻的狀況。

那些想要超越種種文化限制的夫妻，都願意讓他們的關係在情感與性愛層面擁有新的可能性。他們願意跟伴侶討論，雙方的性愛差異對彼此造成了什麼樣的影響，以及這如何導致他們在情感上變得親近或疏離。這樣的夫妻更清楚彼此的情感與性愛需求，同時為了滿足這些需求，他們容許各種可能性（也許會跳脫原本的一夫一妻關係），卻不會感到嫉妒或想要完全佔有對方（嫉妒和佔有慾是阻礙傳統夫妻關係和諧的原因）。

因為遠離群體、被孤立在核心家庭裡，我們和部族之間的距離變得更遙遠。為了滿足那些原本應該由其他部族成員滿足的需求，我們對伴侶施加更大的壓力。然而在察覺這樣的不協調，並且仿效其他動物一樣過著群體生活之前，我們都會感到孤單，同時覺得自己的權利被剝奪。

從情感連結和性需求的角度來看，配偶不該是我們唯一的選擇。我們無法一直要求同一個人來滿足所有的情感與性愛需求。有時候，我們必須仰賴其他族群成員。這是很健康的一種管道，我們將這些需求「外包」並不是為了對抗，而是因為我們接納這個事實——伴侶可能和我們沒有同樣的慾望。一旦我們允許自己透過不同方式來滿足自身需求，在面對我們的主要關係時，我們會變得更熱情、更圓滿。要做到這一點，加入廣大群體是最好的做法。

在這個世界上，集體農場[25]、群居團體，以及其他「意識社區」[26]存在已久，而且今後也會持續存在。這樣的團體都明白，共享土地，還有各種資源與人際關係，是極為重要的一件事。這些地方的孩子由一大群成年人共同撫養，這也讓他們得以建立起相互支持的網絡。如此一來，孩子們就能同時依靠好幾個大人，不需要受限於親生父親或母親。對成年人來說，這樣的族群也為滿足情感與性愛需求提供更多選擇。當群體以神聖的分享為目的時，成年人可以擁有多重關係，而不會受到傳統關係中控制慾與佔有慾的折磨。

---

25 Kibbutz，又譯為「基布茲」，是以色列常見的一種集體社區體制。這種猶太聚落起源於二十世紀初，目的是為了建立人人平等的理想社會形態——社區內的居民共同分擔勞務、共享財富，並享有食物、醫療、教育、交通等福利。

26 intentional community，又譯為「共識社區」、「理念村」，是一種根據團體凝聚力與團隊合作而形成的社區聚落。這類型的社區居民通常擁有類似的社會、政治、宗教與靈性理念，他們以另類生活方式共同生活。

我不是要讚揚這類團體在某種程度上實現烏托邦理想，而是要指出，在漫長的歷史上，所有動物（包含人類）都一直過著這種群居生活。一夫一妻制是現代的產物，它讓個人與家庭在心理、情感和性愛上都付出極大的代價。婚姻之所以容易失衡、瓦解，並不是因為欠缺努力或缺乏道德，而是因為我們遠離了作為群居生物的本性。

對我而言，靈性意識社區是我人生發生轉變的關鍵因素之一。之所以使用「意識」這個字，我想表達的是「有意識且刻意地」創造出這樣的群體。我們跟長年相處的家人和朋友來往時，往往會有所謂的責任與義務，彼此所懷抱的目標也可能會不一致。不過，這種狀況在意識社區裡是不存在的，這些地方的人都是因為抱持共同的願景與使命而聚集在一起，大家通常擁有共同的語言、可以心靈相通。他們會聚在一起，都是為了內在轉變與內在連結（無論是只為了情感需求，還是也同時包含性愛的成分）。

要如何找到這樣的意識社區呢？首先，必須明白妳們的內在理念。當自身的言行舉止開始變得一致時，就能向外擴展，開始參加擁有這種理念的團體。以我來說，我先是在這樣的群體「出沒」（那些地方的人都很有智慧，令我十分欣賞），接著再自己創造出可以讓全世界的人加入的團體。藉由這些刻意的連結，我允許自己表現出真實的自我。想參與這些群體就必須採取行動，不能只是被動等待。身為正在覺醒的女人，我們必須從被動變得主動，積極尋求這種連結。這麼做能幫助我們擺脫那些對自己不再有益的東西，並迎接真正有所助益的事物。

有意識地採取這些行動，會逐漸依此調整我們的人生，勇敢將內心的感受全部展現出來。和這些符合我們內在本質的人一起生活，不僅是我們送給自己的禮物，同時也是覺醒的人應該享有的權利。

PART

· FOUR ·

打破母體的規範

CRACKING
THE
MATRIX

12．是事實，還是迷思？

在謊言裡，我們無法看見真相；
在羞愧的情緒中，我們無法享有自主權；
在偽裝底下，我們無法展現本真。
我們習慣相信的事多半都不是真的。
在這場探索之旅中，我們將開始找尋自己的本質。

⁙

文化告訴我們的諸多謊言並不是從我們開始的，而是如同滲透祖輩心裡那樣地滲進父母親的心裡。我們的父母親不曾有機會覺醒，他們在不知不覺中相信這些謊言，然後教導我們也要相信。我們也確實把這些觀念當成了自己的聲音，事到如今，已經無法將它們和我們的真實自我區分開來。

女人因為這些觀念失去自我的情況往往特別嚴重。因為包容、順從親人是我們的天性，所以不會加以質疑，而是天真地抱持、遵循這些錯誤信念。

我開始覺醒的時候，幾乎無法相信自己可以改變我的思考模式。真的很難想像我會對這些觀念有不同的意見。我一直以為，它們就是我的真實自我，唯有在意識到這些信念其實都是謊言時，我才能漸漸擺脫它們。

我們所受到的制約根深蒂固、無所不在，甚至不知道自己處於被制約的狀態。我們在童年時期被灌輸的種種觀念深植在心中，因此很自然地誤以為這就是世界的運作方式。

我以前很喜歡女兒小時候玩的一項遊戲，名叫「是事實，還是虛構的」。他們在學校裡藉由這個遊戲，學會分辨兩者之間的重要差別。事實很容易驗證，比方說地球是圓的、太陽會發光發熱、那隻鞋子是藍色的、那面牆壁是黃色的。清楚可見、可以觀察到的真實事物就是事實，所以大自然的一切都是真實的。雨水就是雨水，地心引力就是地心引力，地球會自轉、公轉，季節會自然轉換，大海風平浪靜或波濤洶湧。這些事實沒有爭議，所以我們不需要去「相信」什麼。不會有人跑來問說：「妳相信現在正在下雨嗎？」「妳相信太陽會為我們帶來光亮嗎？」大自然就是如此，我們不會為了它而爭執不休，也不會創造出特定的團體或派別。

相較之下，我們的這些信念很明顯就只是「信念」而已。它們使我們看不見眼前的真理，迷思絕對不是事實，通常是個人的主觀認定，其中包含信念、希望與願望——我們人類編造出這些空中樓閣，並且緊抓著不放。

我們覺醒時會發現，自己所抱持的想法多半都不是事實。只要話語中出現「我相信」，其實就等同於在說「我所說的事不是真的」。因為這個想法如果是基於事實，根本就沒有「相信」它的必要。它會直接呈現在我們的面前，讓每個人去觀察、觸碰與感受，不會有任何爭議存在。

佛家認為，這些信念是虛妄的執著，因為我們的心太過軟弱，無法看清事情的真相。世人相信各式各樣的事，例如印度教徒相信象神與猴神，猶太人相信自己是「上帝的選民」，也有人相信各種祈禱，彷佛它們是能改變命運的咒語。多數人都擁有某種信念，通常是某個關於生命或死亡的說法。我們根據這些信念建構出信仰與侍奉的神明，這變成了我們現實生活的基礎。

此外，佛家也說人生是「摩耶」（maya），意即某種幻象，往往不是表面上看起來的那樣。我們獨有的歷史、習慣與情感都會影響自身對事物的看法，然而我們沒有意識到這一點，誤以為自己相信的事都是真的。然而，它們多半只是反映出我們看待一切事物的習慣。我們看見的不是事情的真實樣貌，只不過是我們思維模式的寫照。

我們的文化（特別是父權體制）非常害怕覺醒且充滿力量的女人。她會對現狀構成威脅，因為這個女人不再安靜、順從、依賴他人。她不再為了別人的幸福安穩犧牲自己的價值，也不再把自己放在第二位，除非她是有意識地選擇這麼做。

妳們知道這樣的女人擁有什麼樣的力量嗎？她的力量不容小覷。她已經體會過自我支持是什麼樣的感覺，因此無可阻擋，不再被恐懼束縛，所有的舊做法對她都已經不再管用。她看穿了一切假象。當她的人生體驗觸動其他人時，他們也會感受到這樣的自由。很快地，他們也會獲得解放，並且真誠地生活。這種存在狀態絕對不會傷害到別人，因為每個人的本質都得到尊重——一個重視自我本質的女人能真正療癒這個世界。

覺醒意味著不再迎合外在世界，並開始將自己心裡的感受表達出來。一旦我們明白現在所展現的並非自己的真實樣貌，而是一種「假象」，我們就會開始捨棄所有不符合真實自我的事物。

不正常的謊言

在成長的過程中，多數人都被文化和父母親灌輸各種觀念與迷思。在大多數情況下，我們的父母親也深受文化環境的影響，因此都對當時盛行的種種觀念深信不疑。他們沒有思考過這些觀念是否正確、合理、合乎邏輯，而是直接視為自己的信念，最後又不斷將這些觀念傳遞給我們。沒有人試圖對抗或挑戰現狀。

如果文化告訴我們，每天早餐吃四顆蛋、喝二點五公升的牛奶有益健康，我們就會自動遵循這樣的建議；如果文化要我們吃雞肉、老鼠或蝸牛，我們也會照做不誤。說起來，這樣的差別會造成什麼實質影響嗎？不會，因為這一切全都是制約，發現了嗎？某些國家的人民會吃蜘蛛和蟋蟀，他們之所以這麼做，並不是因為天生口味怪異，而是因為他們就是這樣長大的，也許對某些文化來說，吃雞肉才奇怪。在了解這一切都是某種預先設定好的存在模式之後，我們就會發現所接受的教養大多受到文化的操控。我們的文化也大肆鼓吹這些觀念，並因此獲利。

讓我舉個簡單的例子：情人節灌輸我們關於戀愛與浪漫的觀念。鮮花、卡片、氣球、巧克力、泰迪熊、珠寶，以及燭光晚餐都是代表這個節日的商品。女人因此誤以為，伴侶一定得用這些禮物表達愛意，才能證明自己是被愛著的。男人也同樣掉進了這種陷阱裡，如果他們沒有在情人節送這些花稍的玩意兒給另一半，他們就會感受到莫名的壓力。於是，女人便會收到大型花束，有時還伴隨著奢侈的禮物。我們越來越相信這才是稱頌愛情的正確方式，卻完全沒有意識到自己被某個巨大的商業體系利用，商人們開心賺進大把鈔票。

鑽石產業也是如此。他們同樣因為這些戀愛、浪漫相關的觀念，獲取了龐大的利潤。英國珠寶品牌戴比爾斯（De Beers）和其他鑽石業先驅，都能將看似普通的石頭轉變成極其珍貴的珠寶。這個例子同樣也說明，我們普遍養成某些習慣，卻沒有發現自己被消費主義牽著鼻子走。

在成長的過程中，我們多數人都被灌輸各式各樣的觀念。小時候的我們天真無邪，從聖誕老人、牙仙子到四葉幸運草，深信父母親告訴我們的一切。我們不曾想過自己就這樣踏進虛假的陷阱裡，任憑它形塑我們的心理，並且在往後的幾十年裡依然深陷束縛。

教導我們的孩子「事實是什麼」，是很重要的一件事。我們不需要從他們身上奪走牙仙子或聖誕老人帶來的樂趣，但他們必須知道什麼才是事實。如果有看過電影《楚門的世界》，就會明白我的意思。這部電影講述的是主角楚門的生活，而他的「現實生活」其實是播放給全球觀眾觀看的實境節目，在長大成人之前他都沒有發現這一點。我們所有人其實都宛如生活在幻夢裡的楚門。

擺脫文化假象

隨人生歷程的邁進，有些人會開始大膽表示：「嘿，這根本不合理！」結果往往遭到強烈的反彈，這就是多數父母親和青春期孩子發生衝突的原因。身處青少年階段的孩子不再那麼聽話，這是他們第一次意識到，長久以來自己都被一堆假象矇騙。

我們在成長的過程裡，很輕易就相信別人告訴自己的一切都禁得起考驗。不知道這些信念體系腐敗、充滿恐懼，而且渾渾噩噩，與現實脫節。此外，在新聞和雜誌上所報導的事情也多半是假的。我們無法想像社會的領導人會操控我們，或者所信任的政府會背叛我們。最重要的是，我們不敢相信父母親竟然會對這一切信以為真，甚至強迫我們也跟著接受一切。

青少年一旦開始大聲反抗父母親的權威，或是過去一直依循的某些文化傳統，通常會遭受嚴厲的斥責，同時被貼上「無禮」、「沒大沒小」的標籤。我在二十二歲開始覺醒的時候，就發現有很多我以為的事實，都只是承襲自父母親和文化環境的觀念而已。那麼，我到底是怎樣的人？過去的我相信的又是什麼？難道我只是這些教養之下的不幸產物嗎？有任何事情是值得相信的嗎？我開始質疑每件事。我越是質疑就越明白，我們被教導的一切「事實」（包含關於我們自己的事）幾乎都只是假象。

一件事發生在身上時，我們不會看見它的真實樣貌，人類的本能反應是編造出關於這項人生經驗的故事。比方說，在山頂上看到美麗的夕陽，我們會對自己的好運感到驚訝，然後把這一天當成「美好的一天」。如果另一天爬同一座山的時候，我們被美洲獅襲擊或者遇上強烈的暴風雨，可能會把這一天視為我們人生中「最糟糕的一天」。我們會根據自己創造出來的故事，決定之後到底是要經常去爬這座山，還是從此謝謝再聯絡。但事實上，這兩天都只是單純的一天而已。

人際關係也是這樣。我們經常將過往的童年經驗投射到現在，然後自己在心裡編織各種情節，並且依據這些投射，創造出好人和壞人兩種角色。我當然不是說外在世界沒有敵人和壞人存在，而是我們時常以為自己「看到」了什麼，但那多半只是反映出我們「怎麼想」，並非實際情況真的是如此。

我們的人生其實並不是「我們」的人生，而是以我們對人生的種種「觀念」作為基礎。妳們可以想像自己因為懷抱錯誤的觀念，錯失了多少機會嗎？我們因此少爬多少山、少走多少路，甚至少認識多少人？我在治療工作中看過太多人過度執著於某些錯誤信念，而逃避人生的各種冒險，只因為他們的心不容許他們踏出這個牢籠。

如果在成長過程中沒有被灌輸這些觀念，情況會是如何？我們不需要相信任何事。我們之所以相信，只是因為太害怕知道現實的真實樣貌。現實很短暫，對多數人而言，這都是一個非常難理解的事實。如果人生短暫，那麼試圖掌控一切終究是沒有意義的，因為到頭來我們終將離開這個世界，而且沒人知道這究竟會在何時以什麼方式發生。這也就是我們創造出各種信念的原因，讓自己有存在的理由。儘管人生無法掌控，我們透過這些信念「假裝」自己可以控制一切。它們減輕了我們對於「自己其實只不過是宇宙中的一粒塵埃」的焦慮。對我來說，這是一個振奮人心的事實，讓我得以從更深的層次來理解自己，不過對其他人而言，這樣的事實或許令人難以忍受，必須竭盡所能地避免。

人生中充滿未知。我們不明白為什麼某個人出生在富貴家庭，另一個人卻出身貧困、身體殘疾。有時候，印度教徒會將這些差異簡單地理解為「前世業障所導致」。這種觀點的問題在於，其中已經存在某種關於「好壞」的假設。在某些圈子裡，出身富裕的人自動被歸類成好人，貧困者則被打成壞人。這樣的做法會導致刻板印象與偏見。事實是，我們根本不知道為何生來就面臨某種處境，事情就是這樣發生了。

因為害怕無法主宰人生以及死亡，我們會用各種方式尋求掌控。其中最普遍的做法，就是創造出各式各樣的制度。這些制度有規則可循，讓人感覺一切都在掌控之中。我們沒有意識到這些都是虛無縹緲的東西。之所以相信它們，是因為少了它們，我們就覺得一切徹底失控。

我們沒有認清現實的本質（即我們無法掌控它），反而自行編造出所謂的「現實」，好讓我們感覺自己無所不知。這是天大的錯覺。我們以為明白一切，但事實並非如此。

由於這些信念因人（或文化）而異，我們的處境是很主觀的，因為如果不是這樣，就只會有某一特定的現實存在。正因為每個人都對現實有自己的詮釋，這清楚說明了，這一切都只是某個人（以及他所身處的文化環境）的主觀認定而已，絕無例外。

當我們不願意正視真相，寧可扭曲事實（即便它們違背科學與客觀性），我們就進入了危險的境地。我們頌揚這些信念，並且把它們當作神聖的事物看待。抱持越多信念，就越覺得自己被認可。因此，唯有開始檢視內心，並察覺自己是如何受到這些信念的汙染，我們才能放下執著，使心靈獲得自由，同時讓自己充滿力量。

遠離主流

覺醒使我們得以意識到，長久以來，我們都是某種貪婪體制下的犧牲品。從教育體系、美容產業到科技業，種種產品都是為了平息我們的恐懼。想主導自己的人生，就必須打破母體文化的規範，並擺脫遵循它們的壓力。唯有如此，才有希望跳脫從眾心理，因為這種心態讓多數人都備受束縛。

捨棄自身信念感覺很可怕，因為不知道若少了它們，自己將會是怎樣的人。我們以為它們賦予力量，其實它們反而限制了我們。我們以為，少了這些信念自己將什麼都不是，但其實正好相反，只有擺脫它們，我們才會明白自己是怎樣的人。

一個人抱持越多信念，它們就越有可能不是真的。大眾都喜歡盲從，往往膚淺、老套，而且背離內心的真實聲音。如果妳們是某個群眾團體的一分子，也許會發覺妳們為了迎合眾人而寧願漠視自己心裡的聲音。一旦試著將心聲表達出來，妳們就會顯得與眾不同。

「作為群眾的一分子」和「身為某個意識社區或群體的成員」是不一樣的。群眾當中充斥著追隨者，而不是獨立思考者。意識群體則正好相反，它們會尋找意見領袖，並且挑戰每個人、要他們走自己的路（儘管他們都屬於廣大族群的一部分）。

當我們覺醒時，我們會選擇仰賴事實，而不是迷思。我常說，這樣的生活是以真實而非幻想為基礎。我們不再否認人生中的各種事實，而是會坦率地面對。我們拒絕把自己的心聲埋藏起來，只因為這會令其他人感到不自在。我們的自我連結極其重要（它具有強大的力量），它再也不容忽視。

我們的終極目標，是和眼前的現實融合，不再為了符合心裡編織的某個故事而扭曲它。越是和這個世界的真實樣貌合而為一，就越能專注於當下，越是活在當下，所受的苦就越少。一切都從這裡開始——我們願意摘下有色眼鏡，並逐漸和人生的真實樣貌融合在一起。要看穿我們身處的母體，需要非常大的勇氣，但只有這麼做，才可以真正看清楚這個世界。

一旦我們重拾自身價值，就能容許自己擺脫那些不再有用的事物。不再被別人的想法左右。不需要再仰賴外在世界的任何人給予我們認可與肯定。我們將自給自足。

我們每個人都有能力成為這樣的女人。

13·關於愛情的謊言

有許多以「愛」為名的傷害——
控制、背叛、佔有與索求。
打著愛的名號，
諸多條件、要求與藉口都變得理所當然。
它們不是真愛的展現；
它們違反了愛的本質。

⁑

儘管愛情不是一種制度，現代的愛情觀念卻囚禁了女人。如果能夠明白為什麼這樣的觀念是種束縛，我們就得以修正真愛的定義。如此一來，就能讓自己不在感情裡受苦。

我們在成長的過程中，多半都聽了很多童話故事。我們相信，只要找到那個神奇的靈魂伴侶，就可以從此過著幸福快樂的日子。大家告訴我們，在這個世界上有某個人和我們是天造地設的一對，他能彌補我們的缺陷。在找到這個特殊的「另一半」之前，我們都不會完整。

因著這種「永恆的愛」的觀念，鑽石這項商品被視為男人對女人的承諾，無數愛情小說和電影也都圍繞著這個概念打轉：愛上一個人是非常重要的人生經驗，值得被歌頌。

小女孩和她們的母親特別嚮往奢華的婚禮，對此引頸期盼。二十三歲之後，這些女孩約會的所有男孩都被視作她們未來的丈夫，等她們超過二十五歲，找尋完美伴侶的需求就變得很急切。

和對的人結婚意味著「從此過著幸福快樂的日子」。「愛上一個人」都是為了這個明確的目的，如此一來，愛情變得極度目標導向。我們並非單純地為愛而愛，而是為了把自己的未來託付給對方。這樣的愛展現的不是我們的靈魂，而是小我意識想達成某種目的的渴望。

請問問自己是否曾經只為了愛而愛，或者妳們的愛情總是摻雜著某種目標？如果真的誠實面對自己，並回顧自己過往的幾段感情，妳可能會坦承一點，那就是在遇到現任伴侶的幾個星期或幾個月內，就已經把對方當成結婚對象。

社會上所謂「愛情」的模式通常是這樣：女孩喜歡上一個男孩（或女孩），於是開始約會，接著這個女孩會尋求某種承諾，例如象徵婚姻的戒指。如果她的伴侶沒有做出這項「承諾」，她就會覺得對方不夠愛她。主流觀念認為，若一對伴侶真心相愛，他們就會結婚，因為這樣才能彼此許諾。

很快地，原本發自內心的純粹情感就變成了針對未來的交易。長久以來，我們都習慣處於這種匱乏的狀態，如果沒有找到那個可以使我們變得完整的人，或者一段感情無法進入承諾階段，我們就會承受不必要的痛苦。這樣的目的將我們的愛情禁錮在未來的框架裡，違背了無形而短暫才是愛情的本質。因此，我們不再專注於當下的體驗與感受，而是把注意力放在未來上，試圖掌控一切未知。

文化預先編寫好的腳本要我們「愛上那個能讓我們變得完整的人」。這不僅表明我們本身存在某種缺陷，也意味著我們必須仰賴這個人，才能建構自己的身分認同。所愛的那個人不只接受我們的愛，他同時也使我們獲得新的自我認同——變成一個完整的人。

這些觀念背後有很多意涵。讓我用艾美和雅各這對情侶當作例子說明。艾美是典型的同情者，在治療的過程中跟我埋怨她的長期伴侶——雅各有多糟糕，她不停抱怨他既自私又自戀。聽到這些怨言，一般都會很自然地想站在艾美這一邊，把雅各當成敵人。因為他顯然對於侵犯她的界限、漠視她的需求毫無歉意。然而，我明白如果自己這麼做，將無法協助她成為一個完整的人。我的目標在於讓艾美了解，從心理層面來看，她要求雅各滿足的需求是什麼，以及她自身的不完整如何促使這種關係動態持續下去。

「妳希望雅各變成什麼樣子？」我問道。

「友善、充滿關愛、富有耐心、不吝讚美。」她這樣回答。

「比如說像誰呢？」我要她舉例說明。

她立刻說：「就像父親對女兒那樣。」

艾美之所以無法看見雅各的真實樣貌，是因為她想要一名能照顧她的慈愛父親。只要還懷抱著這種需求，她就會一直幻想自己的伴侶應該要變成這樣，但是事實上他永遠都不可能成為這種人。

「在雅各身邊的妳會有什麼樣的反應？」我繼續問道。

「害怕、迴避、不敢說出自己的想法。」她坦言。我問她，她過去在父親和其他權威人士的身旁，是否就是這個樣子。她很同意：「沒錯，就是這樣。我一直都是那個聽話的好女孩，我想要討好所有人。」

直到今天，艾美都還在努力想得到父親的認可。她為此竭盡所能。關鍵在於，她沒有意識到，雅各「不是」她的父親。然而艾美心中依舊有著這種需求，她就像是一個害怕的小女孩，希望能獲得父親的認可，因此把雅各視為她專制獨裁的父親。

至於雅各，他是個自私自利、自我中心的男人，也許和她的父親如出一轍。單就個人而言，這樣的特質並沒有錯，然而在一段感情裡，這些特質會造成許多問題。為了滿足自己的需求，雅各往往會侵犯另一個人的界限，和雅各這樣的伴侶在一起，她必須具備堅定的界限與自我認知。若他們之間沒有建立明確的界限，那個侵犯界限的人將會變得更得寸進尺。

在成長的過程中，艾美的父親從未察覺她的各種界限。年紀還小的她學會默默順從，希望因此得到他的關愛。她只懂得放棄自己的界限，變成了完美的討好者，並用這樣的外在形象來獲取認可。於是，她往往會發覺自己被佔便宜，而且經常遭受虐待。除了雅各以外，她過去也曾經和很多類似的人有過親密關係。

雖然她覺得自己愛上雅各，但其實只是落入舊有的心理模式而已。她之所以無法看見他的真實樣貌，是因為艾美自身的需求沒有獲得滿足，導致她戴上了有色眼鏡。她一直在找「爸爸」，所以便不斷扮演小時候那個「無助的討好者」。我們可以說，她完全沉溺在自己編織的劇情裡。倘若她以完整圓滿的狀態進入這段感情，就會發現雅各的自私傾向。她可以立刻選擇再也不要跟他約會，或者設立各種健康的界限。

艾美並不孤單。對多數人而言，這種「愛上一個人」的感覺其實都是因為某種熟悉感，以及為了控制、佔有，並滿足某些需求。這是為了填補我們內心的某種缺憾。我們以為自己愛對方，但其實是在為小我尋求關愛。我們只顧著幻想雙方是兩個成熟大人，今後將過著幸福快樂的日子，卻沒有意識到我們的心理還像個小孩。希望對方能替自己完成還沒做完的內在功課。雖然我們已經長大成人，但在情感上，仍是幼稚的孩子。儘管衣冠楚楚，我們並沒有資格被稱作「大人」。

我們在沒有完全長大時，不僅經常將需求投射到別人身上，還會把自己的情緒全都倒給他們。同時，還希望他們能滿足我們對自身的幻想。在童年時失去的東西越多，這樣的幻想就越大，於是就越期盼別人能扮演拯救者的角色。

我把這種關係動態稱為「雙胞胎乞丐」。身處這段關係的兩個人都期待另一方可以填補自己。抱持強烈渴望的他們把手伸向對方，希望對方能滿足自己一輩子都未能滿足的需求。他們沒有發現兩個人其實都同樣空虛。

由於兩個人都很依賴對方，控制慾和佔有慾非常明顯。他們默默創造出各種條件，藉此把嚴苛的要求與期待加諸在對方身上，很自然就導致了控制與佔有。這不難理解，如果我們認為對方必須使我們變得完整，自然會想掌控他。如此一來，愛情就變質了，它沒有讓我們獲得自由、充滿力量，反而只是一味佔有。

當必須仰賴對方來建構自我認同，就會為了這段感情而捨棄我們的獨特個性；試圖和「另一半」合而為一，我們反而變得更加破碎。這就是為什麼我們必須改變現代的愛情觀念。匱乏向來只會帶來匱乏，唯有富足才能創造富足。在有能力愛另一個人之前，一定要先學會「堅定地愛自己，同時滿足自身的需求」。

多數人都不是真心愛一個人，而是「索求」、「依賴」、「控制」，以及「佔有」。換句話說，多數人都不是「愛」，而是「恐懼」。試想一下，是不是每次所依賴的那個人不願意滿足我們的幻想，並充分表現出他的小我意識（而不是我們所渴望的那種安慰），我們都覺得很難過？

如果我們希望在一段感情裡獲得療癒，那麼衝突或背叛就不再是種爭議，反而是內在整合的有力關鍵。經常自我檢視，就會不斷看見自己的倒影。我們越是療癒並深愛自己，那個受傷的小孩就會變得越模糊，同時轉變成堅強而完整的大人。

真愛的本質

愛是一種強而有力的感受，複雜、微妙、具有很多層次——它是種化學反應，囊括生理、心理、情感，還有精神層面。它充滿活力、無比熱情，卻也很短暫，而且不能量化。這股力量只能被感受，永遠都無法真正變得具體。

所謂的「愛一個人」是指能同情對方，而不夾雜對自己的感受。對那些沒有花心思滿足自身需求的人來說，這是極其困難的一件事，因此我把它稱作「崇高的愛」。單純地感受他人，正是真愛的崇高本質。

許多世紀以來，詩人和神祕主義者都試圖描繪這樣的愛情，但全都無法掌握它的真實本質。其原因在於，愛超越了外在形式的侷限，不會只為了某一種人存在，抑或是受到時間、空間、種族或宗教信仰的限制。沒有人能只愛有著深色短髮的人，也不會有人只在每個星期三的早上八點至十一點半才去愛。

從本質來看，愛是一種「自由」的情感，這也表示它說來就來、無法預料。它自然而然地發生，不能被強迫、被壓抑，也無法事先規劃或安排。它不能被約束。因為擁有生命，它會不停地改變，就像所有的生物一樣。它不會維持不變，而會不斷進化。若是想用某種規範加以束縛，只會扼殺它的精神與本質。想規定愛要如何展現、何時跟誰在一起（或是在一起多久），會令愛喪失原有的美好——或許這種感受依舊珍貴，但已經不是我們所謂的「愛情」。

因為真愛超越了理智，以及「你和我」這樣的二元思維，那些明白它不是種人生代辦事項，也沒有截止期限的人才能領略它的超然。它不僅沒有邏輯和道理可言，也與個人意志無關；它是自然迸發出來的。雖然我們必須理解這一點，愛的感覺並非可以任憑意志開關。

那些體會過這種愛情的人通常會用這樣的形容詞來描述它，像是「偉大」、「深刻」、「崇高」、「超凡脫俗」，以及「心靈相通」。只用「愛」來稱呼它，感覺太過狹隘，因為這種愛情超越個人、無所限制。那些曾經被它感動的人覺得自己彷彿體驗過置身天堂的滋味，他們很清楚這樣的經驗難能可貴。

愛是一股極為強大的能量，是「全然的自我實現」。

不是每個人都準備好體驗這種愛情。只有那些已經讓小我意識退散、無拘無束地生活的人才擁有這樣的資格。唯有在拋棄一己之私時，一個人才會察覺這種愛情的存在。

這種「崇高」的愛不會要求回報，或者兩個人必須相互匹配。它只是單純地為愛而愛。它無私地付出。因為它的本質是自由，它必須自由自在地來去。沒有所謂的責任與義務。它桀驁不馴。它真誠而坦率。既沒有花稍的裝飾，也不存在各種規則、條件、承諾、窺探或束縛。

只要我們持續仰賴愛情來建立自我認同，就會永遠受其支配，同時也無法真正擺脫它帶來的負面情緒：怨恨對方，覺得自己被否定、背叛，或是被拋棄。這些情緒都源自於某種錯誤的愛情觀。

我的女兒正迅速朝成年階段邁進。身為她的母親，我很清楚對這個年輕女孩而言，我們的文化環境潛藏著多少陷阱。我試圖與它們對抗，教導她不需要愛外在世界的任何人，她只要愛自己，並且和自己緊密結合就好。我提醒她，文化告訴我們的故事多半都是假的，還有她永遠都不該屈服於從眾壓力。

可是不管我多努力，都無法和她從社群媒體與同儕團體接收到的所有訊息抗衡，她每天看著諸多名人在實境節目裡愛上「完美的對象」，以及媒體大肆報導各種婚禮相關新聞。雖然我的意見和眾多聲音混雜在一起，但至少她知道自己可以有不同的選擇，而這也就是我的力量所在。或許我無法為女兒改變我們的文化環境，但可以透過我的聲音告訴她有其他選擇，以及我自己採取什麼樣的姿態。

當我們決定和另一個人發展出親密關係時，自愛與自我成長必須是依循的主要準則。我們應該先問約會對象以下問題：

- 「你愛自己嗎？你怎麼表現出這一點？」
- 「你如何優先做到自助與自我成長？」
- 「你怎麼重視你的真實自我？」

我們應該在約會時問對方這些問題，而不是只問他從事什麼工作，擁有什麼嗜好。如果我們真的想測試對方會有多用心，就必須衡量他們花多少時間愛自己，以及在自我成長上花費多少精力。

自我療癒能使心靈獲得自由。這樣的自由也會由內而外展現出來。當一個人的心得到解放時，就可以帶領另一個人獲得自由。唯獨那些破壞自身內在真實的人，會繼續破壞他人的真實自我。

變得超然

讓我們把話題轉回艾美身上。她一直扮演那個溫順、聽話的小女孩，試圖獲取「爸爸」（也就是她的伴侶）的認可。只要對方無法滿足這種需求，她就會感到失望與受傷。

因為被困在這樣的角色裡，所以面對雅各時，她無法設立堅定而明確的界限。（這些界限或許能使他修正一貫的做法，並且幫助他成長。）艾美沉溺在自己過去編寫的劇本中，表現出種種被動攻擊的行為，像是抱怨、發牢騷，以及感覺無助、受到傷害，這些行為都無法讓雅各不再侵犯她的界限，反而使他變本加厲。

我告訴艾美，她必須關注她尚未發展完全的自我，而不是雅各的行為，她極力抗拒和不認同。認為這樣的說法代表我認同雅各的所作所為，無法真正理解她的遭遇。唉，我們都很難為自己負責，對吧？我們沒有意識到，「覺得自己被別人傷害」會削弱我們的力量，而不是讓我們充滿力量。責怪他人會使我們感覺自己擁有力量，但那只是暫時的。當我們的內心還像個孩子時，被當成「好人」看待是很重要的目標。如果能夠察覺這一切是怎麼束縛住我們，就會發現這是小我意識的一種渴望。

真實自我不需要被他人或自己以任何特定方式看待，它就是如此真實且自由。我們覺醒之後，就不再沉溺於幼稚的劇情，會開始正視自己的真實處境，不再像個孩子那樣幻想，讓生活奠基於「真實」（而不是「幻想」）上面。

艾美沉溺在她專屬的劇本裡，那些「幻想」在她的腦海中不停重播。唯有在意識到自己正不斷複製舊有的模式，她才能正視「現實」，同時看見雅各的真實樣貌。當她從內在開始轉變，就會捨棄小女孩的角色，並逐步建立堅定而明確的界限。

如此一來，雅各也會被迫拋棄他原有的角色，並因此經歷「長大」的過程——他會好好面對自己的內在空虛，而不是利用伴侶來填補這些缺憾。他們不再依賴對方養育自己，並且都開始變成堅強的大人。如果我們想覺醒，這段重新撫育自己的過程就極為重要。在後續的章節裡，我們將針對「重新撫育」這樣的概念進一步探討。

真實自我一旦開始成長，我們會變得無法容忍那些虛假的角色和偽裝，原本的關係動態也會因此扭轉。這時，我們會清楚聽見一道召喚——兩個相互契合的真誠靈魂，希望能從最深刻而完整的層次來認識彼此。

當兩個完整的靈魂結合在一起，他們之間不存在任何義務和契約關係。他們對彼此的愛源自於圓滿，所以不會有需求與控制慾產生，雙方都放下了一切糾結。如此一來，他們可以自行決定要成為怎樣的人。此時，當他們各自針對自己的內在圓滿下功夫時，他們珍貴的本真與自由都不會遭到另一方的破壞，因為和滿足彼此的需求相比，這兩樣東西更加重要。不再依賴彼此會讓我們逐漸獨立自主，並且具備成長的能力。不再懷抱不健康的執著，我們之間的愛情因此進入超然自得的境界。

真正愛一個人意味著真正愛自己，也就是了解自己。一旦覺醒就會發現，我們不曾好好地愛自己，因為我們「根本不了解自己」。想認識自己，就必須展開自我探索的旅程。

這正是這本書要妳們意識到的事。踏上這趟旅程會讓妳們捨棄虛假的自我，同時使自己的內心變得和諧。妳們開始對自身的每一個部分懷抱愛與疼惜，無條件地自我接納。如此一來，妳們也能對其他人這麼做，和他人之間不再有分別。妳們很快就會發現，過去的一切都只是幻覺——別人無法否定妳們，能否定妳們的人只有自己。

這樣的愛情不需要依賴他人，正因為如此，我們不會試圖控制或佔有另一個人。這樣的愛源自於內在圓滿，所以不會為了滿足自己而吸取他人的資源。我們之間的關係從「單向依賴」變成「相互支持」。我們會覺察他人的意識處於什麼樣的狀態，並允許他們維持這種狀態。我們會尊重他人找尋真實自我的過程，即便這意味著他們將就此離開。我們自由自在地生活，同時也讓他人獲得寶貴的自由。

這樣的看法似乎很激進，但事實上，所謂「有意識的愛」就是如此——既不存在任何條件與交易關係，也不掌控、不佔有、不依賴、不索求。

有意識的愛超越一切，超越了「你」、「我」。它無所限制，就像天空般無邊無際，它無拘無束、永垂不朽，它是自由的展現。

14・關於婚姻與離婚的謊言

神聖、不受拘束、隨興而狂野，
才是愛的本質。
它無邊無際，不受時間與空間的限制。
但宗教與法律卻削弱它的力量，讓它不再自由。
妳只能永遠愛一個人，
其餘都被視作欺騙與背叛。

⁘

事先規定好「相愛的兩個人終將步入婚姻」，這個舉動無疑就把婚姻制度化了。對很多夫妻來說，婚姻都是「被囚禁的愛情」，就如同把美妙的花香裝進瓶子裡變成香水。雖然這瓶香水可能依舊美好，但永遠都無法充分展現那朵花的本質。婚姻制度也是如此。請注意，我在這裡說的是傳統婚姻制度的特性，而不是個別夫妻的情況。

我不是要針對婚姻表達支持或反對的態度，而是要揭露婚姻這種「制度」的現實狀況。當然，確實有幸福美滿，甚至充滿激情的婚姻存在。我們的目標在於教導兒女關於婚姻制度的一切，然後讓他們自己決定是否要走進婚姻——我們很多人都不曾想過其實我們是可以自行選擇的。

婚姻原本純粹是家族之間為了保有財產掌控權而訂立的一種社會契約，後來變成由教會主宰的神聖契約，一切都改變了。在婚姻契約落入宗教的掌控之後，結束婚姻關係被視為一種罪孽。很多人都被這樣的觀念洗腦：我們得一直待在婚姻的牢籠裡，否則就等著「下地獄」。只要我們越重視這份神聖契約，我們所獲得的「分數」就越高；若膽敢褻瀆它，絕對無法進入天堂的大門。

婚姻將愛情囚禁，以此作為幸福快樂的必需品。多數時候，愛的感覺都因此變得不再濃烈，同時也被加諸了各種限制與約束。社會透過意志、法律（有時甚至是外力介入），使婚姻得以持續下去。這完全違反個人意願、自由，以及相互欣賞的精神。

司法體系把我們的感情合法化，讓愛情變成某種契約關係，充滿各式各樣的條件與規範。於是，婚姻將無形的愛轉變成對未來的承諾。許多婚姻因此變質、停滯不前，最後陷入僵局。愛情的靈魂早已蕩然無存。試想一下，若我們的文化改變對於婚姻與離婚的理解，並顛覆現有的典範，情況會是如何。我們和另一半的相處模式，還有教養方式都將徹底轉變。我們不再控制與佔有對方，心胸會變得更開闊，同時也會給予彼此無條件的愛。我們的感情不受束縛，將保有新鮮感與激情，世界上亦不會再有因為離婚而產生的怨恨。

在一段有意識的感情裡，伴侶之間的連結遠比他們各自的社會地位或宗教立場更重要。在這樣的感情中，伴侶會跳脫婚姻的傳統定義，只在彼此的緊密連結裡找尋意義。他們個人的小我意識被這段感情的美好本質所掩蓋。他們能真正體現出愛情的崇高內涵，而不會使用小我慣用的操控手法去責怪對方，讓對方感到內疚、羞愧與懊悔。如此一來，結婚誓詞裡那「無條件的愛」將得以實現。

不受控制的婚姻

各種形式的愛都值得讚賞，但在現代社會裡，往往只有那些步入婚姻的愛情才會獲得認可。婚姻制度約束我們要愛什麼樣的人，以及要如何展現這樣的愛。它告訴我們下半輩子都只能愛一個人，不僅如此，我們也不得對配偶以外的任何人表達任何親密的情感。這就是在壓抑我們的真實自我。

在歷史上，婚姻制度甚至用各種方法限制何種性別、種族和宗教信仰的人可以結婚。這樣的限制剝奪了我們行使自由意志的權利。

婚姻契約規定，所有人都不該和婚姻關係以外的人變得親近。如果有人敢向外探尋，這份契約就會被視作無效。婚姻結構會增強夫妻雙方的小我意識，同時誇大對立與背叛的感受。他們原以為的美好愛情都被拋到了九霄雲外。

真正的罪魁禍首在於這套制度本身。由於它試圖成為堅實的社會砥柱，導致本應短暫的愛情變得極其僵化，失去原有的活力與美好。於是，婚姻帶來了傲慢、掌控與佔有。

明白愛情經常改變與轉化，我們就會停止控制它。我們了解它有時效性，並且會讓自己去感受各種高潮與低潮，但不會緊緊抓住它。如果愛情超過保存期限，我們卻拚命緊抓著它不放，愛不僅會變質，還會帶來憤怒、懊悔與怨恨。若我們了解愛情是有生命的東西，就會意識到用法律契約把我們一直綁在一起，有違愛情的真實本質。

婚姻重視「時間長短」勝過一切。每個結婚周年都有各自代表的物品，前四年分別是「紙婚」、「棉婚」、「皮婚」、「花果婚」，第五年是「木婚」，而第十年是「錫婚」。若一對夫妻結婚屆滿二十五、五十和六十年，這些象徵時間的物品就變成了金屬和珠寶，分別是「銀婚」、「金婚」和「鑽石婚」，似乎暗示在此之前的「成就」都不值得一提。這段時間的婚姻品質如何，還有成長的幅度都不重要，我們只在乎兩個人在一起的時間有多長，才不會從內在轉變的角度來探討。

我們被這種「年限模式」嚴重洗腦，只會從「投入時間」的角度來看待它，而對自己在這段期間有何感受略過不提。文化灌輸的婚姻觀念深植心中，導致我們很害怕用任何新穎的方式來對待自己的婚姻。

如此一來，會覺得離婚如同死亡般可怕、不值得慶賀，一點也不奇怪。有許多人認為「離婚」是個不好的字眼，有些人甚至無法將這兩個字說出口，寧可用隱晦的方式表達。很多人都很害怕終止他們的結婚契約。去問任何一名離婚人士，對外透露離婚身分時遇到的處境，他們都會告訴妳，這個社會對他們有多不友善。離婚等同於失敗，世人避之唯恐不及，彷彿離婚者身上有什麼傳染病。畢竟，大眾相信的是「幸福的人會一直待在一起」，直到「死亡將他們分開」。

離婚會被視作對家族祖先的侮辱，以及對社會道德規範的破壞。我們寧願犧牲、妥協（儘管夫妻雙方都極度不快樂），也不要被這個社會排擠。即便自己的婚姻已經停滯不前，甚至名存實亡，仍有非常多人依舊選擇待在這樣的關係裡。

婚姻的典範必須從「年限」轉移至「成長」。當我們做出這樣的轉變時，就不會再用時間長短來衡量一段婚姻成功與否，而是會改以自我成長與學習作為衡量標準。一旦原本的年限模式轉變成「成長模式」，婚姻的境界將因此提升，因為兩個人在親密連結的同時，也應該享有充分的自由。

如果用「成長停滯」來重新定義離婚，就不會只把它當成婚姻契約的終止。現在，離婚被視為邁向新階段的一段過程。儘管它代表我們與前任伴侶結束婚姻關係，但也代表我們開始和自己緊密地結合在一起。

離婚絕對不是離我們的前任伴侶遠去。我們脫離的是我們自身的偽裝與恐懼，我們開始真誠、坦率地生活。離婚代表我們不再受到傳統規範的束縛，從此以後，可以變得更自由，同時也更忠於真實自我。

跳脫婚姻制度

在農業革命之前，人類是怎麼生活的？通常會以三十至五十人的人數聚集在一起，並建立游牧部落。在這些部落中，男人和女人可以隨意配對，孩子則由整個部族共同撫養。

農耕技術發明之後，人類開始種植作物，從這時起我們才開始和土地綁在一起，就此定居下來，而每個家庭單位的人數也隨之減少。最初出現的婚姻制度和今日的版本有些不同。它主要是為了各種現實的目的，實際上，世界多數地方至今仍是如此。為了保有或增加財產，不同的家族會透過婚姻聚集在一起。許多世紀以來，男人都是用這種方式掌控他們的資產，包含土地、妻子和孩子。婚姻是為了讓各個家庭聚在一起，母親待在孩子的身邊，父親則負責供養他們。這樣的做法也能輕鬆確保財產在家族內部流動，以及男人不會撫養到另一個男人的孩子。

婚姻嚴重受到父權體制的操控，直到今天仍是如此。由男性主宰的婚姻通常會在上帝的見證下完成，並且受到法律的約束。它大多被神職人員、父親、丈夫，還有其他男性權威所控制。在家庭裡，女人和小孩屈居次要地位，因此儘管婚姻可以保護女性不受到其他男性獵食者的傷害，但她們往往也無法免除婚姻本身的束縛。直到一九七〇年代之前，「婚內強暴」在美國許多州都還是合法的行為。

讓我以最常見的情況為例。想像一名剛大學畢業的女孩，選擇跟高中或大學時期交往的男朋友走上紅毯。他們在婚禮上宣誓，會「彼此關愛，直到死亡將他們分開」。如果他們還沒同居，會開始住在同一個屋簷下「建立家庭」。每天都有很多人做出這樣的事：試圖建立屬於自己的夢想家庭。我把這種行為稱作「成人版的扮家家酒」。

然而這不是我們的錯，因為我們只知道這樣的模式。但我們必須明白，這就只是一種模式而已，既不是上帝訂立的規矩，也不是唯一的生活方式。它只是我們的文化遵循傳統、事先規範好的一種存在模式。在這種模式底下，我們發誓下半輩子都對另一個人忠誠，承諾自己會永遠愛著他。

我可以聽見很多人抗議，若沒有這樣的忠誠契約，多數婚姻都會「破碎」，進而讓我們的孩子面臨風險。但在美國，有約百分之六十的婚姻已經「支離破碎」，這說明了婚姻制度是很脆弱的。請思考一下：若有一架飛機失事的機率高達百分之六十，妳們還會搭這班飛機嗎？我想肯定不會。然而，每天還是不斷有人步入婚姻，為什麼呢？答案是，這是文化灌輸我們的觀念所造成的。

如果兩個人得依靠法律契約的約束，才能一直待在一起，我們必須問的問題是：「這兩個人是否應該在一起？」我們是否太習慣失去自主權，所以認為忠誠與婚姻年限遠比個人的成長和自由更重要？「愛情與婚姻的舊典範」和「愛情與自由的新典範」之間有著很大的分歧。事實是這樣的：無論他們之間是否存在契約關係，人都會改變心意。舉例來說，一個二十四歲的人下半輩子都必須為了她現在做的決定付出代價，這究竟有什麼道理可言？

在舊有模式裡，結婚的目的是長期陪伴，以這個前提來說，自然是首重「婚姻年限」，婚姻的品質則不重要。這種舊模式把婚姻當成孩子能安穩長大的唯一方法。這樣的做法奠基於恐懼、控制與佔有，以匱乏與無價值感作為運作基礎。現在明顯到了該進行「典範轉移」的時候，若非如此，就不會有超過百分之五十的夫妻最後因為離婚而鬧得不可開交。

我們必須採取全新的婚姻模式，以「成長」而非「婚姻年限」為基礎。在這樣的模式裡，選擇、自由與富足是一段婚姻的基本要素，不再是基於恐懼、義務和契約關係。如果我們的婚姻改以不同的準則，像是成長、尊重、真誠、自由作為基礎，世界將會變得很不一樣。我們會容許彼此成長並進化，而不會阻礙對方。若對方必須和另一個人在一起，或者進入另一個人生階段，我們都可以理解。我們會平靜地放手，心平氣和地解決一切問題，不需要仰賴離婚法庭或律師。我們將真正變得富足、不再匱乏。

要顛覆根深蒂固的婚姻制度，需要非常大的勇氣。我們必須以嶄新且大膽的眼光來看待自己，還有我們的伴侶。比起認為「事情應該是怎樣」，我們更重視對方獨特的自我表達，並且相互連結、彼此支持。若一段婚姻即將畫下句點，夫妻雙方都該慶祝這樣的轉變，而不是感到羞愧與被排擠。

找到對抗離婚汙名的勇氣

我們的文化讓離婚者背負巨大的汙名。很多女人即便在婚姻中遭受虐待，往往只會聽到那些親近的家人朋友告訴她，她不該反應過度、不該離開這段婚姻。甚至還有些母親會鼓勵其他女人認命接受自己的處境（就像她們一樣）。她們鼓勵女人為了孩子，或是為了不受社會排擠而繼續留在這段婚姻裡。她們可能會說出這樣的話來：

- 「離婚會害到妳的小孩，所以妳最好還是忍一忍。」
- 「嗯，起碼他沒有打斷妳的鼻子。」
- 「至少他沒有吸毒。」
- 「既然他給妳這麼好的物質生活，其他事就算了吧。」

這樣壓抑心聲會導致我們的內在分裂，使我們不再相信自己。拋棄內在覺知會帶來很嚴重的創傷，我們開始批判自己的想法，並懷疑自己的判斷。

我們都知道情況不太對勁的時候，自己會有什麼樣的感覺。但我們的文化卻讓我們對於自身處境編造出各種荒謬的藉口。我先前提過，文化藉由恐懼與罪惡感來控制我們，汙名化我們的選擇，導致我們內心充滿恐懼、不敢採取行動。

由於置身父權社會，女人更難對抗這些汙名。從穿著、行為、說話時的語調、用字遣詞、情慾，甚至到「擁有工作」這件事，女人都會遭受指責。無論是否喜歡做愛、是否想要孩子、是否拚命工作，都會不停受到外界的評斷，所以不難察覺很多人都把虐待和離婚視為禁忌。

離婚所帶來的汙名代表了「失敗」，讓許多女人（通常是受虐者）選擇一直待在不愉快的關係裡。「受虐婦女」和「離婚婦女」的標籤同樣是種強烈的侮辱，遺憾的是，我們所感受到的嚴厲批評往往來自其他女人。我們很害怕被歸類為不成熟、愚蠢、無能的人，也因此通常不肯告訴母親或姊妹自己發生了什麼事。

文化使我們對在婚姻中遭受任何不正常對待感到極其羞愧，所以始終保持沉默。我們自我欺騙，假裝這些不好的事不曾發生。沒有要對方負起責任，反而不斷消極地責備自己。我們之所以會自我責備，是因為急著想控制越來越無法掌控的外在處境。沒有選擇勇敢地採取行動，譬如重視自己的各種界限，或是離開不被尊重的關係，而是一直消極地想取得控制權。我們會想像各式各樣的可能情境，以為這樣子一切就會變得不同，例如：「如果我剛才說話時沒有提高音量，對方也許就不會用這種方式對待我。」

無論結婚與否，正視不正常的關係、荼毒或虐待，是我們改變處境的唯一方法。如此一來，我們就有勇氣說「不」，並且開闢出通往勝利的道路。承認自己身處不正常的關係，不會讓我們變得軟弱。相反地，正視遭受虐待的事實，我們就能削弱這樣的力量，同時開始擺脫它所帶來的種種限制。

若妳們讀到這裡，發現自己一直過著不受尊重的人生，這時候應該打電話給朋友或專業人士。必須如實說出自己的經歷，不美化它們，也不自我責備，只要這麼做，就可以開始拿回主導權。

一個覺醒的女人明白，她的兒子、兄弟還有男性伴侶也可能會面臨這些汙名（特別是當他們受到虐待時），有可能也必須離開他們的婚姻。這種狀況其實很常發生在男性身上，只是我們沒有察覺而已。她的兒子可能會接收到來自父權社會的殘酷訊息，所以她在教育他們的時候，會記得與這些訊息對抗，同時提醒他們重視並忠於真實自我。

嶄新的婚姻典範

當兩個人在清楚覺察的情況下交換結婚誓詞時，這樣的誓詞就具備不同的品質與能量。由於他們以一種超然的方式愛著彼此，也充分理解這段感情具有時效性，就不會把自己和對方永遠綁在一起，而是會大聲宣告，他們和成長、真誠以及真實自我緊密結合。他們不會做出對未來的承諾，只會對「當下」做出許諾。他們不會說未來將如何參與對方的生活，只承諾在每一個當下都會優先展現自我，並且重視自己。

一對情侶在內心圓滿的狀態下說出結婚誓詞，就能享有充分的自由，可以選擇是否繼續留在這段感情裡。他們所說出的這些誓言，是為了讓一個人保有他的本真（這比任何事都重要）。此時的他們都了解，只要這段感情以成長與真誠作為基礎，其餘的一切都將因此變得有意義。他們都明白，婚姻必須優先反映出他們內心深處的心聲、他們所懷抱的人生目標，以及他們的真實自我。他們都答應支持對方找回優勢，同時也保證，不會阻礙對方——即便這將使他們走上不同的道路。

在這種全新的典範底下，離婚會帶來革命性的改變。它不像舊模式那樣把兩個人的心分開，相反地，它只會被視為一種轉變。「離婚」不是離開對方或那個家庭，而是脫離那些對於逐漸成長的新自我不再有用的事物。我們不再抱持二元對立的思維；我們會相互支持，並且讓彼此都能自在地忠於自我。沒有所謂的贏家或輸家。最後的結果對每個人都有好處；一個人的勝利，就是所有人的勝利。

在這種模式裡，不會有「誰會『得到』孩子」或「孩子要住在哪裡」這樣的問題出現，夫妻雙方也不會爭論各自應該拿到多少錢。這些問題都會被擱在一旁。整個家庭的安穩比任何人的安穩都來得要緊。不會有「你的律師」、「我的律師」，抑或是「你的財產」、「我的財產」這樣的東西存在。我們抱持什麼樣的意識進入這段婚姻，會決定我們怎麼離開它。我們如果懷抱開闊的新思想，就會以新意識來處理離婚事宜：所有東西都將被當成共同財產，任何一方都只能租借一段時間。

抱持這種婚姻意識的我們都了解，這是一段一輩子的關係；這段關係是以尊重，以及個人自主權作為基礎。我所說的「一輩子的關係」是指它重視並尊重每個人的人生，而不是指它能持續一輩子。這樣子的關係會明白，法律既不是限制，也不是束縛。因此，「有意識的離婚」需要的是仔細思量，而不是離婚調解。這是兩個人凝聚共識，而不是分開的時候。只有在這樣的時刻，我們才能繼續朝不同的方向前進。

從這種角度來看待離婚這件事，一切都會跟著改變：小我意識會退散，我們的靈魂將因此浮現出來。這種嶄新的離婚典範是優雅地放手與臣服，是重生與更新，而不是死亡與終結。它是本真的展現，也是另一個新階段的開始。

15．關於性的謊言

性骯髒下流、令人羞恥，
必須受到管控與約束。
任何踰矩行為都是淫蕩、齷齪的。
我們壓抑、隱藏、備受束縛；
唯有神聖之事才得以啓齒。

⁙

「請不要談論任何跟性有關的事。」在我上台之前，坦妮亞這樣懇求我。她說，這場演講的聽眾信仰十分虔誠，所以可能很保守。

「妳應該知道我今天的演講主題是教養，我恐怕無法避開這個話題。」我警告她。我們雙方都不想讓步，她用近乎威脅的口吻對我說：「如果妳這麼做，那就小心他們會動怒。這群聽眾是很容易緊張的。」

我不怕觸犯禁忌。我走上台，然後在幾分鐘之內就告訴聽眾，坦妮亞怎麼形容他們。（當然，我沒有提到她的名字。）我立刻感覺到，他們變得緊張起來，有幾個人不安地笑了一下。讀到這裡，妳可能會覺得我是在跟一群修女，甚至是國中生說話。或許連國中生都比這群三十到至七十歲之間的聽眾更能應付這樣的話題。

可憐的坦妮亞！她不知道自己事先警告我的做法，反而讓我更直接談論她極力想避免的話題。這場研討會接下來的時間裡，我們都在剖析為什麼這群聽眾會這麼害怕性這件事。結果，知道發生了什麼事嗎？他們開始公開講述自己壓抑的成長背景、嚴格管束的天主教教育，以及對自己身體的羞愧感。很多人都說這是他們第一次在公開場合談論關於性的事。

現場氣氛開始輕鬆起來。他們變得自在，所有人的肢體語言也變得更加放鬆。他們互相分享自己的故事，還有人因此掉下眼淚。於是，某種關於性的新論述出現了。坦妮亞不曉得她在那天晚上促成了一場小革命，而這群聽眾當中的每個人都將永遠記得這場革命。

這不是我第一次遇見對這個話題感到不自在的聽眾，這其實是一種很普遍的現象。我在成年男性和女性面前提起關於性的話題時，他們不自在的模樣已經不再令我感到意外（更不用說談論關於陰道、陰莖和性高潮的事了）。我可以看到他們表情僵硬、滿臉漲紅，還有雙手不安地抖動著，儘管我面對的是成年人，他們很多人的反應都像個孩子。他們無法容忍任何和這個話題有關的談話。我對他們懷抱同情，而不是批判，因為這一切我都明白。我很了解我們對性這件事有多習慣加以壓抑。不能坦率談論這項人類最基本的親密行為，實在令人感到悲傷。

我們所有人都是透過「性」來到這個世界。它可能是我們人類最原始而根本的本能之一。這股無法阻擋的力量存在於所有動物身上，讓這個世界得以持續運轉。雖然性是很自然、正常，而且很健康的一件事，我們的文化卻奪走了我們最自然且真誠的自我表達。文化環境扭曲它，使我們必須為此感到羞恥。我們被迫相信，喜歡自己和對方的身體是件很糟糕的事。

我們極度排斥和陰莖與陰道有關的事，即便它們是我們身體的一部分，和我鼻子或手指等器官沒有什麼不同。這實在是非常可笑。我們甚至更忌諱談論「誰的陰莖進入了誰的陰道」。不僅如此，我們還精心編造各種關於自慰和自我取悅的謊言。在私人空間觸碰自己的身體究竟有何不可？當我們抽離出來、客觀分析這些抗拒行為的本質時，就會清楚發現這一切有多荒謬。我們是擁有情慾的人類，所以到底在排斥些什麼？

在一段相互尊重的關係裡，性愛可以充滿活力與熱情。它是我們最自然且最不受約束的能量。然而，人為的禁忌卻使我們認為，它是我們身上最不正常的一部分。管控性慾，並阻絕這種人際連結的重要管道以及隨之而來的快感，是切斷生命泉源的一種行為。是否覺得，現在應該好好來探討一下「性這件事有什麼大不了」？

讓我們來好好談性事吧！

性是大家都避免談論的話題。儘管假裝它沒有什麼影響力，我們卻依舊受到它的強力支配，這導致了我們的內在分裂。彷彿親人死去，我們卻沒有絲毫哀傷……那些強而有力的感受到哪裡去了？這樣經常壓抑它們會帶來什麼後果？

在人類的本質中，性慾是很重要的部分，但文化卻嚴厲譴責。這些感受在我們沒有清楚覺察的情況下受到壓抑，並因此被塞進內心深處的某個角落。它們不會就此消失，這樣的慾望會在最出其不意的時候突然竄出，然後如同野火般熊熊燃燒。

壓抑性慾會對我們造成很大的影響。如果不能談論和性以及身體器官有關的事，我們就無法分享。不能分享就無法學習，也無法因此成長。若不能成長，我們就無法整合，如此一來，我們生活的這些層面就會永遠支離破碎。

當前文化中，性不僅是我們不可以談論的事，甚至不被允許出現在我們的意識裡。不妨先暫停並思考一下，這會令我們變得多麼虛偽。我們會談論要怎麼教導孩子處理情緒、使他們具備高「社交—情緒智慧」，但我們這些成年人卻切斷了和這股力量之間的重要交流。性可是我們生命中最原始而根本的力量，難怪多數人都感到極度焦慮。

不只女人為這種壓抑所苦，我們的孩子也是如此。天主教堂就是這樣的例子，嚴重的壓抑最終導致脆弱無助的人遭受嚴重的變態對待。當我們否定自身真誠的性表達時，所有人都會因此受苦。我不是要縱容以性為名義所進行的暴力與變態行為，我只是在問，為什麼會發生這些事？為何有這麼多男人（以及部分女人）對他人做出性侵的舉動？我很想知道原因。是什麼讓他們變成這樣？作為一個群體，我們是如何容許性侵事件發生？

在我成長的環境裡，大眾對女性情慾的觀念守舊、死板而嚴苛。對性懷抱渴望被視作一種淫蕩的行為，更不用說針對「性」這件事提出要求或邀請，大家就是不會這麼做。在我過去的各段關係中，我曾經表現出這樣的壓抑，因此招致許多爭執，甚至和對方僵持不下。所有女人都知道，如果當下氣氛不佳，她們的情慾將無法達到高峰。當一個女人重視自己，並身處一段相互尊重的關係時，情慾自然會盡情綻放。人類是擁有情慾的生物，卻受到種種文化規範的壓制，一旦我們擺脫這些束縛，其餘的一切都將隨之湧現。

重視我們體內的動物特質

人類也是動物。我們不是動物的「一部分」，我們就是動物，不過認清這件事和我們的性慾之間有何關聯？藉由否認「我們是動物」這樣的事實，我們認為自己比牠們更優越，覺得動物和牠們所擁有的特性，像是原始的性本能很低級。這就是為什麼每當男性伴侶性慾高漲，很多女人都會說他們是「禽獸」，彷彿這是件很糟糕的事。事實上，他們之所以如此「禽獸」正是因為我們人類「就是」動物。有了這種認知之後，我們就不會對自己的原始本能感到羞愧，而會抱持開闊的心態。

「我們比動物優越」的觀念源自於聖經。有些人可能會被這樣的說法冒犯，但若願意稍微放寬心胸探究，會發現這種觀點有其道理。根據《創世紀》裡的創世故事，上帝在七天內創造出整個宇宙，祂在前五天先創造出其他「低等」生物，在第六天（也就是最後一天）創造出人類。這代表在上帝眼中，人類是最優秀的生物、將統治其他物種，然後在這個故事結束之前，提到上帝用男人的肋骨創造了女人。

這個故事很明顯是在否定進化所扮演的角色。跟孩子講述這種脫離宇宙自然秩序的故事，其實是在灌輸他們某種世界觀，這種世界觀使他們無法理解自己和所有生物緊密相連、互為一體。有鑑於此，我們現在會面臨空前的氣候危機可說是一點也不奇怪。我們之所以濫用地球資源、導致原本多樣化的生物大量滅絕，是因為我們真的沒有把自己當成地球生態系統的一部分。我們認為我們比較優秀，《創世紀》完全支持這樣的優越感。

因為不了解自己的動物特質，我們背離了真實自我，並且在心理、文化和精神層面變得墮落。要發揮人類的潛能，就必須承認我們也是動物——是擁有人類形體的動物。把我們視為自然界的一部分，是非常美好的一件事。我們不僅「源自於」動物，我們「就是」動物。理解這種微妙的差異，在性愛層面上，會對我們的心理產生巨大的影響。

想要做愛不只是一種「獸性」，而是我們不可或缺的一部分。我們不是無法控制自己的非人類。有許多宗教或心靈導師都要我們藉由克制來超越性慾，彷彿超脫等同於壓抑與節慾，只要我們變得越有「靈性」，就越不需要「性」這件事。他們倡導的也是一種錯誤的心態，這只會讓我們變得更壓抑。

甚至以我個人的經驗來說，事實絕對不是如此。我發現自己越是「心靈覺醒」，我的性慾也越會被喚醒；我的智慧越是增長，我的情慾也越會跟著綻放。當我在情感上變得和自己更同步時，也會直接反映在與性愛的同步上。性不再是一種行為或表現，而是我本質的自然流露。我越是覺得自己和宇宙萬物互為一體，就越是和我的情慾融合在一起。

這樣的性意識把性當作很自然的一件事，它會和我們的日常思考與對話完全結合，幫助我們擺脫死板規範、嚴厲批判，不再對性感到羞恥。使我們在擁抱原始慾望的同時，也能覺察當下；它不僅狂野，也具有無比的智慧。容許我們的情慾成為自身意識的一部分，而不是壓抑它、埋藏在潛意識的陰暗角落，我們就能把它帶進更高層次的意識裡。這時，我們可以自在地談論自己的慾望、學習如何聰明駕馭它，並且和其他人分享適當的工具與做法。一旦不再隱藏自身的情慾，就朝嶄新的關係邁進了一大步。

文化教導我們要在感情裡擁有對方，尤其是讓他們在性愛上對我們忠誠。一旦某個人和我們在一起，我們就認為自己對他擁有「性所有權」。我們想擁有的不只是他的心，還有他的性器官，並且非常在意這些器官和誰有過關係。妳或許會擔心，用這種誠實、坦率的態度來面對性這件事，會導致世人肆無忌憚地放縱自己的慾望。然而，事實是我們把這股瘋狂的佔有慾合理化，彷彿在控制某種可怕的疾病。但我們打從心底明白，這並非安全與否的問題，而是「這是屬於我的東西，任何人都不准碰」。掌控與佔有才是關鍵所在。

如果我們敢於公開談論關於性的話題，它就不再隱密，那些謊言與偽裝都變得沒有必要，我們也更有能力清楚做出判斷。性將因此變得不再神祕，我們讓它獲得應有的對待——自然而然地感到喜悅，並且盡情享受它所帶來的歡愉。

「有意識的性」並非隨興所至、衝動而為。它會幫助我們充分理解、清楚覺察，而且完全專注於現實。我們不僅懷抱責任與同情，也會把所有的需求都考慮進去。這樣的性愛不自私、不會利用他人，我們會敏銳察覺到其他人的進化，同時也會努力讓所有人都變得更好。

你應該要受苦

作為人類，最重要的是了解自己。和我們內心的其他面向一樣，自我知識（包括性知識）是我們清楚理解外在世界的重要關鍵。若沒有從身體層面了解自己，就永遠無法真正理解這個世界。因為埋藏自身的情慾，我們把自己當成孩子看待，不知道前方的路該怎麼走；我們把手裡的地圖交給別人，然後再抱怨他們不能帶我們往正確的方向前進。結果，我們就迷路了。

如果不能認清關於性的種種禁忌，我們將永遠無法獲得解放。請問問自己：「我對自身情慾的真實感受是什麼？」「我有多了解自己陰道的構造？」「我真心覺得自己性感嗎？」「若不需要付出任何代價，我希望能實現哪些性幻想？」「我正在壓抑的是我情慾的哪一個部分？」

人類要進化並提升自己，就必須好好思考，我們對性到底有著什麼恐懼。為什麼我們這麼害怕兩個人（或兩個人以上）享受自己的身體，並且展現歡愉？在做愛的過程中，我們不是非常溫柔而放鬆的嗎？這個行為本身其實很單純，不是嗎？這樣看來，唯一有問題的是我們看待它的方式。有了這種認知之後，我們就具備讓自己進化的能力。

「受苦」不僅是很多宗教的中心思想，同時也是許多民間傳說的內涵。人類根深蒂固地認為，我們所受的苦越多，生命就越純淨，來世就能過得更好。

多數宗教（尤其是一神教）都灌輸我們這樣的觀念：我們必須對取悅自己感到羞恥。這些觀念不但令我們的年輕人備受束縛，也對他們的心理造成很大的影響。我們越是固執地認為性慾旺盛是錯的，就越會對自身懷抱的真實力量感到恐懼。深感羞愧的我們覺得自己毫無價值可言，不覺得自己有權利享受、甚至是生存在這個世界上。我們被迫失去和大地、宇宙萬物，以及我們身體之間的直接連結，結果變成以一種詭異的方式活著——冷漠且疏離。

打從宗教開始主宰我們的婚姻，就把性也納入掌控範圍。當婚姻開始被當作神聖的事物看待時，性也是如此，導致婚姻關係之外的性愛因此變得邪惡。這傳遞出一項訊息：性是非常糟糕的行為，必須先得到上帝的認可，唯有如此，它才能變得「純潔」。性不再是件自然的事，而是成了「善惡」論述的一部分。每次我們準備要享受性愛的樂趣，都會覺得有位上帝嚴厲地看著我們說：「汝不可享受。」

宗教和許多心靈導師都使我們相信「禁慾」可以為自己帶來力量。這都是因為文化要讓我們一直處於幼稚、壓抑的狀態，並且遠離身體所蘊含的強大力量。我們不能從自己的身體獲得歡愉，始終像個孩子般的壓抑自己。事實是，如果女人沒有滿足自身的性需求，我們恐怕永遠都無法自我實現。

從本質來看，性愛是反對受苦的，它充滿愉悅、無比喜樂。有發現我們的宗教本質和性愛特質之間存在著多大的衝突嗎？難怪性會令我們感到恐懼，因為它要我們依循原始本性、停止受苦。受到文化制約的我們認為受苦很偉大，因此對性這件事一直懷抱深重的罪惡感，真的一點也不奇怪。

我們之所以對性感覺羞愧，是因為它是「運用宇宙生命力來自我取悅」的最鮮明例證。不管我們是透過自慰，還是和別人做愛來取悅自己，都表明了我們值得享受快樂。可惜長久以來，我們都被教導這是種自私自利的行為，必須為此感到內疚，所以用宇宙生命力來滿足個人的快感，讓人覺得極度不安。我們進而產生了各種罪惡感，質疑自己真的可以自我享受到這種程度嗎？

難怪有很多人的性愛都疏離、死板、欠缺激情，這都是由於不知道藉由身體交融來獲得歡愉是什麼樣的感覺。從一方面來看，我們的性愛多半膽小、敷衍、嚴重缺乏熱情，但另一方面來看，它也極其粗暴。即便身體纏繞在一起，我們的心卻沒有緊密結合，因為不曉得怎麼真誠坦率、全心全意地（最重要的是，有意識地）去愛。

性受到管控，不是為了避免疾病或懷孕，而是為了防止人類獲取自由。禁止性行為是為了控制眾人，不讓他們行使與生俱來的自主權與隱私權，藉此獲得歡愉。我們的文化透過法律限制與道德約束來干預成年人的生活。為了迎合眾人、尋求歸屬，無數成年人都拚命壓抑自身的性能量。如果性沒有受到管控與限制，我們將會看到我們的真實本質顯露出來。

在大多數情況下，若夫妻雙方都有權選擇其他性伴侶，他們是否還會繼續在一起？他們是否應該僅基於法律要求，而繼續在一起？就算兩個人的性生活不協調，他們是否還有其他方法可以維繫這段感情？婚姻是否應該阻止夫妻跟其他人發生關係？為了對情慾與親密關係有全新的認識，我們必須仔細檢視這些重要問題。

那麼，性解放會對這一切造成什麼影響？嗯，任何形式的解放都會對現有的宗教秩序構成威脅，其中「性解放」是最嚴重的威脅。因為它可能極其愉悅、充滿激情、令人心醉神迷，這樣一來，宗教灌輸我們的各種觀念就會面臨被取代的風險。因此，宗教制度必須確保我們從年輕時就習慣遠離我們的情慾。

性解放與性自主違反了宗教灌輸的觀念，亦即我們必須迎合、順從、犧牲，並且感到羞愧。宗教要我們服從某種外在力量，大膽享樂、盡情狂歡就是和這樣的要求直接對抗。

顛覆一夫一妻制

我有位名叫安德莉亞的客戶，她在某次諮商時突然哭了起來，而且是哭得很凶，我一度擔心她會因此喘不過氣。同時我也知道，這代表發生了很嚴重的事，因為她很少表露她的情緒。「我覺得喬治有外遇了，我在他的手機裡看到一些簡訊。我該怎麼辦？」她已經結婚十五年，兩個孩子分別是十二歲和七歲。她到底該怎麼做？

當我們繼續談話，她的悲傷變成了憤怒。「我非常火大。我在家裡忙個不停，照顧孩子、煮飯、洗衣服……這就是他對我的回報嗎？跟他們公司的某個祕書上床？他把我當成什麼了？」安德莉亞感到受傷與被否定，她會有這種反應是很正常的，畢竟這件事讓她很恐懼。和很多女人一樣，她在生完孩子後就放棄了正職工作，現在必須在經濟上依賴她的丈夫。

我和安德莉亞花了一整年的時間探討她對外遇，以及一夫一妻制的看法。此外，她和丈夫也和另一位治療師進行夫妻諮商。（他們目前還在解決兩人之間的問題。）我之所以在這裡提起這個故事，是因為我要強調，「外遇」是夫妻最常遇到的問題。

外遇是導致婚姻破碎與離婚的主要原因之一。因為一夫一妻制帶來「神聖婚姻」的觀念，和任何婚姻關係以外的人上床都被視作違法亂紀、大逆不道——在某些地方，這甚至會被判處死刑。

一夫一妻制意味著，我們下半輩子都只能藉由某個人的身體抒解性慾。如果某個人出軌了，他的伴侶會把這樣的行為視為最糟糕的一種背叛，並以此作為離婚的理由。因為外遇而破裂的婚姻不計其數，在這當中，外遇的人通常都是男人。女人往往認定，在「愛人」與「被愛」這兩件事上，只有一夫一妻制才是正確的做法。儘管男人也想相信這種論述，他們的原始需求往往會使他們做出相反的事。就像安德莉亞一樣，有這種遭遇的女人會面臨嚴重的內在衝突，同時感到十分痛苦。

關於這一切，女人必須負更大的責任。我們完全相信一夫一妻的論述，因此飽受折磨。儘管有很多女人也會欺騙另一半，然而數據顯示，無論是在交往或是在婚姻裡，男人偷吃的比例都更高。不管是透過幻想、看色情片，還是實際發生關係，多數男人都會在他們的主要關係以外表達或展現他們的性慾。這樣的事實讓女人感到困惑、受傷，同時也覺得自己被背叛。雖然我不是在鼓勵男人說謊或「偷吃」，不過他們確實生來就渴望多樣性。因為一心想要「播種」，多數雄性動物都會和不同的雌性動物交配。妳們認為，為什麼有些男人會在做愛時看色情片，或是希望他們的女伴穿上性感內衣？這是因為，追求多樣性是他們本性的一部分。這種行為在某些情況下可能是在物化女性，但是對一些男人來說，這只是增加變化與新鮮感的安全做法而已。

一般而言，女人對這樣的要求會有什麼反應？我們通常會生氣、憤怒，並且覺得自己是對的。我們可能會覺得男伴是在刻意針對自己，同時覺得被背叛。往往還會瞧不起這個男人（還有他對我們的愛），然後想要結束這段感情。

至於男人呢？他們通常會對我們如此激烈的反應感到不解。對他們來說，性往往「就只是」性而已，只不過是一種生理需求。但對女人而言，性代表的是愛、忠誠還有道德。這就是男人和女人最大的差異，他們因此發生最多爭執，同時也失去最多。

男人的性慾和他們的生理構造密切相關，女人的情慾則和她們的心理密不可分。這意味著，女人遠比男人更相信關於性的文化論述。若我們不願意承認我們對性的種種情緒與批判，就無法真正了解男人，我們將一直沒來由地被傷害。如果懂得對性抱持開放的態度，並理解男人的原始本性，我們就會將抒解性慾和愛區分開來。同時，也會改變我們對一夫一妻制的論述。

更了解兩性先天的性愛差異，我們就可以容許自己擁有新的可能性。假使伴侶想要看色情片，或讓另一個人加入這段性關係，我們就不會變得極度慌張。我們的男伴也會安心地和我們分享他們內心深處的需求與渴望，如此一來，他們就不需要說謊，以及在背地裡欺騙我們。我們也不再需要顧及他們的面子或良心，於是雙方才能真正進入彼此對等的伴侶關係。

我必須再次澄清，我並非支持色情產業或非一夫一妻制。我也不反對它們，不過這裡我只是在說明我們缺乏選擇，還有我們對它們的恐懼與批判。當然，色情產業存在著重大缺點，像是剝削、貶低女性，這些缺點必須被澈底改造。而且，我完全反對物化女性，並把她們當成性奴對待。但很多男人造訪色情網站都只是為了獲得視覺刺激，同時享受自慰帶來的快感。我們不該因為這些難以抗拒的衝動而貶損他們。我們必須理解他們，若沒有縮短彼此的距離，只會導致兩性之間的鴻溝變得更深。

有無數女人都在諮商時跟我抱怨，她們的伴侶必須在做愛時看色情片。這不僅令她們很沒有安全感，同時也覺得自己很卑微。我會向她們解釋會有這種感受，是因為從小被灌輸的觀念使然，聽完她們通常都會鬆一口氣。當我跟她們說明，她們的男伴生來就需要這樣的額外刺激，並非針對她們個人時，她們都會因此放鬆下來。對這種爭議性話題抱持開放的態度、不帶情緒與批判，可以幫助我們和男伴變得更親近。

在任何兩性群體裡，男人都遠比女人更能誠實、坦率地面對自己的情慾。多數女人連她們的性需求都無法清楚表達，更不用說讓這些需求得到滿足。除非我們破除這些關於性的心理障礙，否則我們的男伴將無法坦然地跟我們談論他們的性慾，而我們也將喪失和他們之間的深刻連結。如果有人決定要在性愛上變得更活躍、創新，或為了獲得「性滿足」而跳脫目前的主要關係，採行一夫多妻制，這真的可以和「他們是爛人」直接畫上等號嗎？

在西方帝國主義稱霸世界之前，原住民社會當中有百分之八十三採取一夫多妻制、百分之十六採行一夫一妻制，以及百分之一採取一妻多夫制。大自然讓我們擁有情慾、和他人建立連結，不受種種規範與教條的束縛。她賦予我們工具、使我們可以在性愛上變得親密，並且獲得歡愉，而不被各種習慣、傳統、規矩或禮教所綑綁。就如同其他更順應自身本性的動物那樣，這些原住民會在部族裡挑選建立連結與性關係的對象。在某種程度上，他們透過一夫多妻制找到了平衡。

我所提出的挑戰不在於我們應該捨棄一夫一妻制，而在於必須理解，它和多數制度一樣都是文化建構出來的產物。這不符合我們的本性，正因為如此，我們應該要有選擇。

若要坦率地談論和性有關的話題，我們就必須打破一夫一妻制和道德觀之間的緊密連結。各種宗教都鼓吹「只有一夫一妻制才是『純潔』的做法」，因此我們把這項制度和「善良」連結在一起。對於出軌者只會覺得他們「很惡劣」，甚至根本將他們視為惡魔。正因為一夫一妻制和宗教與道德觀緊密結合，我們被灌輸了現有的性觀念，這種觀念造成了極大且不必要的痛苦。性表露的是我們本質中最桀敖不馴的部分。從我們身上奪走這個部分，並讓我們習慣對它懷抱沉重的恐懼與羞愧感，是件令人悲傷的事。我們的力量被剝奪、無法獲得喜樂——這根本就是一種集體控制。

大自然賦予女人照顧下一代的能力，並且使我們可以與他人建立各種關係，但她並沒有要求我們只能成為某個男人的唯一。她也沒有要求男人只能取悅某個女人。大自然沒有「雙生靈魂」和靈魂伴侶的觀念。她不浪漫脫俗，卻很務實，會依據實際經驗（而不是各種假設）行事。如果詢問身處一夫一妻關係的男人和女人，他們的性生活是否協調，我敢保證他們一定會有很多抱怨。在我過去的各段關係裡，我們經常為了各自的性需求差異而起爭執。我的各任男伴都可以在二十四小時之內做愛一次以上，我只要一星期做愛一次就很滿足，因此我們都必須各退一步。大自然明白，因為雄性動物的性需求通常比雌性動物更大，牠們可以選擇一夫多妻制或非一夫一妻制。如果我們不允許這樣的做法，並強迫男人永遠只能在一個女人身上尋求性滿足，他們很可能會飽受挫折。這種不協調不僅源自於男女雙方在原始慾望上的不平衡，也肇因於女性會有較長的時間處於比較不適合做愛的狀態——月經來潮、懷孕期最後三個月、產後，以及更年期過後。

我們不明白，一夫一妻制的規範本身就是錯的。我們狠狠批判自己，並且相信我們不該也不能渴望在主要關係之外進行「性探索」。我們往往以為是自己或是伴侶出了什麼問題。我們要不是醜化對方，並澈底捨棄這段親密關係，就是想方設法把自己弄得更性感，以為這樣就不會讓對方出軌。

對男人而言，他們時常因為遵循自己的原始需求而受到公開斥責與貶低。我們拚命指責他們外遇，這已經遠遠勝過我們對他們生理機制的理解。他們因為自己的行為（包含說謊在內）遭受嚴厲的譴責，然後就直接被送上斷頭台。他們根本沒有機會讓對方了解，他們為什麼會這麼做，也無法學習如何駕馭自身的性能量。當然，女人也可能遭遇同樣的情況，但我之所以把先焦點放在男人身上，是因為外遇事件多半是由男人而起。

真正的關鍵不在於誰是外遇的始作俑者，而在於這個更基本的問題：「我們要如何誠實面對我們在婚姻關係以內和以外的性慾與性偏好？」沒有人能針對這樣的問題進行假設性思考。有時候，有些人只是想「嘗試看看」，藉此釐清他們的困惑，但是就連這種行為也被視作惡劣的舉動。對這個社會來說，最理想的狀況是人們對婚姻關係以外的人都沒有任何慾望。但這是否符合現實？我們可以期待每一段婚姻關係都非常協調嗎？若夫妻當中的某一方需要用不同的方式探索自己的性慾，那該怎麼辦？除非他們有意識地創造出這樣的空間，否則彼此之間的信任就會受到破壞，戀人最終就變成了敵人。

我們對一夫一妻制深信不疑，認為下半輩子都必須和某個異性待在一段固定關係裡，因此很難相信人類可以跳脫這套制度。然而，一旦暫時從這種觀念中抽離出來，並了解一夫一妻制是近代文化的產物，並且違反了我們的天性，我們就能重新審視我們的觀念，同時容許自己懷抱開闊的思想。

我明白女人很難容忍這樣的說法。在走向心靈重生之前，我也是如此，過去的我會感到嗤之以鼻，心想：「這根本是無稽之談。男人必須長大，他們不能再像色瞇瞇的青少年一樣。」我們覺得性慾旺盛的他們很幼稚。雖然確實有很多男人都會用很衝動的方式展現他們的性慾，我們還是必須理解，我們的文化，還有女人作為這種文化的一部分，是如何共同促成他們的這種下意識表現。

多數男人都不知道怎麼掌控他們的性慾。對他們多數人來說，這是一個很重要的問題。當他們性慾高漲時，思緒會變得混亂，無法集中注意力、清楚地做出判斷。妳們或許會覺得，我在幫他們找藉口，絕非如此——我是在試圖了解他們。

我要再次重申，我指的不是性暴力或有害的性變態行為，而是那種有清楚自覺的性慾，而這種性慾必須誠實面對。就像我們渴望男人了解我們的情感需求一樣，他們也希望他們的性需求能被理解。女人在做愛之前，必須先感受到和對方的緊密連結，他們則必須透過做愛來感受和對方的連結。對我們而言，先有愛才有性，他們則正好相反。這就是兩性的先天差異。如果夫妻雙方都明白，他們彼此重視的是什麼，同時也能坦率地進行溝通，就可以縮小彼此之間的差異，而不是讓兩個人變得更疏遠。

請不要誤解我的意思。女人也可以採行非一夫一妻制，而且也應該安心、自在地探索。如果一個女人被婚姻關係以外的其他男人吸引，或者對她丈夫的原始慾望或性愛技巧感到不滿意，那該怎麼辦？若她想藉由另一個人（無論是男人還是女人）來滿足自己，她該譴責自己很淫蕩嗎？女人必須勇敢將自己的性慾和性幻想表達出來。任何女人都不該因為已婚，而在性愛上受到囚禁。遺憾的是，目前的性道德標準讓我們雙方都覺得，想要在現有的關係之外尋求性快感，是很羞恥的一件事。這必須改變。這一切都從我們自身的覺醒開始。我們每個人的內心越是覺醒，就越能擺脫偏見，並允許主要關係以外的性交流。我們的觀念越開放，就越能從宗教的管束中解放出來。如此一來，將有更多男人和女人可以自在探索他們的情慾，而不會因此感到內疚與羞愧。

重新定義「騙子」

一般使用「騙子」這個標籤時，通常指的是男人。這是因為和女人相比，男人更有可能會欺騙。

我希望我們不要責罵、羞辱男人，而是要探究在這近乎普遍的現象背後，究竟隱藏著些什麼。想了解男人，就必須先從問自己正確的問題開始：「為什麼我們的文化把男人禁錮在一夫一妻的框架裡，但他們的天性卻令他們想要掙脫這樣的框架？」如果大自然讓男性生來就想擁有不同的伴侶，一夫一妻制的文化制約就直接違背了她的旨意。

我明白，可能會有很多曾經被丈夫欺騙的女人對這種想法產生激烈的反應。但請理解，我並沒有藐視或看輕妳們的痛苦。我只是想說，之所以會有這樣的痛苦，是因為我們被灌輸的種種觀念使然。

不是只有我們感受到這種痛楚。那些想要在他們的主要關係之外展現自身性慾的男人都知道，他們不能這麼做。由於社會嚴格禁止這樣的行為，他們曉得只有兩種選擇，要麼壓抑自己的需求，要麼欺騙另一半（並因此感到羞愧）。每當我詢問這些男人是不是蓄意要欺騙另一半，他們的答案都是否定的。他們都會抱怨，他們無法跟伴侶吐露自己的需求與渴望，他們真希望自己可以這麼做。他們都坦承，假使能誠實地和伴侶分享自己的感受，也許就不需要做出踰矩的行為。

如果男孩們從年輕時就被教導要有意識地看待他們的性慾，而且不因此感到羞恥，他們之後就不會覺得有需要去獵食年輕的肉體或脆弱的女性。他們可以坦率地說出自己心裡的矛盾與渴望，同時尋求必要的協助、將他們的情感體驗整合在一起。

藉由探討一夫一妻制對男人的心理有何影響，以及更重要的是，他們如何面對個別女性的性慾（那通常比他們的性慾低很多），我們可以幫助男人了解怎麼處理他們的性幻想，還有如何將這種方法應用在他們的婚姻生活上。

若總是批判我們的男伴，這究竟要怎麼讓他們知道，我們不僅很在乎他們，也希望他們能同樣在乎我們？一旦我們敞開心胸，讓男人誠實分享他們在性愛上的渴望、需求、喜好以及好奇心，我們就可以使這段感情超越掌控與佔有。

我們極度缺乏能開明談論男性情慾和女性情慾的管道。如果能給予男人抒發的空間，我們就能容許他們不再隱藏自己旺盛的性慾，而由於可以更有意識地駕馭自身的原始能量，他們就能捨棄「性獵食者」的角色，並且成為體貼的戀人。他們會重視並尊重女人的各種界限，就像他們在性愛上渴望她們一樣。

「我想跟妳的朋友做愛」或「我對某個女同事有性幻想，所以我必須和妳一起克服這個問題」，請問妳們上次聽到一個男人對他的妻子說出這樣的話是什麼時候？也許從來沒聽過有人這麼說，畢竟說出這種話會帶來嚴重的後果。不需要別人提醒，我們自然會避開這樣的話題。我們都知道，這不是每天吃飯時可以談論的東西。

「他都已經發過誓了，這個騙子！」許多女人都會這樣抱怨。結婚時我們都曾經宣誓會對另一半永遠忠誠，一旦違背這樣的誓言時，就會感覺到深重的罪惡感，並被當成騙子與罪犯。事實上，「發誓」原本就是一種錯誤的觀念。就像我先前提過的，一個對實際狀況尚未清楚覺察的年輕人，怎麼可能在他的下半輩子對這個承諾負起責任？

我無法告訴妳們有多少人都對主要關係以外的其他人產生性慾。他們沒辦法處理這種感受，因為說真話的代價太大了——這段關係中的另一方會懲罰他們。一段關係裡的安全感是由雙方共同創造出來的，這向來都不是單方面的事。我們不曾想過，當我們營造出真誠坦率的氛圍時，其實會因此變得更親密。事實上，我們若能先誠實面對自己，再彼此坦承，就能極其親密地連結在一起。

具備新的性意識

要建立有意識的親密關係，就必須擺脫恐懼、不再對立，並且坦誠相待、彼此合作。我們並未擁有任何人，也沒有人擁有我們。我們的新意識要我們進行困難卻又十分重要的對話，這樣的對話能使關係中的兩個人反思，並坦率面對自己的需求與渴望。唯有藉由這種坦率的分享，伴侶才能各自發揮最大的潛力。為了做到這一點，我們必須允許彼此詢問多數夫妻都極力避免的問題：

「我們在情感與性愛上是否相互契合？」

「我們在性愛上有哪些幻想與渴望？」

「為了滿足彼此的需求，我們可以在性愛上做出什麼樣的改進？」

「我們是否都在彼此面前表現出最真實的自我，還是隱藏了自己的某些部分？」

「我們是否營造出安心的氛圍，容許坦承與多樣性、讓我們可以說出自己的心聲，而不會受到批判或羞辱？」

允許這樣的真誠溝通，就是在向對方表明自己願意和他們一起進行內在探索。讓我以最常見的情況為例：有名已婚男子在性愛上感到不滿足，他開始趁妻子不在家時看色情片，接著他和哥兒們一起光顧脫衣舞酒吧，後來有一天，他遇見了另一個女人，並跟她發生了關係。妳們知道他們家將會發生什麼可怕的事嗎？他的妻子永遠都不會明白他的性愛特質，只覺得自己的一生被毀了，同時也可能會選擇結束這段關係。當然，這種狀況也可能會發生在女人身上；事實上，這樣的行為在兩性身上，以及各種關係裡都經常出現。

有意識的做法會問：「這個人想滿足什麼需求？如果我無法滿足這種需求，我們可以怎麼用其他方法滿足它？我是不是在對方的生命中缺席，導致他無法成長？我是否很在乎這件事，希望透過改變這樣的關係動態來滿足這個人的需求？」

發現到有意識的做法和傳統做法之間有什麼不同嗎？若夫妻覺得這段婚姻無法繼續維持下去，他們可以協議分開。從相互合作的角度來看待一切過程，沒有人會自覺是做錯事的壞人，當然也就不會有人被藐視。

我也舉例說明一下，這種做法要怎麼應用在日常生活中。我有位名叫卡洛琳娜的客戶，她曾經有過一段六個月的婚外情，這段關係被她的丈夫德瑞克發現之後，她來找我諮商。他們二十四年的婚姻因為這場外遇而受到威脅，對於這段露水姻緣，卡洛琳娜比德瑞克更緊張、痛苦。

卡洛琳娜說，她來找我是為了「修正」自己。她焦慮不安、心煩意亂，心裡充滿內疚與羞愧：「我從來沒有想過我會這麼差勁，竟然做出這麼低級的事。我真是一個糟糕的人！」我能幫助她從這次外遇事件中復原的唯一方法（這花了很長一段時間），就是使她明白，這一切與她的道德無關。我慢慢地讓她了解，她並沒有欺騙任何人。若真要說的話，其實是她為了在這段婚姻裡感到滿足而一直欺騙自己。

卡洛琳娜和德瑞克決定信賴這段婚姻。他們逐漸明白，他們兩個人擁有不同的情感與性愛需求。外遇不見得是這段關係的終點，而是代表有某種東西需要被療癒。卡洛琳娜開始更真誠地表達自己，同時也允許德瑞克這樣做。他們都開始花心思分享自己的感受，這是他們過去不曾做過的，他們之間的關係終於真正變得緊密。

如果他們兩個人都讓文化傳統主導一切，會發生什麼事？答案是，他們不會使彼此有機會發現某種更深刻的東西。他們的例子清楚說明了，我們對欺騙的觀念會阻礙我們建立更深刻的連結。

很多人都沒有忠於自我，對吧？我們總是偽裝自己、向周遭的人展現出某種虛假的形象。然而。我們沒有表現出真實自我的時候，其實就是在欺騙。和這件事相比，在性愛上欺騙另一半並沒有比較糟糕，這兩者應該至少一樣重要。一旦發現我們沒有在一段關係裡展現真實的自己，就可以合理推斷，對方大概也是如此。這樣的發現會讓我們開始用新的方式和自己以及對方相處，這種做法不僅不會毀掉彼此，反而能因此成長並進化。

讓親密關係變得超然

老實說，所謂的「親密關係」，通常是「性關係」的委婉說法。因為談論和性有關的話題令我們感到很難為情，所以將性關係俗稱為親密關係。事實上，我們所進行的性行為多半都只是「交配」，一點也不親密。這就是為什麼，有非常多人（尤其是妻子）都會抱怨必須和伴侶做愛這件事。他們把它當成乏味的例行公事，不可否認，從很多方面來看也確實是如此。

當性聚焦在身體的交媾上時，真正親密的性體驗就必須具備超然的特質，也就是無形的情感連結與緊密結合。很多情侶以為他們很親密，但其實都只是在交配而已。這兩者之間存在著很大的差異。

有意識的性並非從我們的身體開始，而是必須先從我們的心開始，那裡能孕育出最美好的性愛。當兩個人在肉體上相互吸引時，宛如天雷勾動地火，然而在這段關係的「蜜月期」過後，這樣的激情很少繼續留存。唯有伴侶之間的心理與情感連結可以持續下去。若這些連結不緊密，無論他們的性愛有多美好，兩個人之間的親密感都會消失。

最美好的性愛與床上發生的事沒有什麼關係，反而一切都是和臥房以外的事有關。深刻的情感與精神連結才能讓性愛的激情得以延續。做愛的化學反應只是親密感的來源之一，它完全不包含感性連結。所謂的感性連結意味著，把對方當成一面鏡子，這面鏡子映照出最好的自己。這是一種你中有我、我中有你的狀態。這兩個人之間的共鳴是如此深刻，他們的心已經緊密地結合在一起，正因為如此，他們所做的每件事都是感性的。

由此可知，真正的親密遠遠超越了性愛。各種意想不到的方式和地點都可以使人產生愛的感覺，無論是一同共進晚餐、逛雜貨店、手牽手一起健行，或是照顧他們的孩子。親密感滲透了我們生活的每一個層面。它反映出在最平凡無奇的時刻，我們是怎樣的人。我們越是在日常生活中和伴侶緊密連結在一起，在臥房裡就越激情，這一切都從我們一整天如何陪伴對方開始。

真正的化學反應不僅與一個人的長相或財富無關，也不是光靠藥物就能創造出來的。真正的化學反應發生在我們的心裡。當我們真心覺得和對方親密地連結在一起時，身體就會分泌某些化學物質，讓人處於興奮狀態，我們就有能力在性愛上變得超然。深刻的情感與精神連結就是最好的春藥。

在覺醒的狀態下，親密意味著「相互契合」。它反映出在每一個當下，我們都和對方深刻地連結，並結合在一起。「親密」（intimacy）這個字可以拆解成「看見我的內心」（into-me-see），而這當中的「我」就是我們在這段關係裡所看到的。所謂的親密，是指我們相互結合與依賴；我們彼此重視，並且在對方身上看到自己。真正的親密使兩個人合而為一、不再分離，我們融為一體，同時也照見了自己。

一旦真的變得親密，性就不再是一種帶有目的的行為。它是我們本質的自然流露。透過我們一整天的接觸、對話、共同的回憶，以及發自內心的笑容，我們盡情而坦率地和彼此分享我們的各種生命體驗，這些全都會轉變成臥房裡的激情。

當一對情侶跳脫文化對性的定義時，他們會讓這段感情變得更自然，同時也允許各種可能性。他們可能會讓其他人加入這段關係（如果他們想要的話）。事實是，他們已經超越傳統性愛的形式限制，並容許自己和對方，以及廣大宇宙建立深刻的情感連結。他們不再被囚禁或束縛。他們本身就是愛的體現；無論是和自己，還是和宇宙萬物都不再分離。

真正的親密存在於兩個自由而完整的成年人之間，它不受時間與空間的限制。它著重的不是一個人（或一個人以上）的外在形體或環境，而是這個人（或這些人）的本質。它不會妄加批判，也不存在各種條件。當我們擁有這樣的親密感時，我們和伴侶之間時時刻刻都很親密。我們總是相互契合，我們專注於當下，時間彷彿就此停止，那些撰寫《印度愛經》[27]的大師們都明白這一點。我自己在精神層面變得更精進時，就發覺了這種崇高的親密感，它可以淨化並療癒我的心。

我們必須先和自己變得親暱，才能真正和另一個人變得親密。只有在心裡和自己深刻地結合在一起時，我們才得以和對方合而為一。當我們可以藉由自我取悅來欣賞、享受，並接納自己的身體，就能開始美好而溫柔地和對方合為一體。若我們不曾這麼做，那麼要如何享受另一個人的身體，並且專心地把它當作神聖的事物看待？

我們的性能量具備無與倫比的活力。當它獲得解放，不再受限於性別、性向、婚姻，以及一夫一妻制時，它就可以變得自由自在。

27 *Kama Sutra*，又譯為《慾經》，相傳由古印度哲人筏蹉衍那（Vatsyayana）編撰、彙整，被譽為「最偉大的性愛經典」。該書作者認為，性愛是生命中最自然且美好的事，書裡不僅談論男女的肉體接觸與性愛技巧，同時也探討婚姻與兩性相處之道。

16·關於母職的謊言

孩子是她最大的成就；
他們是她的榮耀與驕傲。
有了他們，她終於感受到自己的價值。
她意志堅定，充滿熱情與活力。
若少了他們，她將感到空虛且茫然失措。

⁘

妳們知道年輕女孩的人生願望清單上，「為人母」有多常出現嗎？對很多女人來說，比起成為某個人的妻子，她們更渴望成為母親。不僅如此，這樣的渴望甚至遠遠勝過一切。從和玩具娃娃一起玩扮家家酒的時候開始，我們大部分人就夢想著擁有自己的孩子。對多數女性而言，成為母親感覺是很自然的一件事，這是許多女人人生清單上的「待辦事項」，認為自己「應該」為了完成這件事不計一切代價。如果後來決定不生孩子，她們就必須不厭其煩地跟別人解釋為什麼會做這樣的選擇……我們的文化對此可是毫不留情。

我朋友翠西亞曾經苦惱地打給我，電話中她聽起來既緊張又鬱悶：「他竟然不想要孩子！他怎麼可能不想成為爸爸？我還以為我們將要建立屬於我們兩個的家庭。」翠西亞感到非常困惑，語氣中帶著些許批判，彷彿在說她的丈夫史丹不想要孩子代表他很自私。我向她解釋，他可能還沒準備好，或者他對「為人父」這件事根本不感興趣。翠西亞不能接受這種說法。因為她覺得成為母親是極其自然的事，就是無法理解為何史丹沒有同樣的想法。她認為，這表示他不能承擔責任。不管我怎麼跟她說明，男人的生理機制和女人不同，她還是很激動：「這一點我無法通融！若他不想要任何小孩，我們之間就結束了。」

對很多像翠西亞這樣的女人來說，成為母親都是不可妥協的必要條件。這不但是她們最重要的人生目標，同時也是一直渴望完成的夢想。唯有達成這個目標，她們才會覺得自己的生命變得完整。

我們的文化告訴我們，成為母親是我們的「責任」。這是關於「母職」的第一個謊言：如果我們決定不生孩子，就會不如別人。先天的生理構造讓我們具備懷孕以及養育下一代的能力，但我們很多人都無法選擇「不要成為母親」。我們必須明白都是文化創造出這樣的境況，令「沒有成為母親的人」感到羞愧，而且它仍繼續散佈這樣的謊言。

就像我先前提過的，「照顧人」不見得要真的生孩子。所有女人（其實是所有人類）都可以展現照顧他人的能力。認為孩子一定要透過我們的子宮出生，是對母親身分的一種狹隘觀點。所有人其實都是母親。在接納這樣的事實之後，無論是否決定生小孩，我們就能對自己的選擇充滿自信。

若一個女人決定要成為母親，那麼不管是自己生孩子還是領養小孩，她必須了解自己即將展開人生中最深刻的一段旅程，成為母親將使她迎來生理和心理上最巨大的轉變。詢問任何身為母親的女性，她們都會告訴妳，她們的思想在成為母親前後有非常大的改變。許多女人會把這種轉變視作一種死亡——她們捨棄過去的自己，然後接受這個全新的身分。對很多人而言，她們展現出新的面向，特別是充滿關愛、富有同情心、樂於付出與奉獻，以及善於照顧人的一面，這些都是她們以前從未發現的部分。

一旦一個女人成為母親，她就永遠改變了。很多女人都說，她們的心跳會和孩子同步。一個母親往往會把孩子和他們的幸福擺在自己的幸福前面。她過去可能極力維護個人時間與空間，但現在她知道無法再像過去一樣。她了解，如今的自己宛如一個卑微的容器（但她願意變成這樣的容器），她的孩子可以吸吮她的奶水、在她的懷裡入眠，同時孩子們也明白，隨時都可以回到她的身邊。從這時起，她不再只是一個女人；她永遠都是他們的母親。

魔鏡、魔鏡告訴我

「我明白這件事很困難，但我不知道會有這麼難。」薩拉啜泣道。三個星期前，她載小兒子克林特到外地讀大學，然後發現要適應這樣的變化極其困難。「我太習慣當一個母親了，根本不知道接下來該怎麼辦。他以前是我的小寶貝，我也明白現在必須讓他成為一個大人，但我很害怕。對我來說，他還是個孩子。」

就像許多經歷「空巢期症候群」的母親一樣，薩拉很難適應這樣的新狀況。這或許是她第一次必須問自己：「現在我是怎樣的人？」這麼多年來，我們一直在養育孩子，「母親」就是我們的身分認同。當這個角色消失時，我們會變得很迷惘，不知道自己該成為怎樣的人。

「到目前為止，克林特都過得很痛苦，」薩拉說道：「他每天都打電話給我說他想要回家。我希望他能交到新朋友，並展開新的人生。我只希望他能快樂。如果他過得開心，我就會開始我的新生活。」我必須讓薩拉明白，她不僅對克林特適應大學生活一事抱持太多期待，同時也過度關注他是否快樂。這導致克林特遇到的困難也跟著變成她巨大的內在危機。

多數母親都會表示，她們的幸福與價值感和孩子有多快樂密切相關。母親身分會使她們和孩子高度、有時甚至是過度相互依存。就如同電影《舞孃騙很大》裡的台詞所言：「母職是一種心理病態。」無法跳脫母親身分是一把雙面刃。這種執著可以創造出深刻而持久的連結，但從另一方面來看，如果沒有小心留意，這樣的能力將變成某種不健康的糾結。有許多母親都為了養育孩子而放棄工作，她們因此無法獨立看待自己，這可能會導致她們內心的空虛，並試圖用孩子來填補。

當一個女人認同母親這個角色，並將它視作下一段職業生涯時，就會把孩子的成就與進展當成自己的「下一個博士學位」或職涯里程碑。這種糾結的危險在於，她會把很多未獲得滿足的願望都投射到自己的孩子身上，同時利用他們來實現這些心願。在沒有清楚覺察的情況下，她開始「打造」她的孩子，就像在建構自己的履歷表那樣。這份「履歷」反映出的是她自身，而不是她孩子的樣貌。

讓女人了解，我們的種種投射對孩子有多大的影響力，是很重要的一件事。這就是我提倡的「覺知教養」派上用場的地方。這種方法的主要目標是挑戰父母親，讓他們明白自己對孩子所做出的反應多半與孩子的實際行為無關，這些反應大多源自於他們自身內心的各種渴望，以及舊有的創傷。

傳統的教養典範是以孩子為重心。這種情況下，父母親可以隨心所欲將各種要求與期待加諸在孩子身上，而完全沒有意識到自己的目的或動機。覺知教養則是把教養的重心轉移到父母親身上。父母親必須將焦點轉向自身，並且探究他們的童年與人生經驗如何對他們的教養方式造成影響。

我們如果能了解自己的內在歷程，就會開始明白是怎麼利用我們的孩子進行自我療癒，並彌補我們的童年缺憾。唯有在我們願意檢視自己時，才會發現親子關係反映出我們需要什麼樣的心靈成長。此時，作為母親的這趟旅程將產生重大的轉變。

對於孩子「應該」表現出什麼模樣，我們的文化設立了一套標準：快樂、善良、聽話、順從，而且獲得成功。若不符合這套標準，他們就不夠好，於是把孩子教育成這樣就變成了父母親的責任。如果一個身為母親的女性相信文化編寫的那套腳本——她永遠都不夠好，那麼母親身分就會一再觸發她的這種痛苦。事實是，這樣的標準不僅不可能達到，它原本就是錯誤的。若我們不了解這一點，就會開始把自身價值和這套標準綁在一起，並且讓內心深刻的無價值感一直持續下去。

孩子不該遵循某一套根據我們的想法所設定的「優秀」標準。他們誕生在這個世界上，是為了依照他們的獨特性來完成屬於自己的使命。當然，在這段過程中，希望他們待人和善有禮是很自然的一件事，但要怎麼度過他們的人生，應該由他們自己決定。

當我們覺醒，並開始解放真實自我時，我們也會讓周遭的人得以這麼做。我們過去可能沒有察覺，為了感到自信，我們試圖用各種方式掌控孩子的行為與情緒。現在，我們清楚意識到這一點，同時也努力將孩子的人生和我們自己的人生區分開來。我們開始經歷個體化的過程，因此會在心理上把「自我」和「母親」的角色做出區別。這兩者互有關聯，卻又各自獨立，到最後，我們和孩子之間的關係也會變成這樣——互有關聯，卻又各自獨立。

這種分離並不是一件壞事。它對我們和孩子的心理發展都極為重要，因為藉由這樣的過程，我們將「我們扮演的角色」和「我們是怎樣的人」區分開來。我們會在這段過程中變得成熟，接著便能開始做本來就該做的事，那就是，儘管孩子和我們深刻地連結在一起，我們也應該把他們當成獨立的個體看待。只有在我們停止將自己的本質和母親的角色融合在一起時，這一切才會發生。不再投入母親的角色，身處母職之旅的我們將進入更深的層次。

完美小孩

在母親這個角色裡，完美主義通常會變得失控。成為母親可能會使我們對「善良」的執念進入完全不同的層次，變成極端完美主義者。我們把「完美女人」這樣的詛咒投射到無辜的孩子身上，期待他們替我們完成未實現的心願、成為「完美小孩」。光是我們自己才華洋溢還不夠，現在，我們的孩子也必須變成這樣，只要他們閃閃發亮，我們也會跟著閃耀。他們是否學業成績優異？如果他們在學業上表現不佳，就代表我們是失敗的母親。比起媽媽，他們是否更愛阿嬤或爸爸？嗯，若是如此，這就表示我們不那麼討人喜歡。他們是否會感到沮喪或焦慮？如果答案是肯定的，這一定是我們的錯。

我們的文化有意無意地對女性施加莫大的壓力，要她們為孩子付出一切。之所以會有「直升機媽媽」這樣的稱號，是因為她們總是在孩子四周盤旋，拚命滿足他們的一切需求——從各種娛樂到鼓勵、教育，當然還包含提供他們最均衡的營養。因為相信文化所編寫的這套「母職」的腳本，我們便為了成為完美的母親而鞠躬盡瘁，若是沒有達到這樣的標準，就會覺得自己是個「糟糕」的母親，並因此自責。於是，母親身分變成了一種束縛，無論對母親本人或孩子來說都是如此。我們比社會文化還要更擅長欺凌自己，同時也善於霸凌其他女人，讓她們陷入同樣的羞愧感。

即便有很多女人決定不要強迫自己成為「最棒的母親」，還是有無數女人下意識地想贏得這種「殊榮」。我們用各種細微巧妙的方式和其他母親競爭，卻不見得對這樣的行為有所察覺。每當我們送孩子到學校時盛裝打扮、在社群網站上發佈精緻有機餐盒的照片，或談論孩子的優異成績時，都是在進行一次小型的霸凌。每當我們四處宣揚自己為了縫製孩子的萬聖節服裝挑燈夜戰，抑或是為他們精心規劃高級生日派對時，我們都是在相互比較、競爭。當然我們這麼做也許只是單純想要分享、沒有什麼特殊目的，但我們向陌生人展示這些「成就」，背後究竟隱藏著什麼樣的動機與需求？

為什麼要把這些完美的事物放到社群網站上？為何要把孩子獲得的獎項或成就展示出來？當然可以回答說，這麼做是因為我們為孩子感到驕傲，但問題依舊存在：我們為什麼需要把它們展現在別人的眼前？是否渴望得到某種關注？炫耀我們的孩子或我們擁有的東西，是否令我們感覺自豪？當我看到這些「完美媽咪」的貼文時，我都會隱約但又很直接感受到某種壓力，督促我要做得更好。我們沒有理解同為母親的姊妹們所面臨的文化壓力，並團結起來，反而彼此競爭。我們不會把自己的失禮、失態放到網路上，而是試圖顯得完美。我們沒有意識到，這種行為會對其他人（以及我們自己）造成多大的傷害。每一次表現出關於「母職」的錯誤觀念，我們所有人都會深受其害。

只要我們希望藉由給孩子完美的生活來獲得自我認同，就會讓自己和孩子都遭受失敗。我們不僅會不停和其他母親比較、但永遠顯得略遜一籌，我們也會把這種缺憾投射到孩子身上，促使他們替我們獲取肯定。

我們很快就會發現，孩子來到這個世界上是為了展現他們的獨特性，他們不能被我們這樣操控。在明白這件事之前，他們日益鮮明的性格就已經告訴我們必須停止對他們的掌控。我們無法保護孩子，讓他們不會遭遇失敗、悲傷、崩潰，或者被別人否定。不管我們有多愛他們，或如何養育他們，他們都會面臨痛苦——有時甚至是極度痛苦。一旦能接受這一點，我們就可以停止過度干預孩子的人生。我們會尊重他們的各種明確界限，而不是把我們的人生和他們的人生混淆在一起。

教養的終極目標

長久以來，我們的文化都在教養方面推崇兩個終極目標——孩子的快樂與成功。無論問任何父母親，最重要的兩項教養目標是什麼，他們幾乎都會說：「我希望我的孩子既快樂又成功。」接下來，讓我們來逐一解構這兩個目標。首先，讓我們從快樂開始談起。

我那位正在經歷「空巢期症候群」的客戶薩拉就是一個很明顯的例子。「在克林特開心起來之前，我都會很痛苦。我們一直都很親近。我所感受到的一切，他都能感受到，反之亦然。如今他身在外地，知道他很苦惱讓我根本睡不著，這簡直快要了我的命。」

實際上，父母親都認為如果和孩子擁有相同的感受，代表自己對他們充滿關愛。但這不是關愛，而是糾結。我跟薩拉解釋她和兒子其實是一種相互依存的關係，她十分驚訝，因為從來沒有想過他們的關係是不正常的。聽完我說明何謂「相互依存」，以及她如何把自己的自我認同和兒子的自我認同混在一起，她終於明白，這都是因為她不能應付自身的「激烈情緒」，導致她也一直無法處理自己的各種情緒。面臨這次的轉變期，她又做出同樣的事來——薩拉沒有深入內心，並體察自己對這個人生新階段有什麼感受，反而把注意力放在克林特是否快樂上。她沒有讓他獨立面對他的人生轉變，讓他學會處理自己的情緒，反而強迫他要想辦法開心起來。如此一來，薩拉就不必面對這項焦慮：當她不是母親時，她是怎樣的人。

此外，我也告訴薩拉，「擁有快樂的孩子」這樣的目標不僅完全不切實際、不理性，終究也是無法達成的，通常結果只會適得其反。越是把焦點放在快樂上，我們就越不開心。請讓我說明一下為什麼會這樣。

我們把快樂變成目標，但它其實只是一種短暫的情緒而已。我們對「過得快樂」這件事非常執著，傻傻地把它當作一項固定目標。正因為如此，我們下意識地預期人生會一直讓我們處於開心的狀態。只要過得很順利，就會覺得自己很幸運、受到祝福，反之，則會覺得自己很悲慘、受到糟蹋。我們責怪人生，但真正該怪的其實是這些愚蠢的期待。

快樂稍縱即逝。就像所有情緒一樣，它總是來來去去，不是我們該執著的東西。一旦對它懷抱執念，我們就會殷切期盼，下一次的快樂可以就此「停留常駐」。我們下意識排斥會帶來任何悲傷、憤怒或痛苦的人生經驗。請問問自己，只想擁有順風順水的人生是否符合現實？

作為父母親，我們必須面對一項的殘酷事實：我們的孩子將感到痛苦，而我們卻愛莫能助。他們會苦苦掙扎，然後失敗；他們將會犯下大錯，或發展出失衡、不健康的關係。他們或許會傷害自己的生理或心理，甚至比我們先離開這個世界。這些可能會發生的事令我們十分無助，感覺一切都不在我們的掌控之中。有時候，我們會覺得自己是不折不扣的失敗者。

我們越快接受自己無法掌控孩子的人生，也無法控制他們對人生會有什麼樣的感受，我們就可以越早停止不切實際的幻想，不再認為他們只能感到快樂。孩子是獨立的個體，有權利用任何自己想要的方式體驗人生。他們傷心時想去海邊待著，那也是他們的選擇。

我們憑什麼告訴他們要有什麼感受？還記得我女兒兩歲生日的派對上，負責拍照的攝影師跟我說：「我很努力要逗她笑，但我的天啊，這真的好難。」我還記得那時自己頓時有種感覺，彷彿我或女兒有什麼不對勁的地方。為什麼她不能像其他孩子那樣開心地笑？直到後來反思這件事時，我才發現，我們這些父母親經常像是「快樂警察」一般，大聲命令我們的孩子：「笑一下。開心一點。不要哭。」下達這些命令就等同於告訴他們，要忽視自己心中的真實情緒，同時只要表現出我們希望他們擁有的感受就好。如此一來，為人父母的我們就能對自己感到自信。

然而，孩子不是任由我們擺佈的傀儡，我們不該把自己的期待與渴望加諸在他們身上。他們有自己的個性與需求，如果他們選擇在某個很好玩的遊樂園裡悶悶不樂，那也是他們的權利。他們應該具備自己的感受，只要不傷害他人，孩子（還有所有人類）都有權利擁有自己的感受。

人生是中性的，它本身不會帶有任何一種情緒。它有時這樣、有時那樣，但不會限制我們要有什麼感受，一切都取決於我們自己。下雨可能會讓某個人覺得開心，同時也可能害另一個人感到痛苦。可是雨水就只是雨水，它並沒有要我們產生什麼反應。一切反應都由我們而起。在我們的潛意識裡，都相信自己的情緒受到人生的支配。一旦覺醒，就會明白我們的所有反應都與外在世界無關。這一切都和我們的內在自我有關。

如果用某種更容易達成，而且更持久的狀態——「臨在」來取代快樂會如何？所謂的「臨在」意味著，接納我們人生中的「所有」體驗——無論是帶來快樂或痛苦的經驗。了解快樂和悲傷都是人生不可或缺的一部分，我們就會停止用「好壞」來評斷它。當我們原原本本地接納人生的各種樣貌時，就開始具備臨在的能力，而且這種臨在的狀態可以一直存在。我們若能向人生臣服，會讓自己和孩子平靜、愉悅地感受各種高潮與低潮，不再根據自身的感受來評斷人生，而是會接受它的諄諄教誨。這樣的觀點能在面對我們和孩子的人生經驗，幫助我們放下焦慮，進而容許我們和孩子接納人生的真正樣貌，不再感到抗拒或惶恐。

接下來，讓我們來解構「成功」所代表的意義。通常提到「成功」指的是了不起的榮譽與成就、崇高的地位，以及豐厚的銀行存款。我們的文化就是用這種方式來定義成功，而這同時也是大多數人對成功的看法，所以我們會為了達到這些標準，為孩子的童年做出完整的規劃。孩子能否進入最負盛名的大學和運動校隊，成為所有父母親關注的焦點。

一旦我們開始允許孩子藉由內在的幸福感——而不是文化加諸的各種外在標準——來領會自身價值時，我們就會認可自己的「存在狀態」，而不是行為狀態。這時，我們的內心開始變得比我們的行為更重要。我們會自行思考何謂成就與進展，並且充分明白自己的價值，而不會對文化定義的成功有所渴望。

在內心圓滿的狀態下照顧孩子，很自然就會把這種完整感投射到他們身上，我們因此不再覺得他們有缺陷、不完整，或不如別人。即便他們有諸多不完美，我們還是會接納他們的真實樣貌，讓他們依照自己的標準和步調成長、茁壯。我們會告訴他們，人生有各式各樣的活法，而他們的人生和其他人的人生一樣有價值。

重新定義母職

把孩子視為我們心靈成長的老師，身為母親的我們會經歷大幅改造。除非治癒了自己的童年創傷，否則我們都會把心裡那些「空洞」投射到孩子身上，而認清這一點，就可以把這趟母職之旅當成我們進化的關鍵。作為母親，我們關注的不再是孩子的快樂與成功，而是自己的內在療癒。我們會跳脫母親的角色和伴隨而來的小我意識，擁抱更深層的母性本質——此時，「身為母親」指的不再是生養孩子，而是卸下各種偽裝。

向內探索意味著捫心自問：「我這種想完全掌控孩子人生的需求從何而來？」「為什麼我需要孩子既快樂又成功？」這兩個問題的答案都會揭露我們心裡深切的無助感與無價值感。我們逐漸發現，一直以來都把自己的內在匱乏投射到孩子身上，同時又會試圖修復、填補他們身上的這種匱乏，然而卻沒有意識到，他們其實沒有任何不足。所有的匱乏都源自於我們的內心。如果不了解會這樣對待孩子以及各種親密關係，我們會繼續從對方身上獲取自我價值，希望能藉此撫慰自己心中的傷痛。

對所有母親而言，放下對孩子的糾結都是最困難的心靈功課，因為這代表我們必須從自己身上（不是孩子）獲得價值感。我們得進行自己的內在功課，同時容許孩子不再背負我們的各種期待。我們的目標因此發生轉變——不再為了感到自信而把最好的東西留給孩子，而是想把最好的東西留給自己。如此一來，就不會為了想感受到自身的價值而利用我們的孩子。

身為母親的我們如果能捨棄原本無意識且自以為是的教養方式，變得更有意識，就不會再自以為應該時時指揮孩子。我們只會引導並陪伴他們，最大的目標是將他們視為我們的老師。他們可以讓我們覺醒，並從他們的身上學習。本來走在他們前面的我們，會移動到他們的身旁，或者改走在他們身後。如今，在這趟名為「人生」的旅程中，我們把自己當成孩子的嚮導與同伴。

反過來說，若我們這些母親遺忘自己的真實本質，並且被文化的雜訊誤導，我們就背叛了自己的心。文化告訴我們應該要拚命渴望、控制、爭取，同時感到焦慮。我們以為自己「必須」變成這樣，所以變得沮喪、不耐煩，甚至極其強硬、挑剔。我們的孩子會感受到這一切，並因此想要逃離。

每一次體罰孩子、對他們大吼大叫，或用某種方式羞辱他們，都是在違反我們的本性。我們原先不是這樣的人，而是被教導成這樣。我們先是用這種方式對待自己，接著又繼續用同樣的方式對待孩子，最終結果就是，孩子不僅失去和真實自我之間的連結，他們同時也相信得要仰賴某種有害且不正常的生存方式。

我們必須進行母職的典範轉移。作為母親，我們的目標就是把孩子健康地撫養長大。只要能聚焦在這一點上，我們就會是既溫暖又會照顧人的母親，過程中也不會感受到壓力。我們必須找回真實自我，如此便能允許我們和孩子展現本真。身為母親，我們擁有無比強大的力量，足以改變這個世界。

17・關於青春與美貌的謊言

我們認為我們必須青春永駐。
應該永遠保有水嫩的肌膚，
髮絲柔順亮麗、身體極具彈性。
因為堅持這樣的審美標準，
我們的生活變得不再美麗。

⁑

我從來沒聽過哪位認識的女人常常說：「我很滿意我的外表，不需要做任何改變。」這是不是現實到令人覺得悲傷呢？因自身外貌而情緒低落是非常普遍的現象，我們根本不會加以質疑。儘管我很肯定有些男人也對自己的外表不甚滿意，但他們通常不會抱怨這件事。至於女人呢？她們往往都會這麼做。

外在壓力會以各種形式呈現出來，這當中以美容產業帶給女人的壓力最為龐大。無論是否直接向這樣的壓力屈服，我們所有人都在某種程度上深陷其中。社會文化讓我們將自我價值建構在白皙無瑕的肌膚、瘦削的身材，以及永恆的青春上。我們落入了一種有害的模式，不停和其他女人競爭、拚命拿自己和她們比較。我們在健身房看到其他正在健身的女人、翻閱時尚雜誌，或在大銀幕上看見那些女演員時，都會不斷問自己：「我的眼睛、鼻子、笑容、胸部、雙腿、臀部和她們比較起來怎麼樣？」

不管是否明顯地表現出來，在涉及外貌時，多數人都對自己十分嚴苛。我們看著鏡子裡的自己時，總是先注意到一堆缺點——凸起的小腹、皺紋、妊娠紋，或是橘皮組織，我們會在心中無情地批評自己。

鏡子的奴隸

自從有記憶以來，每天我醒來都會照照鏡子，並挑剔自己的臉蛋和身材。我的目光都集中在皺紋和橘皮組織上，它們是我所看到的一切。現在的我和過去的我差別只在於，如今多數時候我都不會狠狠地自我攻擊，也不會嘲笑、貶低自己。

過去對於永遠都不夠好的自己，我會在內心嚴厲地批判，腦海裡想的只有臉上、身上所有文化告訴我們不好看的地方，像是我的捲髮（而非直髮）、偏黑（而非白皙）的膚色、豐滿（而非纖瘦）的身材、凹凸不平（而非平滑）的肌膚、會相互摩擦（而非擁有縫隙）的大腿內側，以及小短腿（而非修長美腿）。

我極度自我厭惡，陷入飲食失調的狀態。知道我最初是從哪裡學到「暴食症」的嗎？答案是我最好的朋友。那時我們才剛滿十六歲而已，她則是從另一群女生身上學來的。她們用滿不在乎的口吻說：「噢，我就吃想吃的東西，然後再把它吐掉，這樣就不會變胖。」我從來沒有聽過這種事，十分吃驚，於是心想：「哇，那我也可以試試看。」

幸好我一直對這樣的方法很不拿手，而且整段暴食的過程也無法讓我感覺愉快。無論是在生理上，還是心理上，我都覺得很反感。幾個月後，我終於停止這樣做，但並不是因為我已經完全接納自己，單純只是我不喜歡在吃完東西之後，又把食物吐出來而已。對當時的我來說，如果能用其他更舒服的方式把食物從身體裡弄出來，我一定會去做。

為什麼在飲食失調的人當中，女性佔大多數？原因在於大眾都先衡量我們的外在美，然後才關注我們的內在特質。女性被嚴重物化，從而導致我們將這樣的壓迫內化，很快我們就成為自己最大的物化者與壓迫者。在察覺這一點之前，我們對待自己身體的態度像是在觀看博物館裡的展示品一樣，先是把自己的全身上下批評得體無完膚，從耳垂形狀、大腿內側、鬆垮的「蝴蝶袖」到浮腫的腳踝，無一不批。接著，開始希望能擁有所有的完美特徵，例如最好看的睫毛、嘴唇、顴骨，還有下巴線條。我們將自己的臉龐拆解，不再把它視為一個整體，同時也忘記自己是各種特徵的綜合體、必須從整體的角度來欣賞。知道這對我們的幸福造成了多大的傷害嗎？

直到我在三十幾歲生下女兒之後，我才意識到自己心中有某種東西必須被改變，不然我就會把這種內在束縛傳遞給她。除非我學會接納並欣賞我身體的真實樣貌，否則我一定會讓她接收到這樣的訊息：一個女人的價值和她的外表密不可分。於是，我開始進行一些嚴肅的內在功課，針對所有和外貌有關的信念體系，以及文化論述進行解構。

我逐漸明白，有缺陷的不是我的身體，而是文化看待女人身體的方式。我們的身體沒有缺陷可言，只有健康與否的問題。在了解這一點之後，我就開始捨棄文化灌輸給我的各種觀念。雖然我偶爾還是會因為這樣的內在束縛所苦，至少現在已更能發自內心地接納自己與生俱來的樣貌。

不管文化告訴我們什麼，我們都深信不疑，並且持續自我貶低。這代表，我們已經在不知不覺中接受這些觀念，這是非常殘酷的事實。我們只要認同文化所定義的美好，就會因此拋棄自身以及家族基因所擁有的獨特價值。

多個世代以來，全世界的女性都嚴重背叛自己，而且這種自我霸凌的程度勝過文化對我們的欺壓。我們作踐並出賣自己，把自己賣給幻想中的對象——也就是外在世界的所有人，讓化妝品產業、醫美產業、各種時尚稱號、媒體、文化環境以及父權體制主宰我們。我並不是要女人完全和文化環境對著幹，我們還是可以選擇去除唇毛、剃掉腋毛，並修整眉型。我揭露這種現象的重點在於，讓我們盡可能有意識地做出選擇，而不是在沒有清楚覺察的情況下，就自動向這些文化規範屈服。

全球盛行的審美觀

長久以來有套審美標準一直風行全球，無論世人對身型的偏好經歷了多次更迭，膚色都是以白皙為上選。「皮膚越白越好，越年輕越好」，這套嚴苛的審美標準令所有年齡層的女人都深感困擾、飽受折磨。

即便到了今天，多數雜誌封面和廣告看板展示的女性特徵都還是金髮、白皮膚。年輕的有色人種女孩必須在這些雜誌當中不停地翻找，才能找到和自己相同類型的照片。

多數黑人女性和其他有色人種女性都會表示，她們在成長過程中始終覺得自己不夠美。為了符合這套白人審美標準，她們會美白肌膚、燙直頭髮，或是把身體塞進塑身衣裡。對膚色黝黑的女人來說，她們要到很晚才會明白「黑皮膚其實也很美」。

我們現有的審美標準隱含大量的種族歧視與年齡歧視。文化把美麗的定義變得死板、狹隘，讓全球無數女孩的自尊心都遭受這種折磨。作為女性，我們有責任重新思考，美麗對我們每個人具有什麼涵義。這是讓我們對自身價值懷抱開闊意識的唯一方法，如此一來，才能使我們的價值與既有的審美典範脫鉤。

大自然賜予我們青春，卻從未要我們永遠緊抓著它不放。看看整個自然界——一切事物都會老去，然後死亡，這當中並沒有痛苦掙扎。那麼，我們是從哪裡學會得和大自然、時間的流逝對抗？答案是我們所身處的文化環境。

文化告訴我們，老化是件很可怕的事，必須竭盡所能地避免。因此，一個女人會經歷嚴重的內在分裂，之後便開始試圖用人工的方法來解決這個問題。她也許不想施打肉毒桿菌或注射各種填充物，但她會發覺自己在心裡嚴厲地自我批判，以此作為順從時間流逝的懲罰。

男人就沒有像女人這樣將自我價值感和外表連結在一起，這種狀況非常明顯。每次和其他講者輪流上台演講時，我都能充分意識到女人受到各式各樣審美標準的束縛。男性講者通常都身穿輕便的衣服和普通的鞋子，較少為了服裝大費周章。至於女性講者呢？她們會有化妝師、髮型師，還得穿上其實很不舒服的高跟鞋。當然，並非所有女人都這麼注重外貌，但假定多數女人都是如此，是比較保險的做法。這就是文化灌輸我們的觀念。

我們破壞、貶低、輕視與生俱來的樣貌，並為它編造各種藉口。比方說，我們只穿黑色或寬鬆的衣服。我們會使用特殊的化妝品和燈光修飾氣色，也少不了染髮、護髮，還有砸錢購買高級品牌的服飾，抑或是使用各式各樣的假髮、假睫毛，以及填充物把我們的真實樣貌隱藏起來。我們用這種方式偽裝自己、塑造出原本不屬於我們的模樣。

那要怎麼為自己創造出一套新的審美標準呢？首先，必須了解自己面臨的是什麼樣的困境。一旦這麼做，就能有意識地接納自己的身體狀態。當我們和自己深刻地結合在一起時，就可以清楚地教育我們的女兒和後續的年輕世代，她們應該要欣然接納自己。必須讓她們明白，我們的文化可能不會認可她們的外表，以及她們該如何與這一切所造成的心理影響抗衡。透過有意識地揭露並談論這個問題，我們可以協助年輕女孩建立更好的身體意識與自我觀感。

跳脫所謂的「美麗」

當代女性主義者通常認為，我們身上的每一個部分都很美麗動人。所謂的「美麗」不只是單純的形容詞，背後代表的是一種對「好」的評斷。在我們的語言裡，不少詞彙與描述都不只是修飾詞，而是對「好壞」的評判，例如「美麗」、「漂亮」或「醜陋」就是如此。

當我不再想要從「美麗」的角度來看待一切事物，而是正視它們的真實樣貌時，就開始在我的心裡進行典範轉移。如果我身體的某個部分「胖嘟嘟」，我就會說它「胖嘟嘟」，我不必評斷它的好壞，它就只是「胖嘟嘟」而已。若我身體的另一個部分「圓滾滾」，我就會說它「圓滾滾」，這件事並沒有好壞之分，就像我的眼睛周圍出現了魚尾紋一樣客觀。

我不需要說：「我有魚尾紋，而且它們很美。」若有人必須這樣說，表示他們在某種程度上感到不安。如果我們真正接納自己的身體，就會直接用原本的模樣來稱呼它們，而不會為它們貼上「好」與「壞」的標籤。因為我們對「贅肉」、「皺紋」和「橘皮組織」這些字眼很反感，所以把它們視作一種侮辱，這就是文化的投射。為什麼不讓這些生理特徵就只是如此呢？

通常聽到女兒或其他女人說「我好胖」，我們的直覺反應是跟她們說：「妳才不胖，妳很瘦。真希望我能像妳一樣瘦。」或者她們說「我覺得我好醜」，我們就會立刻回答：「妳不醜，妳很美。看看妳那甜美的笑容，還有那小巧可愛的鼻子。」我們沒有發現這其實是在過度吹捧我們的孩子，尤其是女兒。我們努力藉此給予他們某種歸屬感（也許我們從未擁有這樣的歸屬感），然而並沒有意識到，我們其實是在讓他們內心的無價值感一直持續下去。

誇讚孩子的外表，並幫他們消除心裡的厭惡感，其實會在不知不覺中認可、加深他們的不安。想解決這個問題，要做的不是改變遊戲規則，而是停止參與這場遊戲。聽到女兒或某個年輕女孩說自己很胖，我們不會加以反駁，因為這樣只會開啟一段虛假的對話。我們可以改說類似這樣的話：「妳就是妳。不要貼標籤，也不要批判。如實接受自己的真實樣貌，然後好好愛它。請用欣賞的眼光看待妳自己，去愛自己的一切。拿掉那些比較和負面思考，妳的身體在用這種方式保護妳，妳的體型賦予妳這份禮物，妳的臉龐就是這樣反映出真實的妳。不需要試圖成為其他人，做妳自己就好。想做到這一點，妳必須接納自己的每一個部分。在接受自己的真正樣貌之後，妳就可以根據妳的真實意願來進行改變。」

女兒曾經針對我腋下左右晃動的贅肉發表意見，這件事令她覺得很有趣。「媽咪，讓妳身上的蝴蝶揮動翅膀。」對此，我的本能反應是把它們隱藏起來，或告訴她這對蝴蝶袖很美麗、強壯。但在停下來思考一下之後，我明白我不必說任何話，只要告訴她，我欣然接納自己的身體即可。我不僅不需要任何標籤、形容詞，以及對話，也無須抗拒，試著或用「美麗」、「強壯」來評斷它。如果我真心接受自己的真正樣貌，我何須排斥、抗議或爭論？後來只要她想要看我的「蝴蝶揮舞翅膀」，我都會開心地笑著，然後開始在房間裡四處飛舞，她也會開心地笑倒在地。此外，我也會提醒她，她的手臂可能無法像我這樣晃動，因為每個人的身體都不一樣、具備不同的力量，她不必為此感到難過。

言語可以療癒，也可以羞辱一個人。到頭來，只有我們對自己說的話才是真正重要的。外在世界總會有人用言語羞辱我們，發生這種狀況時，我們必須從中抽離出來（儘管這很困難），並且了解他們會做出這樣的行為，是由於他們的不安全感使然。話雖如此，聽到他人說自己胖，我們在做出任何反應之前，也要先停下來思考一下。若我們就是這麼胖，該怎麼辦？舉例來說，如果有人說我大腿上有橘皮組織，我該認為這是事實，還是覺得自己被羞辱？我的腿上確實有橘皮，所以呢？我會因為這個事實感到沮喪、羞愧嗎？抑或是只把它當成一個中性事實看待？有發現我想強調的重點是什麼嗎？文化讓我們對我們的贅肉或橘皮組織感到難過，彷彿它們是很糟糕的東西。但我們會擁有這些東西，是非常自然的一件事。

言語通常只是為了傳遞訊息而已，一旦被用來羞辱人，就從溝通工具變成了傷人的武器。讓我以「肥胖」（obese）這個詞為例。在醫學上，它是指「身體質量指數」（Body Mass Index，簡稱ＢＭＩ）超過某個特定數值的一種疾病，這個詞是健康有關，而不是對一個人的貶損。然而，若有人說另一個人「肥胖」，往往是一種羞辱，而不是在描述一種醫學現象。有很多人都會用這樣的字眼來詆毀、中傷別人，總是會有人為了獲取自以為是的掌控感而這麼做。我要再次強調，我們的心裡擁有強大的力量，可以對這些話語做出反應。當我們內化這些羞辱時，其實是在把自主權交給別人。

重點不在於其他人說了什麼話，而在於我們將什麼東西內化。如果我們不能完全接納自己不完美的身體，就無法期待別人這樣做。不過，我並不是在說我們就不能健身、為了參加派對而把頭髮燙捲或施打肉毒桿菌，而是必須先承認我們的小我意識，然後再依此做出選擇。我們仔細辨別、權衡得失，而不是直接受到文化或不安全感的束縛。

擺脫這些文化制約，我們就會停止注意身上那些不完美的地方、說自己的身體「有缺陷」。假如這麼做了，也會馬上有意識地問自己：「我憑什麼這樣說？」藉由經常質疑我們被灌輸的各種觀念，我們就能從被物化的狀態邁向圓滿。

共同促成我們的物化

接下來，我要說的話會刺激到某些人。我要求女人為自己的悲慘處境負一部分責任。這絕對不是件令人舒服的事，但唯有在承認我們如何共同造就我們的處境時，才得以為我們自己，還有我們的女兒和姊妹們帶來力量。

問任何一對夫妻誰買比較多的衣服、美容商品，以及為了重要活動花比較多時間準備，答案很有可能都是妻子。準備參加某項活動時，我們女人會先問自己要穿什麼衣服，然後搭配什麼鞋子。

若詢問任何一名女子她為何會做某種打扮，回答通常會是：「因為這令我感覺愉快！我是為了自己打扮的！」儘管這是真的，卻不是事實的全貌。在這當中，還有某個我們不願意輕易承認的部分，那就是我們極度渴求「他人渴望自己」。這有很大一部分是我們的天性，同時也有一部分是為了滿足男人的狩獵本能與渴望。即便予以否認，我們確實會尋求這樣的渴望，並為此在不知不覺中調整我們的外表。我們當然可以假裝之所以喜歡偽裝、掩飾自己，是因為這會使我們感到開心，但我們並沒有說出完整的真相。

我怎麼知道事實是如此？看看我們獨處時的模樣就知道了。這時候的我們沒有化妝、配戴飾品，也沒有穿內衣，穿的是同一件舊T恤和髒掉的運動褲。若我們在獨處時是這個模樣，卻在外出時盛裝打扮，那麼要說我們這麼做不是為了別人，是很不合乎邏輯的。

我每次挑戰我的女性朋友：「妳們只是喜歡被讚美才打扮的，對吧？」她們都不肯承認這一點，一定會反駁：「才不是這樣，我這麼做是為了我自己。」要我們承認精心打扮其實別有目的，是很困難的一件事。但我們無須為此感到羞恥。就如同我剛才提到的，我們生來就希望被人渴望，既然如此，坦白承認又何妨？為何要覺得羞愧？

實際上，我還要點出另一個潛藏的意識，那就是我們會充分利用自己的外貌優勢。在拍照時，我們會透過彎曲身體來展現出「最好看的那一面」，或者在站立時，會把一隻腳擺在另一隻腳前面，好讓腿看起來比較修長。我們會用化妝品修飾臉蛋、噴香水，還有以各種方式使頭髮看起來更豐盈。要接受訪問時，我們一定會多花幾分鐘打理外表。我們知道自己擁有這個名叫「美貌」的「東西」，絕對要竭盡所能地善加利用，但與此同時，我們也不想承認這一點。有一部分是因為這個情況是一把雙面刃；我們一方面「利用」外貌，另一方面卻又厭惡自己必須這麼做。

我們就是這樣開始和文化環境共同促成我們本身的物化。儘管感受到沉重的負擔，我們依舊用自己的方式接受這一切。除非能坦承這一點，否則是無法有意識地擺脫這種狀況，而我們的處境也不會有什麼改變。

到頭來，沒有人可以告訴我們，我們應該呈現什麼樣貌，或者對自己的外表有什麼樣的感受。這一切完全取決於我們自己。每當我們看著鏡子裡的自己，然後因為不符合某種標準而自我批判時，我們就是在共同促成物化與一味順從。我們可以好好看著鏡子說：「我才不管別人怎麼看待我，還有我的外表。我就是我，我看起來就是這樣，事情就是如此。」

試想一下，如果抱持這種態度，會對我們的心理產生什麼影響。我們會立刻感覺這些壓力獲得抒解，不再為了準備參與某項活動，或是因為覺得自己沒有呈現出某種模樣而感到苦惱。我們不僅不再焦慮，自尊也將因此明顯提升，再者，勇敢接納自己的真實樣貌，其他人的意見變得無關緊要。

女人一冒出白頭髮就會急著跑去染髮，免得別人認為自己老了；男人的頭髮開始變白時，大家會覺得他們看起來睿智、老練。如果女人有個大肚腩，旁人會認為這樣很難看，但若男人挺著啤酒肚，大家連眉頭都不會皺一下。如果女人的頭髮開始變得稀疏，她們會趕緊用假髮或圍巾遮掩；若禿頭的人是男人，大眾會覺得這是件很正常的事。如果女人去參加派對時穿著隨便，她們會遭受嚴厲的批評，但換成男人這麼做，只會獲得輕描淡寫的評論說「男人就是這樣」。對於女性和男性，我們的文化訂下了不同的規範。

若我們的兒子看起來很邋遢，或是在吐司上多塗了一點奶油，我們不會特別在意。但在面對女兒時，我們的態度就不是如此，而是希望她們能注意控制體重，並注意自己皮膚和頭髮的狀況。即便自己受到這些審美標準的束縛，我們還是有意無意地將這套標準傳遞給女兒。對於男性和女性，我們的標準有著極大的不同。

首先，由於否認事實，我們付出了不少代價。我們宣稱之所以努力打扮，是因為「這樣令我們感到開心」。事實上，這些打扮並沒有使我們覺得快樂，「獲得的讚美或欣賞」才是我們感到開心的原因，這兩者之間有著非常大的差異。如果我們大方承認就是喜歡受到關注與稱讚，這會很有幫助。與其假裝它不存在，不妨看看選擇接納這股需求會帶來什麼樣的影響。

承認事實會為我們帶來力量。說這樣的話有何不可：「我喜歡被讚賞。我喜歡聽到大家說我很美，我喜歡大家看見我的容貌，然後發表他們的看法。」我們懷抱著雙重標準，一邊費盡心思打扮，卻又一邊抱怨自己受到大量關注。此外，這樣的關注如果來自於擁有明星般外貌的陌生人，而不是普通路人，我們就不會如此介意那些品頭論足。我們的內心真是充滿矛盾。

再來，我們也因為共同提高審美門檻，付出了很大的代價。向荒唐的審美標準屈服、用各種填充物塞滿我們的身體，或是把自己改造得面目全非時，我們就是在讓女人失去力量。在外表上不斷追求「下一個最好的東西」，就表示我們也認同「還有某樣東西需要修正、改進」的想法，並且將這項訊息傳遞給其他女人。我們沒有清楚意識到這一點，反而為了符合這套標準，不停地修整外貌。於是，審美門檻也跟著不斷提升。

實境節目《與卡戴珊一家同行》使大家感覺自己似乎也該跟上潮流，妳們應該懂我的意思。假設十個女人中有三個女人精心打扮，其他七個女人如果沒有因此感到不自在，那八成是她們才剛睡醒，還搞不清楚狀況。如果有三個人進行豐臀手術，其他七個人的屁股相較之下會看起來「普通到不行」；大家原先覺得「普通」的東西，則突然變得令人羞愧。

我們戴上假睫毛，就是在表明某種態度、提高審美門檻，同時對我們周遭的審美文化造成影響。塗上紅色口紅、穿上集中托高型內衣，以及在社群媒體用濾鏡美化照片時，我們也是在做同樣的事。透過這些看似無傷大雅的行為，我們共同參與了這樣的文化，但如今發現這些選擇並非無關痛癢。由於做出這種危險的選擇，我們共同造就了令自己哀嘆不已的審美文化。

讓我以配戴髮片和假髮這種簡單的動作為例。女人之所以戴上它們，是因為想讓其他人覺得我們的頭髮更柔順亮麗。我們喜歡收到別人的讚美，如此一來就會對自己更滿意。若一切就此停留該有多好，但是現在我們讓大眾對頭髮的審美門檻變得更高。原本女人不需要在她們的頭髮上添加任何東西，光是這樣一個舉動就會引發一連串的連鎖反應。當一個女人看到另一個女人戴著髮片時，可能會很想擁有這樣的容貌，並且注意到戴髮片的女人因此獲得關注與讚美，她也想變成那樣。於是，她開始在網路上搜尋類似的髮片。可惜的是，她本來都覺得自己的頭髮很好，也接受它們的真實樣貌。然而，她看見其他女人是這樣處理她們的頭髮，並因此得到正面關注，突然間，她開始對自己的頭髮感到不安。

這一切常在不知不覺中發生，但女人就是這樣不經意地造就了她們的悲慘處境。我們沒有意識到，一直努力使自己變得更美，並且覺得自己毫無價值、因此焦慮不安，我們其實是在助紂為虐——讓父權體制繼續定義我們。這就是為什麼，察覺我們的物化狀態與一味順從，是非常重要的一件事。

到頭來，自我接納才是真正的重點所在。當我們進入這種狀態，就不會吹捧或貶損其他女人，而是會欣賞每個人的美。我們將認可我們的多樣性，並允許自己和文化訂立的標準不同。只要覺得自己「夠好」，就不會再不停地追求所謂的「最好」。當我們擺脫外界的定義，內心將獲得解放。在根據自身的觀點與標準來定義「美麗」時，我們就可以真正做到這一點。

18・關於善良的謊言

待人謙恭有禮、和藹可親，
溫文儒雅、不動怒，
我們學會默默壓抑與順從。
於是，我們讓自己的力量被奪走。

⁙

「這很簡單，媽。它只有一個字而已——『不』。」我的女兒梅雅快速向我示範要如何說「不」。她繼續說：「媽，妳知道妳像什麼東西嗎？妳就像一張厚實、舒適的地毯，每個人都喜歡上去踩一踩。」雖然只是幾句童言童語，卻非常有道理。她說得一點都沒錯，若要說我有什麼大問題，「無法拒絕別人」就是我最大的罩門。

為什麼拒絕他人對我來說這麼困難？原因很簡單，我從小就被教導要答應別人的要求。長輩們要我做個「好人」，而好女孩經常「答應別人」，即使再怎麼想說「不」，好女孩還是會說「好」。她們之所以這麼做，是因為被訓練成要把其他人的感受看得比自己的感受更重要。畢竟，好女孩應該要對所有人都很友善，她們不會引發紛亂、騷動或戲劇化場面，單純而隨和。

不是只有我被教育成這樣，無數的女人在成長過程中，被父母親訓練成他們部隊裡的玩具士兵。好士兵聽從命令、不會問太多問題，當然也不會大聲抗議，只會乖乖服從。我們越是這麼做，其他人就會越滿意，於是我們就能獲得自己極度渴望的肯定。

如果要說女人承受了什麼樣的魔咒，答案就是「善良」的詛咒。男孩們可以做自己——聒噪、吵鬧、好動。至於女孩們呢？她們必須表現出有教養的樣子，意味著必須討好身邊的人，並且滿足他們的需求。

請深入思考一下這項要求。顧慮他人的感受是日常人際交往的基本要素，我們不希望顯得粗魯無禮。但另一方面來說，這是一項不可能達到的要求，想想看，我們真的有辦法「照顧」另一個人的情緒嗎？除非願意完全抹滅自身的獨特個性、為取悅他人而拚命扭曲自己，才有可能做到這一點。這根本就是在摧毀我們的靈魂。

知道女人浪費了多少時間，就為了符合「好女孩」的角色，讓別人喜歡自己，收到「貼心、聽話」的讚美嗎？明明想拒絕，卻說不出口，或者因為害怕而避免正面衝突。我們有多少次沒有向上司爭取加薪？有多少次沒有保護自己、不讓男人騷擾侵犯？又有多少次沒有主動離開失衡的關係。這一切全都是因為我們努力想做個「好人」。

這裡舉些常見的例子，有個男人希望妻子以某種方式（或某種頻率）和他做愛。若她拒絕這樣的要求，他就會很不開心，所以這代表她不是個好人嗎？或者試想一下，有個母親希望女兒每天打電話給她，不然她就會覺得很受傷。如果女兒沒有這麼做，就表示她不在意母親嗎？又或者，有個朋友希望妳在派對上都只和她待在一起，否則她會感到不安。

「待人友善」和「做自己」之間的界限在哪裡？我們要怎麼既顧慮別人的心情，卻又不會背叛自己？要如何忠於自己的感受與界限，同時又能顧及其他人？如果想要喚醒我們的真實自我，就得好好思考這些關鍵問題。真實自我渴望能自在地做自己，想得到這種自由，我們必須停止「做個好人」，同時將自己的真實樣貌展現出來。

當女性特質變成一種毒害

曼蒂來找我諮商時，體重超重了一百二十磅，但在這樣的外表底下，她其實是個很迷人的女人。曼蒂形容自己是「與他人相互依存的典型同情者」。這種相互依存感覺像是她無法控制的一種成癮行為，而不是她的自主選擇。她和丈夫結婚超過三十年，即便知道他一再不忠也沒有選擇離開。她說，這段婚姻已經讓她失去熱情、感到倦怠，但她還是選擇留下。曼蒂坦言：「我不曉得我為什麼要留下來，我就只是這麼做而已。」不知所措的她就是無法離開。在他們家，她的角色是負責照顧身邊的人，並滿足他們的需求，因此離開她的丈夫似乎是件大逆不道的事。

撇開曼蒂的體重不談，她是一個完全把自己隱藏起來的人。她自嘲說：「我知道我看起來不像個隱形人，但我確實是如此。」因為想成為充滿關愛的妻子與母親，她澈底犧牲了她的自我認同。在我解釋她是如何發展出「有毒的女性氣質」（toxic femininity）時，她一臉疑惑地看著我。我們都聽過「有毒的男子氣概」，那「有毒的女性氣質」又是什麼？

當一個女人擁有強烈的女性特質時，她會察覺到自身強大的包容力。她可以接納、照顧他人，並且自在優雅地和人群連結與交流。她極具彈性、樂於配合，同時也擅長與人溝通，以及建立族群。她會和家人、朋友待在一起，無論他們是老是幼、健壯或病弱。我們獨特的女性能量賦予生命也肯定生命，它推崇多樣性，使我們得以相互支持。這就是我們作為給予者的天性。

「有毒的女性氣質」指的是被發揮到極致的女性能量。通常是這樣發展出來的，某個年輕女孩在極度缺乏覺知的家庭中長大，她因此學會沉默是最明智的生存策略。年輕女孩若以這樣的方式成長，往往會發生這些狀況：

- 她的父母親掌控一切。
- 她的父母親因為自身創傷飽受折磨。
- 她的父母親忽視孩子，或極具威脅性。

在這種情況下，這名女孩的父母親關心的是他們自己，而不是她的自我表達能力，她根本沒有足夠的空間可以自由翱翔。

孩子需要家庭給予包容與彈性，讓他們的獨特性格得以順利發展。若家庭裡充斥著上一代的無意識行為，他們就會被迫融入現有的體系，這套體系沒有為了包容孩子的獨特需求而轉變，反而要求他們捨棄真實自我。一旦父母親只關注自己的執念（他們所抱持的信念體系或過往的童年創傷），就會迫使孩子將自己隱藏起來，因為如果孩子不埋藏真實自我，這個家就會崩塌。

孩子（特別是敏感的女孩）會意識到，父母親（還有整個家）極其脆弱。他們會立刻跳出來救援，並竭盡所能地修補這一切，他們無法投注精力去發展自己的心智與信念，而是傾盡全力、試圖控制某個無法掌控的狀況。

在這種家庭環境中長大的女孩，很早就察覺每個人有多脆弱。她明白自己的看法、感受與恐懼將成為「壓垮駱駝的最後一根稻草」，因此選擇壓抑自己的情緒。比起聆聽自己內心的聲音，她反而擅長解讀別人的心，這也是她賴以生存的基礎。於是，她只關心如何避免衝突，並容許其他人忽視她的個人意願。她已經如同死去一般。她變得非常被動、依賴，不再行使自由意志，也不敢展現自己的力量、走自己的路，始終處於幼稚、畏縮的狀態。原本強而有力的女性特質因此變得極端，甚至病態。有毒的女性氣質就是這樣利用，並破壞女人原有的情感模式，直到它變得面目全非為止。

我們一路追溯到曼蒂的童年，她的「創傷束縛」（trauma bond）變得更顯而易見。曼蒂讀幼兒園時，於一場火災中失去母親和兩個姊姊，在這之後她一直跟變成酒鬼的父親住在一起，父親也從此變得暴躁易怒。繼母們在她的生命裡來來去去，但沒有人能夠真正撫平她的傷痛。從小學一年級開始，大多數的夜晚曼蒂都看著父親喝個爛醉，她必須自己起床上學，並且獨自應付學校功課。曼蒂很早就明白，這個家沒有自己的容身之處，在她的心裡，她覺得自己已經和母親、姊姊一起死去。如今，她只是一具會呼吸的軀殼。

在成長的過程中，曼蒂變成了一個進食成癮者。從七歲開始，她就有過度肥胖的情形，而且始終無法瘦下來。她坦言：「我透過吃東西來壓抑情緒，咀嚼食物的動作可以安撫我的心，這是我唯一的慰藉。我想，小時候沒有人幫助我處理自己的情緒，所以食物和電視就成了我的一切。從那之後，我就不停吃東西，或者用電視的聲音來麻痺自己。」

曼蒂的自我已經消失殆盡。然而，若詢問家人或朋友關於她所受到的創傷，我敢肯定他們根本不知道她有這樣的一面，十之八九反而會對此感到震驚。他們可能會說：「但她總是很開心、很隨和的樣子，從來都不會難過或生氣。」

這正是典型的「好女孩」會做的事——因為和自己內心的真實聲音太過疏離，她會答應別人的「所有」要求。和邁向圓滿需要進行的內在功課相比，這麼做容易許多。她表現得越善良，就越能獲得肯定與稱讚，她就更覺得保持沉默是正確的選擇。

我們懷抱關愛的原始方式遭到澈底摧毀，被某種有害的模式所取代，這件事往往會以下列形式呈現出來：

- 包容變成了偽裝。
- 樂於配合變成了一味順從。
- 敏感變成了脆弱。
- 和他人連結變成了依賴他人。
- 耐心變成了麻木。
- 維持和諧變成了避免衝突。

有毒的女性氣質能將一個人的自我消滅殆盡，它對我們的真實靈魂具有龐大的影響力，足以讓我們深陷在迷霧裡。我們已經非常久沒有感受過自身的力量，甚至不記得真實的自己是什麼模樣。發現我們一直在當好人，而不是做自己時，起先會感到很迷惘，因為長久以來這是我們唯一知道事情，如今明白這一切破壞了自己的本真，令我們感到十分震驚。

曼蒂開始覺醒時，她發現當好人雖然讓她避開衝突，但同時也無法坦率面對自己。她其實一直都活在謊言裡。由於總是顧慮別人的心情與需求，我們不再關注自己，這樣就不必在弄清楚自身的真實感受時，面對內心的掙扎。逃避了這樣的內在掙扎，我們往往誤以為自己處於和諧、平衡的狀態，但事實是我們身處某種不正常的狀態。這也是「好女孩」往往都有成癮問題的原因，除了對食物成癮之外，也可能對酒精、鴉片類藥物、處方止痛藥等各種物質成癮，甚至是沉迷於工作。基本上，這些東西都能使她壓抑真實自我，還有她心裡的聲音。由於澈底否定自己內心的真實聲音，我們只能極度依賴某樣東西，以此作為補償。

承受善良詛咒的女人想要覺醒，就得為自己的心注入新的活力。為了變得積極且充滿力量，她們必須讓自己擁有適度的男性特質。唯有在利用男性能量使自己重新獲得心理平衡時，她們才能擺脫目前的痛苦。

男性特質所具備的力量

我們如果虛偽地活著，和周遭世界的關係當然也都是虛假的。如果我們欺騙自己，理所當然也會欺騙別人，於是，別人眼中的我們只是一種假象。就像我們不知道自己是怎樣的人一樣，其他人也不了解我們，因為和他們建立關係的這個人甚至根本不存在——那只是我們的小我而已。若在和別人相處時，我們展現的是小我意識，並且處於偽裝狀態，那對方也是如此。一個欠缺自我覺察的人會一直使其他人陷入同樣的虛偽與恐懼之中。想和另一個人真正變得親密，必須先誠實面對自己，同時和自己變得親暱。

當我們否定自己的聲音，其實就是在容許其他人（尤其是男人）表現出惡劣的行為。是我們讓身邊的人（伴侶和孩子）漠視我們的需求與渴望。我們沒有意識到，沒有為自己發聲實際上並未保護任何人的心；我們維護的只是小我而已。不僅如此，我們也使自己一味順從的模式一直持續下去。

我們可能會打著「照顧」旁人的名號，卻反而奪走他們的能力，使他們無法勇敢面對挑戰、持續成長。這樣做根本不是關愛之舉，甚至可以說我們非常自私，剝奪了他們正視現實的權利。只是一味滿足他們所有的需求，就表示我們並沒有重視他們所擁有的潛能，彷彿在說「他們無法面對我們的真實樣貌」或「他們沒辦法不依賴我們」，這其實就是在貶低對方。我們不相信他們有能力應付這些現實，於是拿掉了這些可能的成長阻礙，讓他們繼續處於幼稚的巨嬰狀態。

詢問任何一名女人是否覺得很難好好設立界限，我敢保證答案絕大多數都是肯定的。對我們多數人而言，說「不」不是件容易的事，尤其是當這代表衝突與紛爭時，情況更是如此。我們多數都討厭衝突，甚至會因此覺得身體不舒服。和缺乏自我覺察、無法控制自身激烈情緒的父母親一起長大，導致我們的心裡留下了深刻的傷痕，即便已經長大成人，只要感受到一絲強烈的情緒，我們就會逃跑。

我們之所以慣於避免各種衝突，是因為把衝突和憤怒連結在一起。我們還小的時候，憤怒和其他激烈的情緒對我們造成很大的傷害，所以我們學會竭盡所能避免它們的出現。這也導致面對自己或他人的憤怒時，我們往往會不知所措，因為它違反了「善良」的標準。長久以來，我們都被教導要不計一切代價取悅他人，因此拚命壓抑自己的憤怒，直到它變成了冷漠、倦怠與沮喪。否定像憤怒這樣的基本情緒，會讓一個人的內在狀態發生改變，我們開始變得對一切漠不關心，逐漸枯萎、凋零。

我們沒有意識到選擇「壓抑憤怒的情緒」，就是放棄伸張各種界限，以及擁有個人空間的重要權利。當我們對憤怒感到恐懼時，其實是在表明我們害怕將自身的力量展現出來，而透過這種細微卻深刻的方式，我們容許自己的身體和空間被其他人侵犯。

憤怒可以傳遞強而有力的訊息，在情況不太對勁、需要加以修正時，提醒我們特別留意。重點在於回應它，而不是抵抗它。憤怒在我們的生命中佔據一定的分量，我們必須了解該怎麼聰明地駕馭它，得好好思考如何「運用」理智，而不是「失去」理智。

憤怒是我們對於身處不正常世界的一種自然反應。這個世界上有這麼多粗暴殘忍的行為，我們怎麼可能不憤怒？關鍵在於，不要抗拒這樣的情緒，而是把它轉變成某種積極行動。憤怒能驅使我們採取行動，一旦讓這種驅動力變得暢行無阻時，它可以為我們的人生帶來巨大的轉變。

我們必須和憤怒建立起新的關係。藉由承認並認可它所蘊含的力量，女人將開始捨棄一部分柔弱的女性能量，同時使自己擁有更堅毅剛強的男性能量。我們一直根深蒂固地認為，表現出男性化的樣子是很糟糕的一件事，但事實絕對不是如此。特別是對那些「好女孩」來說，更需要發展出這樣的男性能量，才能變得堅強且充滿自信。

擁有適度的男性特質能讓女人理解「拒絕」的力量，並且懂得在必要的時候說「不」。有能力整合自身的女性與男性特質的女人，會勇敢說「不」，不會委屈自己。她們可以用這種能量來約束身邊的男人，防止他們展現有毒的男子氣概。這樣的女人絕對不會允許別人操縱、控制、支配、利用或是粗暴地對待她們。無法應付這種力量的男人沒有足夠的智慧，就不需要把他們留在身邊，越是明白這一點，生命裡的各種有害關係就越會因此消失。

女性化和男性化的面向都是自我很重要的一部分，它們必須成長、茁壯。一直以來，女人若表現得比較男性化就會遭到藐視，並且被貼上「賤人」的標籤。若男人表現得比較女性化，則會被貼上「娘娘腔」的標籤。拜「#我也是」（#metoo）[28]運動之賜，大家開始採用新的方式看待其他人，現在我們可以更自在地呈現男性化的一面，同時男人也可以展現他們女性化的一面。

一起創造嶄新的世界

我們若是覺醒了，也會同時給予男伴覺醒的機會。當我們不容許男人繼續粗暴對待我們，他們就會知道這種有害的行為不會再被饒恕。作為他們的母親、女兒和姊妹，我們有能力阻擋有毒的男子氣概。

這種有毒的男子氣概並非男性獨有的特質。許多身處女同性戀關係的人，也曾經從她們的同性伴侶身上體驗到這種特質。一個人會發展出有毒的男子氣概有很多原因，包含天生的傾向、童年制約以及各種文化規範，但是無論這樣的特質如何呈現，或展現在何處，我們都必須加以辨別並抵抗（對於有毒的女性氣質也是如此）。

我們女性要一同覺醒並奮起，才能持續向前邁進。

首先，我們必須約束全體男性（尤其是白人男性）的無意識與暴力行為。儘管男人應該讓他們的兄弟為自己的行為負起責任，但是我們這些曾經遭受男性壓迫的女人也有責任這麼做。當受壓迫者變得強大時，這種階級制度就會被削弱。掌控、壓制他人絕對不是真正的堅強，這樣的行為隱含著軟弱。

如果女人不再彼此競爭，並且一起挺身而出，我們就能扭轉這個世界，關鍵正是在於我們一同奮起。當我們一起站出來反抗父權體制，就可以使我們的男伴站在適當的位置上——他們應該待在我們的身旁，而不是在前方指揮我們。

女人是天生的「連結者」，我們有能力團結全世界。女性能量讓我們知道怎麼孕育生

28 此概念最早在二〇〇六年，由非裔美籍女權運動者塔拉娜·柏克（Tarana Burke）率先提出。二〇一七年十月，在美國知名電影製作人哈維·溫斯坦（Harvey Weinstein）爆發性侵醜聞之後，女星艾莉莎·米蘭諾（Alyssa Milano）在推特上使用「#我也是」（#metoo）的主題標籤，呼籲性侵、性騷擾受害人站出來分享自己的經歷，引發全球熱烈回響。

命，並使之成長、茁壯。它讓多數具備母性的女人得以擴展自己，同時放手與臣服。如此一來，我們就可以像富饒豐盛的大地母親一樣，賦予並滋養生命，而且生生不息。

女人擁有一顆仁慈的心，她們生來就會尊重並愛護生命。她們的力氣或許沒有男人來得大，但心胸開闊、散發智慧與慈悲，因此得以和大地保持同步。當她們用強而有力的男性特質與這顆慈愛的心相互平衡時，不僅能創造生命，同時也會消滅所有妨礙生命成長的事物。男性特質使她們得以設立各種保護自己的界限；雖然她們充滿關愛，但也不害怕和那些製造仇恨的人對抗。

當女人各自帶著力量奮起，並且和所有姊妹們團結一致，我們將開創嶄新的未來。在那裡，階級制度完全不存在，只有一群彼此了解的兄弟姊妹，他們都會察覺自身的獨特力量，同時重視其他人對世界整體的貢獻。

我們人類都屬於同一種物種、住在同一個地球上，終究相互共鳴、緊密連結、彼此支持。某件影響一個人的事，終將對所有人造成影響。外貌、膚色、宗教信仰、教育程度、收入以及社經地位而產生的區隔，全都只是假象，所有覺醒的人都明白這一點。

PART

· FIVE ·

從母體中
覺醒

AWAKENING
FROM
THE MATRIX

19・設立界限，無所畏懼

她終於擦亮被蒙蔽的雙眼，
並破除那些世代相傳的阻礙。
她走出父母親的恐懼，
迎向充滿希望的明天。
雖然起初有些忐忑不安，
她還是勇敢地接納了這一切。

⁘

某種程度上，我們所有人都是成癮者，都有各自的執著，無論那是我們的職業、信念、扮演的角色、人際關係，還是各種情感模式。就如同酗酒者的酒癮一樣，我們也被這些執著澈底束縛。不相信的話，可以試著要求信仰虔誠的人放下他們的堅持，看看他們會有多抗拒就知道了。同樣的道理，要求任何面臨衝突的人放棄自己的觀點，只會讓他們更顯執著而已。長久以來，我們都受制於這些執念，甚至沒有發現自己被它們綑綁。

察覺我們大半輩子都身處「求生模式」，是摘下虛假面具的第一步。只要還懷抱著這些執著，我們就會被緊緊綑綁。這樣的束縛極為深刻，我們難以充分意識到它們是如何支配著自己。我們其實經常和它們對抗，卻完全不知道自己正在這麼做，只是麻木又自動地不斷複製同樣的模式。

我們要如何掙脫束縛，並擁有新的存在方式？女人該怎麼改變心理狀態，讓自己不再一味順從、從此充滿力量？擁有這具女性身體意味著什麼？我們如何跟身體所具備的領導與管理能力產生連結，並且好好發揮出來？一直以來，我們都容許自己忽視內在真實，因此現在要改為跟隨它，讓人感覺既奇怪又危險。然而，若我們想真正擁抱自身的力量，就必須這樣做。

我們必須勇敢地將注意力從外在轉向內在。這代表我們必須喚醒內在覺知。這件事是需要練習的。

每當遭遇某種外在處境時，我們都不會直接採取一貫的做法，而會用最根本的方式應對——先暫停一下，然後向內探尋。我們不會盲目地以慣用模式做出回應，而是問自己：「為什麼我會有這種反應？這一刻，我真正的感受是什麼？我要如何將這樣的內在真實表達出來？」透過這種內在覺醒，我們心裡的真實聲音就會逐漸增強。當它變得越來越清晰時，我們就能掌控自己的心理狀態。

我做出最大的實際改變，就是學會先停下來，並聆聽我的內在自我。我把它當作一種練習。當我開始覺醒，知道我不能再依靠那些舊有的模式。我必須打破它們，用新模式來取代。因此，我養成了每天冥想的習慣。

透過冥想，我學會覺察自己的內心。在開口說話之前，我都會先停下來確認自己心裡有何感受。這件事變得極其自然，所以現在只要我違背內在自我，馬上就會有所警覺。我會感到不安，進而發現情況不太對勁，自己又落入了某種舊模式、扮演某個不符合真實自我的角色。每次進入恐懼與匱乏的狀態，我都會感覺到身體變得緊繃。如今我了解，這是那些舊模式正在發揮作用的徵兆。過去的我會忍不住對這些模式做出反應，現在我則可以停下來對自己說「哎呀，這種模式又出現了」，然後用心體察它。我們能給予自己最大的自由，就是不再受到舊有情感模式的支配。

這令我回想起蘇西這名客戶。她還記得自己第一次在面臨衝突時，沒有採取舊模式做出回應的經驗。事情發生的時候，她已經來找我治療超過一年，這是她首次改變心理模式。蘇西當時和熟識多年的女性朋友因誤解而發生激烈衝突，朋友拚命指責她，在這樣的情況下，蘇西通常也會瘋狂反擊。然而，蘇西第一次做出另一種選擇——她表現得很平靜，完全沒有回嘴。「我終於懂了，喜法莉醫師。我終於明白妳一直跟我說的自我價值感是什麼了。它仰賴的不是任何人，而是我自己！」蘇西初次領會到自己的內在權威，因此感到興高采烈。對她而言，這確實是種頓悟。

這是蘇西的重大突破，她第一次看見自由。她有能力讓自己不再執著於他人的認可，而是可以自我肯定，很快地，蘇西生活的其他層面也開始發生轉變。她終於深入自己的內心。只要打破舊模式，並且為自己開闢出嶄新的道路時，我們每個人都能擁有這種力量。

我們越常跟自己對話，而不是盲目地回應外在世界，就越能變得平靜。在過去，我們的沉默來自壓抑與羞愧，如今，另一種寧靜出現在我們的生命裡。這種寧靜隨著覺醒而來，我們得以依靠自己心中潛藏的那股力量。這種安靜源自於聰明的覺察，而非出自害怕失去別人的愛，兩者的差異在於我們是否處於沉睡狀態。

停下來聆聽內心的聲音，我們會為自己創造出一種嶄新的狀態——這時，內在覺知會開始變得和外在世界相互契合。我們會把內在自我擺在第一位，優先尋求、遵循它的建議，彷彿它是這個世界上最重要的存在。由於我們認可內在自我，因此只會接納符合自身本質的人事物。我們不會再容忍那些使我們壓抑內在自我的環境，這樣一來，外在處境也會開始轉變。

認為自己值得被肯定與尊重，將澈底改變我們的人生基礎。優先重視自己並非驕傲，而是一種謙虛的態度，因為我們終於了解，唯有先愛自己的人才能真正展現出對所有人的愛。

清楚覺察的智慧

自我尊重有很大一部分和覺察力有關。若要說我過去錯失了什麼人生課題，那就是對於一切人事物缺乏覺察。我只學會待人和善、熱心，沒有人教導我要對實際狀況仔細辨別。如果有人這樣告訴我該有多好——雖然擁有一顆慈愛的心難能可貴，若沒有伴隨清楚的覺察，這種愛心將會被踐踏。

想展現覺察力，就必須設立各種界限。然而，覺察的歷程早在任何界限建立之前就已開始。這一切都從理解「意識智慧」（consciousness quotient）的概念開始。所謂的覺察力，就是了解自己和他人意識智慧的能力。

在成長的過程中，我欠缺了某種非常重要的覺察，那就是明白所有人的意識都處於不同的層次。我以為人類都具備感情與智慧，所以大家的意識狀態也很類似，噢，我真是錯得離譜！我至少花了整整三十幾年的時間，才了解到不是每個人都心胸開闊、仁慈以及富有同情心；關鍵因素在於一個人的意識智慧有多高。

簡而言之，意識智慧是針對個人的自我覺察進行衡量。在覺醒的過程裡，自我覺察是十分重要的因素。若一個人缺乏自我覺察，就無法期待自己和另一個人真正變得親密。這樣的自我覺察不會憑空出現，必須每天加以培養，而這也反映出我們完成了多少內在功課。

我漸漸發現慈悲、同情、積極行動、相互連結，以及彼此支持，並不是所有人的共同特質，而是只有意識達到某種層次的人才會擁有。想把這樣的特質呈現出來，不僅需要意願與智慧，還必須讓自身的各種情感體驗高度整合。若一個人不想尋求這些特質，就不會具備很高的意識智慧。

我剛才提過，覺察力指的是了解自己和他人意識智慧的能力。儘管這項能力沒有客觀的衡量標準，它基本上探究的是個人的自我覺察程度。一旦明白這一點，就不會再出於個人希望，而期盼別人表現出某種行為。我們會理解他們可能就是無法這麼做，畢竟如果他們的意識智慧很低，要怎麼期待對方擁有我們所追求的那種意識呢？

即便多數人的年紀都隨著歲月增長，情緒與意識智慧卻還是很低。我們外表看起來像個大人，但在情感上其實仍是幼稚的孩子。了解到我們和親人都是如此，雖然令人有些沮喪，但這同時也能使我們獲得自由。明白對方的內心依舊是個孩子時，我們就不會覺得那麼受傷，也不會認為一切都是自己的錯。「看見我們心裡的孩子」可以讓我們承認他們的存在，並且對自己和他人懷抱同情，這樣一來，許多不必要的痛苦都能因此得到緩解。

這令我想起一個佛教傳說：有位和尚和他的弟子走在路上，一名乞丐上前乞討。和尚立刻就給了他一點錢，弟子便稱讚他樂善好施。隔天，又有另一個乞丐前來乞討，和尚卻叫他不要再遊手好閒、趕快去找工作。弟子感到很困惑，不懂為什麼他對第二個乞丐會有不同的反應。這位和尚解釋說，他的直覺告訴他，第一個乞丐是真的需要幫助，而第二個乞丐只是因為懶惰──這就是我所說的覺察力。

並非每個人都身處相同的意識狀態，因此用同樣的方式對待眾人絕非明智之舉。我們必須針對每個人做出不同的回應，就像每一個孩子的性格都不相同，所以父母親得因材施教一樣。採用同一套方法、一概而論，絕對不是明智之舉，在面對各種人際關係時也是如此。

「覺察」和「評判」是不一樣的。一般來說，評判是指認定另一個人不如自己，這麼做會讓人類遭受苦難，帶來暴力、戰爭與死亡。當某些人認為只有他們的做法才正確時，就會導致各種罪惡。評判模式奠基於恐懼與對立，追求的是分化與征服。

覺察則不會想要掌控他人，只會試著進一步理解對方的情感與精神特質。它明白，所有人都有屬於自己的人生旅程。由於了解並重視每個人各自的旅程，這種覺察不會試圖改變對方，只會請我們自己選擇是否要繼續與這個人互動。若決定離開，則會帶著輕鬆、愉快的心情，而不會心懷怨懟。

有了這樣的覺察，我們不會被動地讓任何人進入生命中影響我們，而會像母獅子保護小獅子那樣，勇敢地守護自己的內心。我們不再被動接受，而是主動參與，謹慎地審視、分辨與挑選要把自己的精力用在誰的身上。這麼做並非評判，而是務實。我們身邊的人事物都必須符合自己所設定的標準，自我尊重與自我價值感只會允許那些和我們擁有類似意識的人進入心裡。我們不會再默默順從，現在能夠有意識地創造出「內在感受」和「外在體驗」相互契合的狀態。

有意識地打造自己的人生就是這種感覺。我們不再是自己生命中無辜的旁觀者，而是開始小心翼翼地建構人生的基礎。這不表示不會再犯錯，而是代表我們將意識到，這些錯誤都是自己在清楚覺察的情況下做出的選擇。有的只是成長的機會，而非懊悔。

對女人而言，要成為自己最堅強的支持者不是件容易的事。長久以來，我們都被迫相信自己不夠好、不夠強大，或者不夠有價值。我們被訓練成需要別人來支持我們，太過習慣在人生中扮演被動的旁觀者。

當我開始優先重視自己時，我的人生因此徹底改變。我知道這麼說聽起來很自私，而且感覺觀點狹隘，但其實正好相反，因為在覺醒之前，我對他人付出的關愛是出於猶豫、逃避與恐懼，而不是基於真正的慷慨與富足。它源自於我內心的種種需求、依賴與匱乏，我沒有意識到自己只是在扮演給予者的「角色」，而非真心付出。

後來開始察覺我扮演的諸多角色，以及使用的各種面具時，我發現這些付出其實來自某種內在的空虛。它源自於小我意識，並發展成我獲取他人認可與肯定的一種手段。當我逐漸打破這種模式，並且只基於「快樂」而付出（而不是由於義務使然），事情開始跟著改變。是的，我確實因此失去了很多人際關係，雖然起先感覺很可怕，但我很快就明白這些關係是建立在虛假自我的恐懼，而不是真實自我所蘊含的力量。

在覺醒之後，我花了很多時間卸下虛假的面具，以及捨棄那些虛假的人際關係。因為對我來說，建立各種界限，並重視自己心裡的聲音是如此困難，經過一天又一天的努力，我才漸漸得以離開這些虛假的關係。後來甚至能很早就察覺到它們的存在，並且避免它們在我心中生根發芽。我決定不再犧牲自己，這樣的想法也超越了我對友誼的渴望，對我來說，一段關係必須符合真實自我，否則我寧願選擇獨處。

等我們達到這種不容妥協的境界，決心不再為任何事情放棄真實自我的時候，我們的內心與外在世界就會彼此協調。這感覺就像是我們散發出某種氣味，吸引其他人靠近，那些無法應付我們真實自我的人，自然會保持距離，只有那些走在同樣道路上的人才會出現在我們身旁。光是決定展現自己的價值，就能讓我們進行內在功課。

一旦選擇重視自身的價值和內心的聲音，我們就會優先關注這個問題：「這是否和我想擁有的感受吻合？」對於我們希望成為怎樣的人、想擁有什麼樣的感受，我們都有著清楚的想像。

因為內在變得富足、協調，我們不再需要急就章地抓住來到眼前的第一個機會，而是會先等情況全都清楚呈現出來。我們會觀察相關人事物，讓它們展現真實樣貌，接著再決定是否要全心投入。如此一來，我們就能在選擇和另一個人結合之前，先為自己創造出某種完全和諧的狀態。

如何設立不容侵犯的界限

在親密關係裡建立界限、拒絕依賴者，以及離開那些有害的關係動態，是過去的我一直極力避免的。如今我明白，我只是在欺騙自己而已。在學會自我尊重、自我擁護，並且感受到自己的價值之前，我都無法真正展開一段真誠的關係。如果連我們自己都深陷泥沼，是不可能拯救任何人的。

設立界限意味著說「不」，就是這麼簡單。「這一切感覺不太對勁，我必須停止參與。」我們可以透過言語或行動來表達這種拒絕，這其實不是在對別人說，而是對自己說「不」——我們拒絕再自動且無意識地扮演那些角色。這並非要求另一個人改變，而是要我們本身停止參與某種關係動態。

很多人都搞不清楚「不」這個字的真正涵義，以為說「不」代表必須解釋或合理化自己的行為，甚至得和對方發生衝突。或者以為自己得協助對方改變（我們認為他必須做出這種改變）。基於這些理由，說「不」感覺非常麻煩，但事實上這只表示我們不再參與這一切。開始說「不」的時候一切就結束了，而這也與他人無關，只代表我們決定不再投注心力。本質上，我們是在對自己心裡那個渴望認可、肯定與讚美的小女孩說「不」，並且告訴她：「妳不再需要對方的肯定了，妳的內心已經變得完整而圓滿。不要害怕將妳心中的這股力量展現出來。」

在這趟覺醒之旅的第一個階段，我們可能會發現自己必須不停說「不」。我們越是在各種關係裡沉睡、讓自己處於不良狀態，就越需要將它們從生命中清除。我們越是清楚察覺這一切，就越常需要說「不」。

這就好比以前太習慣吃垃圾食物，在戒除這股進食衝動的過程中，我們就必須經常對自己的感官說「不」，以免重蹈覆轍。同樣地，我們擁有越多「垃圾」關係，也就越需要這麼做。起初會感覺一直在對自己說「不」，令人倍感受限，但事實並非如此，這是我們這輩子第一次好好地愛自己。我們越是遏止生命裡的種種毒害，自己就越能過得健康而富足。

設立不容侵犯的界限，很大一部分有賴釐清個人的極限。對於聽到的言語，我們能承受到何種限度？我們可以接受，以及不能接受哪些話語？說話時的語調還有行為表現又是如何？我們的母親或許從未告訴我們，必須針對別人對待我們的方式設立界限，導致我們誤以為不需要這些限制。唯有在清楚明白需要別人如何對待我們時，我們才能向他們傳達這樣的需求。如果連我們自己都不知道這些限制是什麼，其他人又怎麼會曉得？

建立界限並非自私，反而是一種「無私」的表現。建立明確的界限時，我們不僅是在保護自己，也是在保護對方。我們必須引導每個人，讓他們了解我們是怎樣的人，以及希望他們如何對待我們。明確的界限就提供了這種指引。說出「我不喜歡別人這樣跟我說話，請妳特別留意」這樣的話並非惡意冒犯，反而是件好事。

在關係中設立不容侵犯的界限，並創造出和諧的狀態，意味著要勇敢地在原生家庭裡這麼做。在建立界限的過程中，這是最重要的一個環節。某些人儘管是家人，卻不見得是我們的「自己人」。能夠區分「不得不有所接觸的人」和「可以有意識地讓他們進入我們生命裡的人」，代表我們已經成為一個覺醒的女人。掙脫了家庭的束縛，讓我們打造出嶄新的生活，在這種生活裡，所有人都能使我們發揮最大的潛力。

如果沒有用這些界限抵擋生命中的各種毒害，就等於同意它們的存在。明白保持沉默等同於間接成為共犯，是我們覺醒過程中極為關鍵的一件事。光是感覺難過還不夠，不管是抽離自己的情感，還是實際離開某種處境，我們都必須向外界傳達這一點。我們得將自己的感受轉變成行動，這會讓人從柔弱變得剛強。這麼做會讓他人聽見我們的聲音，並了解我們的看法。當然，這可能會激起強烈的連鎖反應（這正是我們所恐懼的），但我們必須捫心自問：「我到底在害怕些什麼？」

多數女人之所以沒有建立界限，是因為猜想這可能會引發某種可怕的後果，像是被否定、被拋棄、失去經濟支援或是被羞辱。我們會想像最糟糕的狀況，最終選擇繼續默不吭聲、冷漠以對，卻沒有意識到我們害怕的那些事其實已經以某種方式或形式呈現出來。

我在經歷離婚過程的時候，曾揣測自己會變得一無所有又孤獨。直到深入自己的內心，我才發現從很多方面來看，我已經是如此。在這段婚姻裡，我早已失去親密感。我對未來的擔憂已經成為事實，還有什麼事會比已經發生的事更糟？

我們在生活的每一個層面都是如此。我們想像著某種可怕的未來，卻沒有意識到，這種恐懼其實源自於目前正在發生，或是過去已經發生的那些事。事實上，我們正是根據過往的經驗設想出這樣的未來。若過去不曾發生這種事，我們就不會產生這樣的想像。「規劃將來」最美好的地方在於，我們的未來充滿了無限的可能性，無論再怎麼精心規劃，一切都不會完全照我們的計畫發展。

我總是這樣詢問客戶：「妳『現在』感覺愉快嗎？如果不愉快，就不要擔心未來的事。妳必須先承認『妳的現況』令妳難以忍受。」我們必須努力於「現在」創造健康與幸福。當現狀已經會帶來傷害，擔心未來是沒有意義的，這就好比此時此刻有場熊熊大火就要把房子燒毀，我們卻還想等幾天後再來滅火。

沒有任何事比我們的心理狀態更重要。當我們保有內在協調時，就會對周遭環境裡的各種毒害變得更敏銳。很快地，我們的人生都會澈底反映出這種內在和諧。我們會開始發自內心地生活，並且將體會到「自由且充滿力量」是什麼樣的感覺。

20．享有自主權

多年來，她一直怯懦地活著，
深怕惹毛他們。
她學會了躡手躡腳、小心翼翼，
直到某一天，情況有所轉變，
她不再對他們感到恐懼。
唯有此時，卑微的女僕才能變成女王。

⁑

若要說多數女人都討厭被怎麼稱呼，答案就是「賤人」（bitch）。我過去就是如此，每次被人叫做「賤人」時，我都會大聲、激烈地反擊，在暴怒之下覺得必須為自己辯護。直到我發現這一切和我個人無關，而是和我是否順從另一個人有關時，我就不再抗拒這個字眼。我開始明白女人極為害怕這個稱呼，把它當成對自己的詆毀，但事實上，它卻是我們力量的象徵。

我並不是在鼓勵大家經常使用這個詞彙，只是希望各位能了解它的真正涵義。我的重點在於，我們之所以被稱為「賤人」，根本與我們的性格無關，而是在對方眼中我們有多

「不」服從、擁有力量有關。這個詞可說是對我們崇高自主權的一種認可。

美國的女性主義雜誌《ＢＩＴＣＨ》在其網站上做出這樣的解釋：「當『賤人』這個詞被拿來侮辱人時，往往用於形容那些直言不諱、勇於表達意見的女人。如果她們被冒犯或惹惱，她們不會只是坐在那裡、不自在地微笑。若做個有話直說的女人就是一個『賤人』，我們會把它視為一種讚美，謝謝。」

我們越是重視我們的聲音，並展現自己的力量，就越容易被稱作「賤人」。我們的文化不喜歡充滿力量、勇敢為自己發聲的女人，因此文化掌控強勢女人的方法之一，就是把我們稱為「賤人」、「蕩婦」或「婊子」。一旦理解這一點，我們就不會再把這些字眼放在心上，因為我們非常清楚激怒某些人是很自然的事。他們被惹毛的時候，就會試圖用羞辱人的字眼來逼使對方閉嘴，因為他們原本習慣我們該安靜又溫馴，結果我們現在竟然覺得自己可以開始改變一切。太離譜了！這些女人居然敢更改遊戲規則?!

在我們開始設立各種界限，遵循內心聲音的那一刻起，就會聽到各式各樣的反彈：「那個溫柔和善的女孩跑去哪裡了？妳怎麼會變成一個自以為是的賤人？」這些話可能會令人感到芒刺在背，畢竟我們這輩子都一直努力表現得溫柔和善、不要成為「賤人」，所以他們很清楚我們的罩門是什麼。

如果我們依舊對「好人」的形象懷抱執念，這樣每一次被別人否定，我們就會感受到內心劇烈的騷動，在心裡矛盾、掙扎、怒吼。我們不知道該怎麼辦才好，進而開始批判自己：「也許我剛才應該答應他們的要求？這樣他們就會和以前一樣喜歡我。」與此同時，兩條道路浮現在我們的眼前：我們想要做自己，還是想要被愛？

成為女王

只要一直執著於他人的愛與肯定，我們就會為了討好他們而拋棄真實自我。在治癒並放下這份執著之前，我們都無法擁有真實的自己。「接受他人的否定與輕視」是療癒這份執著的一大關鍵。但要怎麼放下那些不尊重或不欣賞我們的人？想達到這種境界，必須在心理上做出哪些改變？

一切都從這裡開始：捨棄內心柔弱的公主能量，並擁抱強大的女王能量。我們必須從被動變得主動、從依賴變得獨立、從軟弱變得堅強。唯有在我們開始愛自己時，才有可能做到這一點。

我想說明一下「愛自己」對我具有什麼涵義。「愛自己」意味著，跟我們從別人身上獲得的愛相比，我們給自己的愛「更珍貴」，這也就是關鍵所在。我們必須更珍惜後者。學會更重視自我認可與自我肯定，我們就會轉而向自己尋求建議，就如同我們過去向有智慧的領導者尋求幫助一樣。如果覺得很難過，我們會陪伴自己進行內在探索，試圖找出原因。如果覺得很開心，我們則會讚美自己，並打從心底感到自豪，不需要從外界獲取認可。

在覺醒的過程中，習慣孤獨是非常重要的一部分。很自然地，比起和那些意識狀態不同的人待在一起，我們會變得比較喜歡獨處。過去的我們可能很害怕獨自一人，如今我們則欣然接受這種狀態。因為把自己擺在第一位，我們不再在乎其他人的看法。這不表示我們不歡迎他們給予回饋，只是不會隨便崩潰而已。我們會先停下來向內探尋，然後確認是否重視別人的意見勝過自己的看法，而這麼做的時候我們就已經具備強大的女王能量。

這樣的女人會同時運用理智與情感，既付出，也接受他人的回報。她澈底理解自己的價值，同時很希望其他人也能明白自身的價值。

女王絕對不會背棄自己的心，而是完全依靠它。她會發現其他人的行為是出於匱乏，並對他們懷抱同情。她不會因為別人的焦慮而受到影響或威脅，會堅強地展現自己的智慧。

她不再羞於佔有一席之地，並且掌控全局。她會果斷地貢獻自己的能力，帶來很大的改變，也不再害怕脫穎而出。充分意識到自身價值的她不會感到畏縮，而是勇敢地展現自我。

女王不再覺得自己不如別人，而是會讓自己和所有人平起平坐。由於已經看穿各種標籤與身分認同背後的假象，她不再感到害怕。她不必是最具資歷、最有魅力或最富裕那個人，就能在群體裡佔據一定的分量，因為她非常清楚自己原本就很有價值。

她站出來是為了展現自己——好奇、坦率，而且專注於當下。若對方不重視這一點，她不會心懷怨恨，甚至不會把這件事放在心上。她知道，這個世界是如此廣大，還會有很多和她相互契合的人。

女王會把自己擺在最重要的位置，而不會受其他人控制。她充分了解到，自己本來就具備強大的力量，足以為自身提供指引、協助與依靠。過去那個無助的少女已經覺醒，不再等待王子的救援。

我開始擁有女王能量的時候，立刻就感受到來自親人的強烈反彈，最常聽到的反擊是：「她以為她是誰啊？」我很肯定許多女人都聽過這句話，隱藏背後的意思是：妳竟然敢把妳自己擺在我的前面？妳怎麼敢把自己看得這麼重要，竟然沒有更在乎我的需求？

女人聽到這樣的話往往會自動產生受到責備的感覺，就像是被師長叫去訓話一般——因為我們沒有遵守規矩，必須為此付出代價。我們過去越是在關係動態裡優先滿足對方的需求，現在就越害怕遭受反彈，這就是我們不敢鼓起勇氣的原因。我們會把勇敢和「惡劣」連結在一起——「只有壞女孩才會顯得大膽。」這些懷疑使我們無法拿出勇氣，只能乖乖待在原地、繼續保持沉默。在意識到這是種霸凌手法時，我就不再因此感到退縮，我已經學會在聽到這種話時，勇敢地直視對方。

直到我承認並接受「對，我就是把自己擺在第一位。我就是這麼看重自己，接不接受隨便你」，我才能捨棄心中那個無助的少女。只要我們開始覺得自己勇敢而偉大，其他人就不得不用同樣的方式看待我們，反過來說，如果我們始終不敢這樣看待自己，別人又為什麼要認為我們很棒、很有價值？我們必須捨棄那個恐懼畏縮、怯懦羞愧、被動等待的自己，同時也必須覺醒，相信自己極其精明能幹。我們可以開始抬頭挺胸，將內心那股強大的力量表現出來。

我開始展現女王能量的那一刻，到現在依然記憶猶深。在我一場名為「進化」的座談會上，有位與會者大聲嚷嚷說座談會根本是在浪費她的錢，而面對這樣的攻擊，有一部分的我想要屈服，道歉並退錢給她，好減輕她的痛苦。幸好我還有另一個部分，那就是身為女王的那一面。這部分的我完全可以接受她的不滿與否定，因為心裡清楚知道「這一切與我無關」；我相信自己，不需要她來認可我是怎樣的人。此外，女王的我也透過這番話看出她背後的痛苦，因此邀請她到台上來處理這股情緒和反應。她開始傾吐心裡的感受之後，正如我所料，很明顯地，我不過是她發洩內在衝突的代罪羔羊，她的這些「攻擊」其實反映了她混亂的心理狀態。

當我們藉由內心的女王能量回想起自身真正的價值時，就能將自身的真實樣貌和其他人的看法區分開來。在我們成長的過程中，「重拾自我價值」是非常重要的關鍵。女王可以自在地做到這一點。

不再找藉口

如果要說我發誓再也不問什麼問題，答案就是：「為什麼你要對我這麼苛刻？」幾十年來，我一直都會思考對方「為什麼」會對我做出某種行為，彷彿只要找到一個合理的理由，這個人的惡劣行為就可以被接受。我卻沒想過，這其實是代表把對方的心理狀態，看得比他帶給我的傷害和痛苦更重要。

直到覺醒之後，我才明白所謂「夠好的理由」終究不存在。除了「我沒有清楚覺察，我必須在自己身上多下功夫」以外，其他理由都只是在為他們的不當對待辯解，並且讓我沒有意識到自己必須針對這樣的言行建立「無藉口區」

最重要的是，不管是基於什麼理由，來自我自己或他人的虐待都是不被允許的。我花了一些時間才完全理解這件事。每當我的同情者形象跑出來、試圖扮演拯救者或解救者的角色時，我都會溫柔地把它推開。我不會讓它批判我。它的好心腸彌足珍貴，但我明白在創造出能使它成長、茁壯的新環境之前，它都必須保持沉默。現在不是表露同情的時候，我應該展現的是身為女王的那一面。

我們女人非常害怕承認內心的感受，因此總是在尋求外界的許可，幾乎可說是我們得找個理由才敢跟隨自己的直覺，好像光是「擁有這些感受」並不夠格。我們反而習慣去了解別人心裡的那個理由，如果這個理由夠強大、夠站得住腳，我們就願意壓抑自己。

看到了嗎？看到當個體貼、照顧人的女人背後的根本問題嗎？和自己的感受與傷痛相比，我們更在意別人的感受與傷痛。向他人表達關愛並沒有錯，這是我們最美好的特質。然而，如果重視這項特質勝過自愛與自我照顧，它可能會成為一種毒害。

自從意識到我這麼做不是因為真的有多關心別人，而是因為我害怕關心自己，我便明白這樣是不對的。我不該認為「自己」沒有其他人來得重要，不該認為「我的感受」沒有其他人的感受來得要緊。我應該要改變這種想法，於是開始重拾我的女王能量。

我開始在周遭設立「無藉口區」，不再為我自己或他人找藉口。我不再說「因為……」，而是開始說「事情就是如此」；既沒有理由，也沒有任何藉口。若有人對我做出不可接受的行為，我不會再探究背後的原因，而是容許自己說：「我不會再被這樣對待。一切到此為止。」

女王只願意跟隨她內在真實的引領。那個指引她的問題很簡單：「這是否令我感覺愉快？」若答案是肯定的，她就會再往前跨出一步；如果答案是否定的，她則會直接放棄。對我們這些習慣自我犧牲的女人而言，認為自己值得一切美好，是很困難的一件事。但若我們想徹底擁有內在自主權，就必須開始這麼做。女王明白：

她值得佔有一席之地，並擁有為自己發聲的空間。
她值得被欣賞與重視。
她值得以忠心與耐心對待。
她值得獲得關注與肯定。
她值得被好好照顧。
她值得被真誠、坦率地對待。
她應該擁有財富與物質享受（如果她有為此付出努力的話）。
她應該盡情享受（若這樣的機會來到她眼前的話）。
她應該得到大量的讚美與崇拜。
她應該成為眾所矚目的焦點。
她應該獲得愛與尊重。
她應該好好放鬆，並照顧自己。

真正的女王因為自己所具備的內在力量感到安心，所以也會容許其他人發揮她們的女王天性。這就是女王最強大的力量——讓身邊的人也得以成長、茁壯。她邁向圓滿的旅程十分充實，自然使其他人也能安心展開他們的探索之旅。她從來不覺得自己需要和別人競爭，或是踐踏任何人，因為她本來就非常有價值。

女王會先好好地愛自己，而不是等別人來愛她。她知道必須持續進步，但她的真實樣貌依舊值得被欣賞與尊重。公主一直在等待更美好的未來，但女王則不是如此，她不願意再讓自己陷入停滯。她明白人生必須活在當下，無論現在的她有多混亂或不完整，這都是必經的過程。

女王不會將自己的缺點隱藏起來，她會大方承認。她不會假裝自己完美、體面，而會讓所有人都看見自己內心的傷痕。她對自身的黑暗面有所察覺，不會掩蓋自己的不完美。

真正契合的夥伴

女王會謹慎挑選身邊的夥伴，由於時間很寶貴，不是每個想獲得她關注的人都能如願以償。如果這些人和她的意識狀態無法契合，她很願意離開他們。

我接下來要說的是我們的女兒都必須學習的重要課題。我真希望自己能在長大成人之前就了解這一點。當一個女人完全找回她的女王能量，就不會再向周遭的人尋求關注，相反地，她會等待適合她的人出現，然後再從中挑選出最契合的夥伴。她不會因為強烈的渴望或匱乏而去追尋他們。她知道，一切都會在對的時間出現，並為此感到安心。她不會覺得著急，也不再急切地渴望，因為所需要的一切都在她的心裡。她只需要活在當下。

越多女人展現出心中這股尊貴的能量，就能激勵其他人這麼做。這一切都從一個女人開始；儘管她可能會感到孤單，但只要一個女人就能引發這場革命。

21・為自己負責

不再有任何事傷害得了我。
任憑潮起潮落，我也不會迷失方向；
即使狂風暴雨，我也不會被擊垮。
無須怨天尤人，也不必消極等待，
從現在起，人生這艘船由我掌舵。

⁙

在心靈覺醒的過程裡，「當責」是非常重要的一部分。這代表我們已經完全準備好為自己負責，不再責怪別人，同時也跳脫了受害者意識。過去的我們認為，人生中的一切都是被動的「遭遇」，而「為自己負責」便意味著開始意識到，我們的各種處境都是由我們共同造就的。

遇到父母親問我該怎麼向孩子道歉比較好，我往往會說：「如果你們沒有要負責，就不要說你們很抱歉。」我們的孩子不需要聽到空泛的道歉，再加上幾句辯解，他們只在乎情況是否真的有所改變。

我們總是「受到習慣的約束」，意指我們遵循並執著於某些情感模式，因此備受束縛，例如犧牲者情結、受害者情結，還有焦慮的習慣。「逃避責任」是我們不知不覺養成的一項重大習慣，而且很怕打破它的束縛，因為不再逃避意味著我們必須停止所有幼稚的行為。我們必須自問是否已經做好「打破這項習慣」的心理準備，而非是否準備好迎接喜悅。

在現實生活裡，這樣做會是什麼感覺？要了解這一點，得先問自己以下問題：

- 「我是如何造就自己目前的處境？」
- 「我有哪些行動與行為？」
- 「此刻我正在執行的是什麼樣的情感習慣？其原因為何？」
- 「為什麼我會受制於這些舊有的模式？」
- 「要確保這種模式被打破，我必須做出什麼改變？」
- 「要怎麼保證我會做出這些改變？」
- 「萬一又陷入這些模式，我會怎麼辦？」

就如同酗酒者必須認真看待酒癮一樣，我們也必須認真面對自己的情緒習慣。想仔細分析為什麼會受制於這些潛意識習慣，就要學會捫心自問：「我做了什麼事，因而導致這些結果？」「我會這麼做的關鍵誘因是什麼？」「我的身體因此產生了哪些反應？」

在每一個當下，察覺這些因果連結的運作，能幫助我們理解內心那些裂縫從何而來。就像地震學家記錄地震那樣，我們也可以針對自己的內在動盪進行記錄。如此一來，就能了解這些模式如何反覆出現，同時也可以開始努力打破這些不正常的習慣。

「決定負起責任」就是在向自己和他人宣告，我們不會再期待任何人來照顧自己。當然，這並不代表我們對這些照顧不懂感激，而是意味著不再期盼哪個英雄從天而降來拯救我們。我們充分意識到自己擁有改變的能力，並且開始採取行動。於是，我們心中的那個孩子不但學會了走路，甚至還開始展翅飛翔。

諸多不合理的藉口

「我把餅乾吃掉了，因為我一整天都心情很差！」

「我忍不住發了脾氣，因為孩子不乖乖聽話！」

「我知道他為什麼會打我，因為我是個很難相處的人。」

「我只希望他不要沉迷於工作，這樣我的人生就會變得很不一樣。」

妳們是否覺得哪幾句話聽起來很熟悉？我們都很擅長合理化一切事物，這是由於習慣逃避懲罰與羞愧感，我們學會為自己和他人的行為尋找理由。正因為如此，我們被各種不正常的模式所困（無論那是不健康的關係或工作）。即便知道自己過得不快樂，還是繼續陷在同樣的困境裡，其主要原因在於，我們把這些理由合理化，並容許它們一直存在。

「尋找理由」和「負責」正好相反。前者會消極地為我們或他人的行為編造藉口，後者則會為了盡快改變某種狀況，積極地採取行動。前者使我們停滯不前，後者則讓我們自我調整與適應。

我們經常透過責怪的方式來將行為合理化。我們會指責，並且找理由批評、處罰自己或對方。我們沉溺在受害者意識裡，要麼責備自己、覺得自己毫無價值，要麼就是把目前的處境怪罪某個人身上，使自己失去力量。責怪不僅令我們感覺慚愧，同時也害怕受到懲罰。

此外，我們還會藉由「消除認知失調」的方式來合理化這些行為。「消除認知失調」這個詞是由美國社會心理學家費斯汀格（Leon Festinger）所創，意指人類心裡的兩種觀念彼此矛盾時，我們會努力消除兩者之間的分歧。舉例來說，一個女人被伴侶虐待，她內心「我的伴侶是愛我的」和「虐待是不容允許的行為」這兩個觀念會相互牴觸，因此感到很不自在。於是，為了消除這種分歧，她會試圖轉變其中一個觀念。她要麼開始覺得伴侶不愛她，要麼是改變她對虐待的定義。如此一來，她就可以為自己創造出不同的處境：選擇離開他，或者不再認為虐待不可原諒。

責怪和消除認知失調都讓我們無法「長大」，並為自己的人生負責。為種種行為尋找理由，使我們對那些未獲得滿足的願望，以及不切實際的幻想懷抱執念。「負起責任」代表停止在心裡編織各種故事，同時開始採取具體行動，此時我們開始積極邁向改變，不再把力量交給別人。

展開積極行動

想在心理和情感上成為一個真正的大人，負責是最重要的環節。想要「長大」就必須澈底理解，我們的心境是由自己創造出來的。儘管並非總是能掌控外在處境，但還是可以完全掌管自己的心。

為了讓我記得自身的問題和解決方法，我針對「當責」這個主題寫了後面幾句話，並將這段話張貼在辦公室的看板上：

我的所見所感全都是我內心的寫照，

它形塑了我眼中的人事物。

當我支離破碎時，我就會把別人的殘缺視為自己的殘缺。

當我變得圓滿時，這樣的殘缺則與我無關。

我也會以這些話提醒我的客戶。現實是中性的，沒有好壞之分。我們很難理解這一點。很多時候，我們都以為自己只能以特定方式來詮釋現實，但其實這只是基於習慣使然。多數人之所以無法試著用其他方式來解讀，是因為這些反應已經內化成不假思索的反射動作。

在自我覺察之後，我們必須採取行動。請問問自己：「我必須執行哪些行動步驟，才不會再度陷入同樣的循環？」「我要如何確保會找出自己當下這麼做的誘因，並創造出另一種應對方式？」這時，就是在告訴自己和那些曾被我們傷害的人，我們願意立即做出改變，並證明自己不是空口說白話而已。

負責需要很大的勇氣，必須跳脫對現實狀況的種種想法，才能達成。想進入這樣的超脫狀態並不容易，需要多加練習。我本身是藉由冥想來培養這種狀態，冥想的時候我會讓自己從各種思緒中抽離出來，然後客觀地觀察。透過這種方法，我在內心世界和外在世界之間創造出另一個心理空間，也就是連結著內在狀態和外在處境的「第三空間」。在這樣的空間裡，我不再是個被動的「反應者」，而是開始有能力成為一個「顯化者」。

冥想對於練習這種「超脫狀態」是非常有效的工具，強烈建議妳們也開始培養這個習慣。我之所以如此相信冥想的價值，是因為它可以幫助我們跳脫原本的思路，並重新聚焦於當下。我大力推薦妳們使用任何免費的線上冥想app，即便只花五分鐘也好，就從今天開始練習吧。

有意識地顯化

我們一直都在顯化，只是都尚未受到有意識且刻意地控制。想有意識地發揮顯化潛力，必須開始努力觀察，並覺察自己的內在狀態。

只要持續相信「內在狀態會由外在處境支配」，我們就會繼續依賴這個信念，並一直希望外在處境保持正面，這樣自己也能跟著保持正面。唯有在了解我們的內在狀態和外在處境其實各自獨立，我們才能長大，並且主導自己的命運。

有意識地發揮顯化能力，不表示我們開始天馬行空地幻想。這與想像自己擁有高級轎車或豪華私人海灘無關，這真正代表的是，我們開始有意識地形塑我們的內心世界。我們將抱持什麼樣的想法、見解、信念體系以及執著？我們會先從內在著手，觀照心裡發生了什麼事，接著再看看外界能否提供相應的支持。

我們必須花費很多功夫才能明白，自身的內在狀態可以主導一切——儘管它會受到外界的影響，卻不會盲從。我們可以依循自己的內在真實行事，同時不要那麼在意外在的限制。了解我們有能力掌控自己的內心世界時，就得以體會到成為一個「有意識的顯化者」是什麼樣的感覺。我們逐漸明白何謂超脫，並開始放下對外在世界的糾結。

打造內心世界的第一項大工程，是拋棄舊有的東西。這件事本身就是一段耗費心力的過程。比方說，想有意識地顯化健康的身體，就必須先把家裡的所有垃圾食物全部丟掉。接下來，進一步探索，開始優先重視自己心裡的感受。我們會展開另一段辨別之旅，找出對我們而言最重要的東西是什麼？會排列出優先順序，接著逐步邁向改變。

如果沒有經過這樣的謹慎篩選，我們可能會不知所措，不知道該從何處開始。這感覺就像是來到囤積者的家中，不曉得要從哪裡開始清除那些雜物。我們的內心也是如此。我們在心裡囤積了非常多「無意識垃圾」，要清理這些陳年垃圾不僅耗時費力，也需要無比的耐心。

想在親密關係中負起責任，就必須停止期待對方能滿足我們的「任何」需求。我知道這聽起來很冷漠、厭世，但其實不然，反而是充滿了智慧。我們不該期盼任何人滿足我們的需求，除非他們符合兩個條件，第一點是他們在生理心理上都有能力做到，第二點是他們有意願這麼做。

當對方符合這兩個條件時，奇妙的事就發生了。我們的各種需求逐漸消失，並且開始容許和他人建立連結，以及進一步進化的可能性。不過在此之前，我們必須扮演自己的

「內在大人」與「內在父母」，藉此滿足自身的需求、不再依靠外界。簡而言之，我們會為自己心裡所有大聲哭喊的孩子負起全責。我們必須明白，即使外在世界發生的某件事喚起這些回憶，它們就都只是回憶而已。現在，我們已經是大人，不再是無助的小孩了，於是下次遇到覺得受到他人傷害的時候，我們學會先停下來思考。在斥責對方之前，我們會先向內探尋，同時捫心自問：「此時此刻，我的舊創傷為什麼會讓我用這樣的方式解讀這種狀況？」

負責意味著為我們的內心世界（包含所有的心魔、傷痛與不足）負起責任。若妳們無法將成人的自我和過往的傷痛區分開來，可能會需要職療師、人生教練或好友的幫助。在展開自我療癒的艱難旅程之前，尋求協助有時候是極其重要的一件事。但我要提醒一下，有許多從事助人行業的人都困在他們的過去裡，彷彿還是個孩子。這一點必須特別留意，妳們需要的不是會讓妳們耽溺過去的人——這個人必須幫助妳們看見事情的真實樣貌。

負責不表示沉溺，只代表去了解我們的過去如何影響到現在，因此不去責怪別人。願意負責，就表示我們對自己說：「我的焦慮、壓力與無力感都是我自己造成的，不能怪任何人。」這是極其根本的一件事。

我們沒有意識到我們可以掌控自己的心。只要這麼做，就永遠不需要因為憤怒或痛苦而遠離自己的心。我們把自身的力量交給別人，因而對自己扮演的角色渾然未覺，我們表現得有如任憑擺佈的傀儡，完全受到外在人事物的支配。要明白這樣的支配並不存在，一切都只是我們的想像，外在世界沒有任何人能控制我們，除非我們選擇把力量交出去。在欣然接受這一點之後，就可以真正找回力量與自由，我們也會反覆問自己這個問題：「我準備好了嗎？」

22・擁抱生命的意義

妳的心中總是充滿意義，
宛如太陽閃耀著光芒。
它就在妳的內心深處，無須尋找。
當妳關注真實的自己時，
它自然會浮現出來。

⁙

這個年頭似乎每個人都在教授「找尋人生目標」的課程。在製作「願景板」時，我們會把那些覺得有意義的事物放上去，並且努力完成。有些人以快樂為目標，有些人則以成功為目標，也可能是「成為母親」或「成為人夫」。無論是哪種目標，其實都是外在事物——那些我們可以獲取、蒐集、擁有，以及培育的事物。在確立人生目標時，這是我們犯下的第一個錯誤。

所謂的「意義」是一種存在狀態，由此可知，它構成了我們的存在。它包含一切人事物，以及人際關係；它囊括了所有的生命體驗。事實上，這就是我們的真實樣貌，我們是一種具有意義的生物。

人生意義無須尋找

世人普遍認為，我們需要找尋人生的意義。這其實是個謊言。這樣的意義一直都在我們的心裡，我們缺少的不是人生意義，而是和它們之間的連結。這種疏離源自於我們眼前這一刻的內在不和諧。只要我們和內心深處最真實的部分處於不一致的狀態，就會感受到這樣的疏離。只要處於疏離的狀態，就會在某種程度上變得冷漠，一旦變得冷漠，就無法和自己心中的意義產生連結，即便它們就近在眼前也一樣。

如果抱持虛假的自我認知，我們永遠都不會在下一份工作或下一段關係裡找到人生的意義。我們也許會獲得更多財富與更崇高的地位，或者對自己所扮演的角色更加認同，但一旦這些東西逐漸消失，我們就會回到原點。這就是為什麼，那些充斥著房屋、高級轎車、豪華度假計畫的願景板宛如煙霧彈一般，這種錯誤的做法只會使我們離真實自我越來越遠。我們要做的不是追求這些外在的人事物，而是安靜下來、向內探尋，並且捫心自問：「我現在的模樣是否符合最真實的自我？」「我現在正在做的事是否符合我的真實感受？」

讓我們將那些膚淺的項目從願景板中移除，改以這些重要問題來取代：

- 我今天是怎樣的人？現在這個女人是否就是我最真實的樣貌？
- 我今天「不是」怎樣的人？我能否永遠捨棄這些特質？
- 我希望擁有什麼，這樣我就可以做自己？

- 我「不」希望擁有什麼，這樣我就可以做自己？
- 這個當下我可以做些什麼，好讓自己進入不同的心理狀態？

當我們每天關注這些和自我成長有關的重要問題，目標和注意力就會從試圖用外在世界的事物來滿足自己，轉移至向內探索。藉由向內探尋、遠離那些使我們偽裝自己的狀況，並接近讓我們更能做自己的人事物，我們就會自動變得與真實自我更相符。擁有這樣的內在和諧，無論是煮雞蛋、清洗孩子的尿布，或是歌唱全都感覺充滿意義。真正的意義來自於投入心力，以及和一切事物之間的連結，若我們失去了本真，就無法擁有這些東西。

我們很有可能正在做這個世界上最美好的事，但只要不夠投入或並未與之連結，這些事最後都會變得毫無意義。這也正是我們探尋「為什麼」的原因，如果這個「為什麼」和正在做的事不相符，我們永遠都不會覺得有意義。這說明了何以進行內在功課是找到人生意義的關鍵，因為透過這樣的功課，我們本身就會變得富有意義。

想知道要在哪裡找到生命的意義，就必須了解意義的本質。構成意義的基本要素是什麼？當它在我們的心中顯露出來時，我們又要如何察覺？

臨在的神奇魔力

生命和意義是密不可分的，只要活著，我們就具有某種意義。從最基本的層次來看，我們的人生目標是持續活在這個世界上，並且感受到活力。只有和每一個當下的自己緊密連結，才能做到這一點。失去這種連結不僅會讓我們喪失活力，同時也會失去人生的意義。相反地，當我們專注於當下的自己時，意義就會顯現出來。此時，生命的意義只等同於一件事，那就是「臨在」。

和一般人的認知正好相反，妳不需要是特別幸運或擁有特殊資格才能擁有這樣的意義。它就在我們每個人的心裡，等待我們認識到其存在。唯有在覺醒與臨在的狀態下，我們的人生意義才會浮現。

意義即是臨在，而臨在源自於「本真」與「內在連結」，它們彼此交錯重疊、相輔相成，無法分開而論。遺憾的是，目前主流的自我成長運動不明白這種關聯，多半把人生意義和臨在拆開來看，彷彿兩者是各自獨立的事情。

若能了解所有事物都相互連結，我們和意義之間就會產生新的關係。我們不會再問「我的人生意義是什麼」，而會問「什麼東西會對我的真實自我造成阻礙」。我們明白只要繼續偽裝自己，生命就會一直失去意義。相反地，每當和真實自我連結在一起，不管我們正在做什麼，心中都充滿了意義。生命最大的意義就是忠於自我。

我們一直被灌輸這樣的觀念：人生意義是一種「行為狀態」，包含了獲得成功與成就、取得財富、成為母親、達成職涯目標等等。然而這些其實都和人生真正的意義沒有什麼關係，要是相信它們能賦予人生的意義，我們就會再度追尋錯誤的夢想，最後因此感到困惑，甚至幻滅。我們往往誤以為問題出在自己身上。只有發現自己再次受到矇騙，才會明白永遠無法在這些行為中找到真正的意義，因為它只存在於我們的心裡。此時，我們終於理解生命的真諦：唯有真實自我才能帶給我們真正的意義。回歸自我才是人生的終極目標。

人生意義和臨在可以相互替換，而且絕對不能被拆開。它們緊密地結合在一起，為我們的生命帶來意義。

只要試著在每個當下展現真實自我，這些當下就會開始變得深刻，一切都有了意義，沒有一件事情是獨立存在，也都不是偶然發生。由於用心體察，所以每件事對我們都具有更深層的意義，人生中的每一刻都可能隱含必須學習的課題，於是萬事萬物都充滿了意義。我們會不斷問自己「這一刻要教導我什麼事」，並因此特別留意，這樣一來，我們的人生就不會缺乏意義，也不會浪費生命。

很快地，我們所察覺的這些意義就開始變得明確，把它們當成顯化目標，並且付諸行動。持續深入自己的內心，我們會和真實自我變得越來越靠近，並開始拋棄所有與之背道而馳的狀況，改為迎接和它相互契合的人事物。

現在，我們開始做那些讓自己容光煥發，並感到愉悅的事，不再把時間浪費在會導致內在不協調的事情上。我們會逐漸發覺，自己所從事的活動和行為越來越能直接帶來熱情與喜悅。在意識到這一點之前，我們早已辛勤耕耘顯化目標了。

生命的意義是由內而外（而不是由外而內）顯露出來的。

擁抱嶄新的生命意義

在覺醒之後，我發現人生中的每一刻都充滿了意義。在此之前，我一直不明白這一點，因為我對一切事物應該呈現什麼樣貌十分執著，所以注意力都放在錯誤的地方。我曾以為生命的意義應該具有特定的模樣，但是現在的我了解到，人生的意義不在於「事情的樣貌」，而在於「我看待事情的方式」。

在明白每一刻都如此富有意義之後，我就開始「愛上」所有的人生體驗——烹飪、運動、寫作、演講、育兒，還有各種人際關係。在這些時刻，我都對自己的人生意義懷抱敬意。由於我擁抱每一個當下，也擁抱和當下的連結，我的生命就有了意義。於是，這些當下不再空泛，都變成了美好的禮物。

反過來當我身處匱乏狀態時，因為把這樣的內在匱乏投射到當下，所以眼前的每一刻再再令我難以忍受。然而當我處於愉悅狀態時，這個當下就會立刻變得豐盛富足。舉例來說，若我對某項工作感到焦慮，擔心一切能否順利發展，不停思考一堆「假設性問題」，我一定會因此疲憊不堪。在這種內在混亂的狀態下，如果女兒做了某件不符合我預期的事，我很有可能會嚴厲地斥責她。我不僅會將自己心裡的不和諧投射到她身上，甚至進一步投射到我們之間的關係上。知道這樣的情況有多容易發生嗎？事實上，對我們多數人而言，這種事或許每天都會發生。

我們所身處的世界讓人習慣將心中的不滿投射至外界，我們會怪罪他人，或是藉由消耗某樣東西來彌補。我們在感受到自身的內在疏離時，馬上會認為是外在世界少了些什麼。所以下次在外界尋找可以責怪、消耗、修正或完成的東西，好讓自己感覺開心、人生有意義的時候，請停下來問自己：「此刻我缺少的是什麼？」這個問題的答案通常都和找尋意義有關，可能尋求的是某個人的認可、肯定與關愛，某種歸屬感或價值感——這才是妳們真正缺乏的。

要治癒這些需求，就必須深入自己的心，一旦這麼做就不會再向外探求。那些我們原以為能滿足自己的外在事物都會因此失去力量。唯有在停下來向內探索，並自問我前面建議的這個問題時，我們才能開始釐清自己的想法、明白這樣的欠缺向來都只存在於我們的心裡。

妳們本身就充滿各種意義，因此，所做的每件事都深具意義。一旦能用這種新方式看待自身，以及自己的人生時，所有生命經驗都會帶領妳們進入某種清楚覺察的狀態。妳們將逐漸了解童年時的一切因果連結，如何造就了自己目前的處境。

如此一來，就不會再對任何已經發生的事感到懊悔或怨恨，而會虛心接受它們在覺醒過程裡帶來的教誨，並且對此深表感激。這時，妳們的目標就只有一個，那就是成長。當妳們無時無刻都懷抱這樣的目標時，妳們和生命的意義就會變得密不可分——在人生中的每一刻，意義都會透過妳們彰顯出來，同時妳們也會和生生不息的大地，以及宇宙萬物緊密地結合在一起。

23．懷抱同情

若不能自我疼惜，就無法對他人慈悲；
若不能自我接納，就無法真正接納他人。
在給予他人之前，我們必須先滿足自己，
否則我們的內心終將被掏空。
這正是人類不願意面對的真相。

⁘

我有次接受訪問的時候，對方問我對於「同情」的定義是什麼，我回答「自愛」。對於如此迅速的回答，採訪者似乎大吃一驚，她說：「不好意思，我說的是對於他人的『同情』。」我直視她的眼睛說：「是的，我知道。我的答案還是一樣，那就是自愛。」

「同情」長年以來被視為是為了他人而存在。幾十年來，我也都抱持這種觀念，不明白這個莫大的智慧——只有先疼惜自己，才能對他人懷抱同情。

「自我否定」是我們最大的行為動機之一，只要持續活在這樣的信念下，我們就會表現得虛偽且不正常。總是否定自己，讓我們也害怕被別人否定，導致不停從他人身上尋求價值感。我們不斷在心裡呼喊「看看我吧，快看看我」，說得更明確一點，就是「用我需要的方式看待我，這樣我就可以感到自信」。我們沒有意識到自己之所以迎合順從他人，是源於某種更深層的需求——避免被否定；這甚至超越了被愛的需求。

妳們是否曾經只為了迎合眾人，而把自己變成某種陌生的模樣？例如開始穿某種衣服和鞋子、梳特定的髮型，或者是努力讀某些書或看某些電影，只為了跟上朋友的話題。這些都是由於自我否定的緣故。我們否定自己，所以也害怕被別人否定。我們在自我厭惡的狀態下拋棄了自身的某些部分，弄得好像別人用某種方式批評我們，甚至和我們斷絕往來。我們以為他們才是否定自己的人，但其實不然，我們本身才是這一切的始作俑者。

妳們是否曾經留意過自己的內在對話？是否曾經把自己的下意識想法記錄下來？妳們也許會很訝異自己心裡的聲音竟是如此殘酷。請拿起筆，然後把目前的所有想法都記錄在紙上，若此時想不到任何事，那就回憶某段不開心的經歷，然後把浮現的想法寫出來。請觀察是如何談論自己，使用了哪些詞彙，妳們很可能會驚訝地發現對自己有多嚴苛，並察覺到自己缺乏「自我疼惜」。

「對他人展現同情」是我們根深蒂固的觀念，卻很少想到應該要對自己懷抱同情，這也許是因為我們把「自我疼惜」想成傲慢、自大或自戀。但所謂的「同情」與這些特質都無關。從本質來看，同情是指原原本本地理解並接納自己，而不妄加批判。事情順利發展時，我們自然能對自己或他人表示同情，然而當事情不如我們所願時，要懷抱同情之心則非常困難。妳們能否看見自己身上那些不討喜的部分，然後理解並接納？如果可以做到這一點，就已經達到自我疼惜的境界。

一個人若不能自我疼惜，就無法對他人展現同情。所有對他人的同情全都源於自我疼惜，如果我們對自己不仁慈，又要怎麼期待自己能這樣待人？

將碎裂的自己整合起來

「對自己懷抱同情」意味著接納我們自身的每一個部分，無論好壞美醜，甚至必須對「無法自我疼惜的自己」懷抱同情之心。我們必須體察自身的每一個面向，就像慈愛的母親觀察她的孩子那樣，她會接納他們每一個人，而不會只偏愛外表漂亮或身材高䠷的孩子。她會在所有孩子身上找出可愛之處，因為她很清楚每個孩子是如何成為現在的模樣。同樣地，我們也可以自我挑戰，帶著「一切皆有價值」的眼光去理解自身所有面向。

過去若我對女兒發脾氣，事後都會苛責自己。除了感到很痛苦，我甚至覺得自己不配成為母親，可說是極盡能事地自我批評。矛盾的是，我其實知道這麼做並不健康，而且還會變得更加討厭自己；簡單說，我就是欠缺自我疼惜。後來進一步探索，我發現自己是高度自我批判類型的人，我以某種完美的標準要求自己，這也帶來了十分沉重的負擔。

我必須對兩個部分的自己懷抱同情，分別是「不完美的我」以及「厭惡不完美、認為必須予以責備的我」。我沒有要自己停止苛責，而是開始對後者展現疼惜之情。那個不完美的我只是在「做自己」而已，畢竟我就是個有缺點的普通人。相較之下，那個不容許不完美的我則比較悲慘，因為它期盼事事完美。

所有人都有自我批判的一面，覺得必須殺死它並埋藏起來，有時也確實得這麼做。然而，先了解這個部分為什麼會存在，是擺脫它的唯一方法。願意向這一面表示理解與關懷時，它就會逐漸消失。理解我們自身的每一個部分——那些不具同情心的部分也包含在內——正是同情的重點所在。

假設我們嫉妒朋友並因此感到內疚，就必須對自己身上的這兩個部分（感覺嫉妒的部分，還有對這種嫉妒做出反應的部分）懷抱同情。有時候，可能會同時有三、四個面向需要我們的理解。光是拋棄自身的某些部分無法解決問題，這麼做只會讓我們的自我厭惡變得更嚴重。唯有在了解，並整合自身的每一個部分時，我們才能獲得平靜。

在面對焦慮與憤怒時更是如此。越是貶低容易感到焦慮或憤怒的自己，它們就越會增長，所以想減少某個部分，就只能先接受它的存在。我們越是抵抗，它就越會壯大。

在與孩子或親近之人互動時，就可以察覺這一點。如果他們表現出負面行為，然後我們又用負面的方式應對，情況不就變得更糟？這是因為我們的抗拒形同火上澆油。在我們把某樣東西視為理智、正常的那一刻，它就不需要再拚命證明自己的價值，因為感受到了接納與肯定。一旦被看見，它就不必爭取關注，於是它會慢慢地消失，這就是接納的神奇魔力。

讓自己變得圓滿

自我疼惜和「自尊」或「自我肯定」是不一樣的。後兩者著重的是抱持正面積極的心態，以及看重自己。真正的自我疼惜對這兩點都不感興趣，它與感到自信無關，一切只和單純地接納自己有關。自我疼惜的目標不在於變得更快樂（或是變得更這樣更那樣），而只在於自我接納。不需要覺得自己比別人好，或比別人差，這當中不存在評斷或比較。我們應該看見我們的真實樣貌，並且允許自己處於這種狀態。即便我們喜歡批判，也必須對這樣的自己懷抱同情。

「自尊」著重於對自己感到自信，以及讚美自己的正面特質。自我疼惜跳脫了這一點——我們喜歡自己身上那些不討喜的部分，並容許它們以原本的樣貌存在。我們必須把自己當成普通人，一旦不再渴望要出類拔萃，並且向自身混亂、充滿缺點的部分臣服時，我們就能完全接納我們的本性，不會再期待自己變得完美。

我們會開始將超越二元思維的「不二中道」[29]應用於內在自我上。在這個當下，我們不會覺得自己有任何不足，而是會視自己為圓滿的存在。當然，我們明白必須持續進步，但這並不代表此刻的我們是不完整的。能夠從完整的角度看待自己，就會開始將碎裂的自己整合起來，變得完整。

我們之所以缺乏勇氣是因為害怕被否定。在全然接納自己之後，就不會再覺得被否定，這兩者是無法同時並存的。別人之所以能否定我們的唯一理由，是我們打從心底認為「自己只配受到否定」，而這個想法誕生於我們先行否定了自己。

若欣然接納自己各種不完美的人性面向，面對別人的批評，我們內心就不會失去平衡。要是他們指責我們「不友善」或「漠不關心」，我們只會有兩種反應：一是對此表示同意（因為我們已經接受這樣的自己），二是不同意（因為我們知道自己不是這種人）。

無論如何，我們都不會排斥別人對自己的看法，因為這只是他們的想法而已。我們不會剝奪他人擁有自己看法的權利，而是欣賞並尊重這樣的自由。

一旦我們完全接納自己，就能容許其他人對我們抱持任何想法。因為不再認為自己或別人比較優秀，所以就能持續和一切事物相互連結。我們不再拿自己和其他人比較；沒有任何人比另一個人好，或比另一個人差。每個人都只是普通人，各自的長處與侷限有著很大的差異。

自我疼惜的核心特質是自我放鬆。我把自我放鬆視為緩解內心痛苦的一種方法。當我們自在、寬容地看待自己時，就能細細體察心中的感受、讓自己從錯誤中復原，同時放下沉重的心理負擔。我們會告訴自己，把事情搞得一團糟也無所謂，下次再努力嘗試就好，或者是告訴自己，成果只要「夠好」就行了。

自從降低標準不再追求完美，只努力做到夠好之後，作為母親的我產生了澈底的改變。既然我不再用嚴苛的標準要求自己，當然也不再拿高標套在女兒身上。我在逐漸接納自己本性的同時，也接納了女兒的本質。我越是不以批判的眼光看待自己，就越不會用這種方式看待她。

這就是自我疼惜的奇妙之處。欣然接納自己的本性，我們也會開始放過其他人。由於

---

29 principle of nonduality，又稱為「不二法門」，是很重要的佛教思想，意指不執著於兩種極端、以中道的角度面對各種問題，避免個體陷入一般認知的「善惡」、「生死」、「苦樂」等二元對立，超越「分別」所造成的侷限，以期擁有更廣闊的生命視野。

明白自己承襲了各種不健全的人際互動模式，所以也能理解、接受其他人採取這些模式對待我們。就如同不會期待自己一口氣捨棄所有的負面特質，我們也不會期盼別人這麼做。我們會在自己身上看見其他人，同時也會在其他人身上看到自己；我們不再覺得自己比任何人優秀或差勁。

一行禪師的詩作〈請以我的真名呼喚我〉（Call Me by My True Names）正是對自我疼惜的召喚。在這首詩裡，他把自己描寫成擁有各種樣貌與特質的人，例如被海盜強暴的少女，以及那個強暴少女的海盜。作為人類，我們之間沒有什麼分別，我們是彼此的鏡子。儘管我們批判「外在世界」的那個海盜，假使將來和他面臨相同的處境，我們也可能會變成這種人。同樣的道理，雖然我們批評「外在世界」那個暴躁易怒的人，但過去自己可能也是這樣的人，或者未來可能也會變成這種人。一切完全取決於我們的人生境遇如何影響我們。

當父母親向我坦承，他們對孩子發飆，甚至賞了他們幾巴掌時，他們會慚愧地陳述這一切。他們預期我會批評他們。當我沒有這麼做時，他們都感到很驚訝。我會跟他們解釋，我以前也是這樣，而且將來或許還會再做出同樣的事。一切端看當時的狀況是否會促使我以自身的狹隘觀念來應對。這樣的同情讓他們得以放下羞愧感。他們看見我對他們的理解，然後開始用同樣的方式理解自己。這時，他們就可以成長並進化、成為一個更仁慈的人。如果他們沒有獲得這種理解，他們將繼續深陷在內疚與羞愧裡（這兩樣東西都會阻礙他們的成長）。

要接納我們內心的黑暗面，需要無限的自我疼惜。多數人都會用某種方式否定或合理化它們。只有在徹底認可構成這些黑暗面的負面要素時，才能對自己和他人有所了解。

妳們可能會問：「我要怎麼對我不喜歡的人懷抱同情？」針對這個問題，我總是這樣說明——所謂的同情意味著，理解並接納自己和他人的真實樣貌。這不表示我們支持（甚至鼓勵）某些行為。這只代表，我們明白自己和他人為何會變成這副模樣。一旦做到這一點，我們就能自行選擇，要繼續這樣下去，還是做出改變。

當發現我們都有可能做出各種行為時，就可以同情並接納我們心裡潛藏的這些負面要素，然後也對其他人展現這樣的同情。我們不會急著評斷，而是先停下來，並站在他們的處境思考。我們明白，不同的人生遭遇是我們之間唯一的分別。我們了解，我們具有「共同人性」、可能會經歷相同的生命體驗。因此，我們會將自己和他們的困境連結在一起，而不是和他們變得更疏遠。我們用這種方式相互提升，並縮小彼此之間的鴻溝。

變得更富有同情心，各種人際關係也因此變得更愉快而圓滿。這一切都源自於我們的自我疼惜。

24・擁抱內在父母

我們進化的同時，會跟著原諒我們的父母，
因為他們也是普通人。
我們不再把期待與需求加諸在他們身上。
我們開始照顧自己的內心，
並且重新撫慰那些被忽略的傷痛。
我們很快就會發現，
能療癒我們的人始終是我們自己。

⁙

面對那些已經超過二十一歲的「成年」客戶[30]，我都會告訴他們，唯有在跳脫各種童年限制和所接受的教養時，他們才能真正獲得療癒。對多數客戶而言，這樣的觀念十分陌生也很可怕，因為他們很習慣當「爸爸媽媽的孩子」，同時也帶著屬於自己的童年創傷。如果去除了這些制約、教養和過往，他們不知道自己會是怎樣的人。

我父親在六十五歲左右退休，我還記得發現他好像不再那麼「像爸爸」時，自己有多沮喪。那時我二十八歲，父親似乎想依照自己的安排度過退休生活，因此不再像以前那麼關心我生活中的細節，感覺像是他「不想」再當父親這個角色了。看著他日漸離我遠去，我起先很想生氣，也非常介意。然而，在花了約十天體察自己的感受之後，我逐漸有了新的理解。如果他真的受夠了父親這個角色會怎樣？這對我來說代表什麼意義？這為什麼會是件壞事？我們能否抱持開放的心態，彼此成為很好的朋友？

那時的我其實已經獨自在美國生活，很少見到他，於是我進一步探究心頭的恐懼。畢竟，他並非不再慈愛或不再關心我，只是沒有像以前那麼投入而已。我問自己，為什麼需要父親和過去一模一樣，以及為何我不能讓他成為他想要的樣子。其原因絕對不在於我不被愛（因為我感覺到他很愛我），也不在於我不被認可或肯定（因為他總是讓我感受到認可與肯定）。所以到底是為什麼呢？問題的答案突然變得顯而易見——因為我害怕長大和無法再把他當成「爸爸」依靠。

我只是還沒準備好成為完全獨立自主的大人。事後回想起來，我才明白父親是如此具有先見之明，他認為我已經準備好獨立飛翔。他之所以離開，不是因為欠缺愛與責任，而是因為務實。他不再把自己安插在沒有真正需求的地方，也做出明智的判斷，不該在我的人生中繼續佔據主導地位。如今，他可以把注意力放在其他事上。他藉此把「照顧我」的責任交棒到我自己手上，只是我還沒準備好承擔這樣的主導權，但這正是那時的我所需要的。

30 美國法定成年年齡為二十一歲。

放下我們的父母親

我們還是孩子的時候，往往沒有意識到父母親也是有缺點的普通人，而是幻想他們無所不知、無所不能。到了青少年時期，他們在我們心目中的完美形象逐漸消失，我們開始意識到「他們只是普通人」的事實。一般來說，我們都會覺得有些失望，改把心思放在同儕身上。然而，我們還是期待父母會一直陪著我們，如果他們沒有這麼做，我們就會感到沮喪與受傷。

我有一些六十幾歲的客戶尚未脫離父母親的羽翼，真正獨立生活。與父母緊緊糾纏的他們，依舊深陷在某些他們從童年開始就在扮演的角色裡。若孩子不曾真正長大，親子雙方都無法放手，而且可能會相互刺激。

事實是，多數人都不太想長大。我們非常習慣和父母親相互依存，以致於沒辦法將自我認同和他們分開。在他們的眼裡，我們從未長大；在我們看來，自己也不需要這麼做，但是對親子雙方來說，這種停滯狀態不僅不正常，也很不健康。

只要已經成年的我們繼續仰賴父母親提供安慰、關愛與保護，就永遠無法靠自己得到這些東西。我們不但不會有任何成長，還將帶給父母親過於沉重的負擔、阻礙逐漸年老的他們進入新的人生階段。

脫離父母親並不是無情或自私的行為。為了經歷健康的個體化過程，這往往是我們最重要的一項任務。特別是在親子關係裡，到了某個時間點，父母和孩子都必須放手，好讓對方自在獨立地生活。不管孩子是否願意，到了某個時間點，父母都必須停止提供照顧。為了孩子的心理健康著想，他們必須長大，並且獨立自主。

我們何不給父母親一個「育兒期限」——等孩子到了某個年紀，就讓他們卸下原有的角色？何不讓他們自行選擇，等孩子成年好一段時間之後，他們要怎麼當父母？

在我對長大這件事不再恐懼之後，就有能力跟我父母說：「從現在起，你們不需要再照顧我。你們已經做得夠多了。育兒不是終身監禁，你們有權利從這份『工作』退休，過你們想過的生活。現在，該是我照顧自己的時候了。」我母親把這段話解讀成「我不再需要她」，因此哭了起來，但我父親能理解我的意思。他點點頭，然後笑著說：「是的，妳不再像以前那樣需要我。我一直都是妳的朋友。如果真要說的話，現在可以換妳照顧我了。」

讓父母親從育兒工作退休是一份很棒的禮物。我們不僅不再依賴他們，也從他們手中拿回人生主導權。要進行這種轉變，父母和孩子都必須放手，而透過這樣的共識，親子之間的關係才得以真正變得親密。

放下過去

讓父母親卸下他們角色的同時，我們也原諒了他們過去的錯誤。要這麼做並不容易，尤其若一個人曾經歷痛苦的童年，懷抱著怨恨與未化解的痛苦，是可以理解的。

我有許多客戶都無法停止責怪他們的父母，沒辦法讓過往的傷痛全部消失。因為某個人缺乏覺知而失去童年，對此感到憤怒並心懷怨懟，是很正常的一件事。但我也希望妳們了解，越是為了這件事而深陷在對父母親（或其他人）的怨恨裡，依賴他們的時間就會變得越長，因為在情感上，妳們彼此緊密地結合在一起。

在人生某個關鍵時刻，我們必須決定自己還要這樣緊抓著過去多久。何時才要原諒父母親的欠缺覺察？何時才要開始為自己負起責任？

當決定原諒父母在童年時犯下的錯誤，我們就會對他們自身的人性與侷限有所理解，並懷抱同情，或許會看到自己不想面對的嚴重不足或缺點，這是很正常的一件事。但在這段過程中，我們可能也會發現他們內心的巨大傷痛，而察覺這樣的傷痛，並對他們的童年懷抱悲憫之心時，我們終於得以從「父母」以外的角度來看待他們，看見他們的過往，還有痛苦與喜樂。這或許是我們第一次了解到，世代相傳的心理模式如何在家族裡傳承下來，同時也知道自己有能力顛覆這些無意識模式。

我們不再埋怨童年，或是目前與父母的關係。我們會把這些缺憾當作珍貴的禮物，因為它們造就了今天的自己。我們明白，每個人的童年都有各自的問題，也不再幻想自己該有個不同的童年。我們會放下過去，並且開始主導自己的命運。

我們可能會以為，放下父母是為了他們好，但這其實是為了我們自己。只有在可以完全放下他們時，我們才能自在地做本來就該做的事——完成成長的內在功課。

成為自己的父母親

放下父母親讓我們朝心靈解放邁進了一大步。但這還只是第一步而已，之後才是真正的重頭戲，也就是開始扮演那個他們沒有澈底扮演好的角色。我們必須重新撫育自己，但如今，我們會從「大人」的角度來做這件事。

「重新撫育」是我們情感與精神發展的重要關鍵。這意味著開始處理成長過程中，我們誤以為自己不重要、沒有價值，因而發展出那些面向。我們會療癒自己心裡的那個「小孩」，明白這個「孩子」只是來自過去的回音和幻覺，而不是今天的我們，因為現在的我們早已長大成人。

這個「小孩」是怎麼顯現出來的？答案是透過我們心中那些不真實的聲音。所有人的心裡都有很多聲音，有些很仁慈，有些則會嚴厲批判。我有位名叫艾莉的同事，她常把自己內心的聲音形容成「由一群混蛋組成的法庭」。在成長過程中，我們的內在小孩將某些聲音內化，因此形成了我們心裡的聲音。它們感覺如此真實，使我們誤以為這些就是自己的真實聲音。有些聲音需要我們的傾聽和撫慰，有些需要快速暫停一下，也有些則應該予以忽略。根據這些聲音的不同特質，我們必須以不同的方法重新撫育，就如同父母親會用不同的方式對待每個孩子一樣。我們必須留意內心的聲音，然後盡量以最細膩的教養方式來對待它們。

要說明如何進行這件事，我的摯友亞歷克莎就是最好的例子。她心裡很痛苦，總是覺得自己被否定，而且毫無價值，而這種感受是來自於她「相信」內心的聲音。我請她實際示範這些聲音說了什麼，她立刻開始抽泣。「要和妳分享這一切，我覺得很難為情……」她繼續說：「妳又醜又笨，什麼事都做不好。怎麼會有人想和妳待在一起？妳只會把事情搞得一團糟而已。」我請她告訴我，這些聲音讓她想起誰，她馬上回答：「我的父親。」

有發現我想強調的重點是什麼嗎？這些聲音並非她的真實自我——它們來自她的父親，然後被她內化。

儘管亞歷克莎知道，自己過去因為那粗暴的酒鬼老爸飽受折磨，卻不明白她如何將他的聲音內化，甚至用更粗暴的方式對待自己。她在這之前都一直以為，這些聲音就是自己的聲音。當我跟她說，她必須了解「她其實已經變成自己的殘忍父親」時，她非常震驚。和她現實生活中的父親相比，她深信不疑的各種有害觀念（這些觀念是她自己的解讀）其實更可怕。

她邊哭邊說覺得自己被心裡的聲音攻擊，於是，我要她形容這些聲音。她說：「它們像是蟑螂般在我體內爬來爬去、四處散播病毒。我只想逃離這一切，我永遠不想醒來，因為它們一直都在那裡。我很想結束自己的生命。」

我鼓勵她面對這些「蟑螂」，並開始消滅它們，但不要跟它們爭論，而是透過自我覺察來讓它們消失。要做到這一點，她必須先正視每一個聲音、承認它們的存在，然後「將它們當成自己潛意識的一部分」。她必須把這些聲音視為她父親的重現，與它們脫鉤，唯有如此才能將這些「蟑螂」和自己真實的本質區分開來，同時把它們當作「過往的遺跡」。

亞歷克莎拒絕我的建議，因為她最不想做的事就是面對童年時的恐懼。她說，她花了一輩子的時間逃離它們。我則告訴她，她也許躲避了這些過去，但事實上她每天都活在痛苦裡。這就表示，她沒辦法澈底逃離。現在，亞歷克莎應該要面對她的過往，並處理內心的傷痛。

我們無法逃離我們的過去，只有勇敢面對自己的創傷，才能開始治癒它們。要建構新的自我認知，需要很大的勇氣，想改變未來就必須重新改造目前的自己。

這趟旅程的起點就在我們的心裡。我對自己和周遭的世界有什麼樣的看法？這些想法從何而來？誰的聲音在我的心中反覆重播？這些意見究竟是我自己的聲音，還是來自文化環境的聲音？我要怎麼撰寫新的內在劇本，好讓自己發揮最大的潛力？藉由逐一檢視各種聲音與謊言，我們開始顛覆自身欠缺覺察的過去，如此一來，就可以有意識地建立新的存在方式。

如果因為某個久遠的創傷感到痛苦，繼續向前邁進的方法是了解我們的核心自我（也就是本質）未曾受到這個傷痛的影響。被傷害的只有小我意識的某個部分，而不是真實自我，後者永遠不會受到傷害，只會停止成長。進行重新撫育時的一項重要任務是，去察覺在生活的某些層面，我們依舊採取著幼稚的行為模式，因而無法促進真實自我的發展。

讓自己長大意味著承認我們自身的幼稚行為。在這個長大的過程裡，扮演自己的父母親非常關鍵，我們會展現出父母親的聲音與存在狀態。在現實生活中，我們可能不曾擁有這樣的父母——那種看見我們、撫慰我們，並容許我們安心表達真實自我的父母。

若感到焦慮，這時我們不會再試圖麻痺自己，或發洩在外在事物上，取而代之的是內在父母會提供建議：「妳為何覺得焦慮？有什麼事正在刺激妳嗎？我可以怎麼支持妳，並協助妳滿足需求？」它會和我們內心受傷的那些部分展開對話，讓它們得以發言。我們焦慮的那一面可能會說：「我擔心我不夠好，會被否定。」接著，內在父母會揭露其原因，並問道：「妳現在想起了什麼回憶使妳有這種感覺？妳正在重現哪一段往事？」內在小孩回答：「我想起媽媽說過我很笨，還有我永遠都不該在公共場合大聲說話。」

藉由這樣的一來一往，內在父母會聆聽我們心裡的悲泣聲，同時試著揭示當前感受背後的真正原因。就像優秀的治療師或睿智的賢者一樣，內在父母會幫助孩子般的我們平靜下來，獲得價值感與歸屬感。內在對話使我們有時間停下來思考，而不是盲目表現出某種情緒反應。經常用這種方式認可自己的本質，我們身上那些幼稚的部分就會走出陰暗的角落，並進入完整的狀態。如此一來，我們的童年創傷就有機會受到治癒。我們不再覺得必須擺脫這樣的自己，因為現在我們了解這些「只不過是過往的投射」。

很快地，我們的各種期待、人際關係以及外在投射，就不會再反映出那些有害且不正常的模式（源自於我們所接受的無意識教養）。因為我們的本質已經蓬勃發展，各種外在人際關係也會和內在圓滿變得相互契合。

透過重新撫育的過程，為個人的自我成長與療癒負起責任。這是我們送給自己的禮物。藉由持續詢問「此刻我有什麼需要」、「此刻我可以給予自己什麼東西」，我們用自身的內在資源來治癒這些過往的傷痛。

如果我們沒有成為自己的父母親，就會往「外在世界」尋找，也因此在某種程度上，多數的感情關係都會以這樣的形式呈現——雙方都在對方身上找尋自己缺少的那種父母。當我們把這種責任加諸在對方身上時，一切就會嚴重偏離正軌，因為很少有成年人具備這樣的心理技能，可以滿足另一方的這種需求，況且這也不是他們該做的事。

一個人若被迫扮演這樣的角色就會心生不滿。有很多女人都抱怨，她們在感情關係中最後都變得好像是另一半的媽媽。沒有人想承擔這種沉重的責任，就算一個女人願意攬下這個責任，最終也會因為使用不健康的方式來照顧、支援對方，因而阻礙他的成長。

重新撫育包含賦予自己工具與技能（這是父母未曾提供的），使我們得以管理自己的內心世界。這當中包括建構一套以話語組成的心理工具，幫助我們找到自身的力量與價值。我們的內在父母可能會在適當的時機說出這樣的話來：

「我看見妳、聽見妳，並且認可妳。」

「妳本來就已經夠好了。」

「妳不需要變得完美。」

「妳可以有這種感覺，妳的所有感受都是合理的。」

「妳的強大難以言喻。妳可以做到這一切。」

「妳既能幹又有價值。」

「妳應該把妳的看法與意願表達出來。」

「妳的自我表達很重要。」

「妳童年時發生的事不是妳的錯。」
「不要害怕為自己建立界限。」
「現在，妳應該大方認可自己的真實樣貌。」
內在父母是我們最好的教練與支持者，有時候對我們很溫柔，有時候也會挑戰我們、令我們感到不自在。就如同我們需要現實生活中的父母親安撫我們，同時設立各種界限，我們開始給予自己這些東西。

重新撫育包含顛覆舊有的制約，然後建立更健康的存在方式。要做到這一點，就必須勇敢檢視自己，並如實承認我們所採取的有害模式。我們得拿出勇氣，用符合現況的做法來打破這樣的模式。

我母親是極具同情心的人，在成長過程裡始終給我無盡的關愛，然而因為她本身受到的種種制約，她並未教導我「設立界限」這項很寶貴的技能。她害怕衝突，於是竭盡所能地討好他人，以致於她極度自我壓抑。在耳濡目染下，我也學會了這麼做。因此，為了在各種人際關係中維持和平與和諧，我背棄了真實自我。

結果就是我不斷犧牲自己，最後甚至變得滿懷怨恨。我在各種地方都欠缺界限，尤其是在工作上，我無法針對那些需要我付出時間與陪伴的人建立明確的界限，因此太過勞累。我必須在情感上克制自己，以及學會說「我會再回電給你」、「我得考慮一下」之類的話，才不會過度承諾、過度付出。我也必須重新建立折衷的做法，才不會直接將回應脫口而出。我必須推翻所有的本能反應，然後用更有意識的方法來取代它們。最重要的是，我得學會愛自己、重視自己，必須成為自己的父母親。

想要澈底自我療癒，在情感與精神層面重新撫育自己的這段過程就極為重要。現在，我得教導自己那些母親無法教我的事。首先，我必須停止責怪她，或把責任推到她身上。我不能因為自己極度缺乏界限，就一直怪罪童年。於是，我開始研究典型同情者的心理模式，以及我們怎麼在不知不覺中發展出虐待與相互依存關係。我開始解構自己的各種心理模式，並注意到我是如何造就某些關係動態，促使我的界限被侵犯。

我開始逐一打破身上那股盲目同情的模式。我察覺到自己的討好行為其實是一種對他人的恐懼，而這種恐懼又源自於缺乏自我價值感。我必須賦予自己力量，並且好好地愛自己，這樣才能捍衛自我。起初這感覺很可怕，畢竟我太習慣對於衝突與被否定感到害怕，我的本能反應就是畏縮、一味服從，而不是將自己的意見表達出來。

後來每次我注意到自己的心理模式時，都會撫平內心的恐懼，同時溫柔地挑戰自己、要自己勇敢起來，於是變得越來越敢為自己發聲。我沒有向那些舊模式屈服，而是繼續在各種人際關係中練習表達自己的想法，並且設立界限。我開始經常大膽地說「不」和「不要再這樣」。

儘管害怕，我還是選擇離開那些讓我深陷在舊模式裡的關係。我開始習慣失去身邊的人，並因此變得孤獨，然而因為有內在父母的陪同，我更信任自己的陪伴。我不再仰賴他人給予認同感，也變得更重視自己的聲音。

重新撫育包含建構並依賴自己的內在導航系統，不再向外尋找他人成為我們的父母親、提供指引，而是運用心中這些強大的資源。

練習獨立自主能讓內在導航系統更靈敏、用更宏亮的聲音跟我們說話，因為我們終於透過自我信任賦予它勇氣。我們的內在雷達會不停地向內探尋、讓我們和真實自我變得越來越靠近，直到我們終於抵達終點，並獲得最美好的禮物——自我尊重與自主管理。

內在療癒者

禪宗有句名言：「見佛殺佛。」這句話的意思是，佛陀（具備心靈智慧的人）永遠無法外求，祂只存在於我們的心裡。只要我們覺得自己不如人，就永遠無法發揮真正的潛能。

這句話中的「殺」字，是指成為充滿力量、善於破除幻覺的心靈勇士。「我們是追隨者，而不是領導者」正是必須「殺死」的錯誤觀念。只要持續依賴別人的領導，我們就會迷失方向。最有智慧的領導者會引導我們回歸自己的智慧，因為他們知道，每個人都有能力在自己心裡找到真正需要的東西。

我們都在走到專屬於自己的旅程上，沿途所見的風景（無論那是美麗的花朵，還是佈滿荊棘的樹叢），都是通往智慧的道路。離開這條路、跟隨他人的腳步，只會陷入幻覺。

從更深層的意義來看，這句格言提醒我們，一切事物都相互連結在一起。沒有任何外在事物不存在於內在。我們在別人身上看到的東西，應該先出現在自己的心裡，所以若在別人身上看見智慧，代表我們也可以在自己的心中找到這樣的智慧——對方只是一面鏡子而已。在深刻的精神層次理解這件事，能使我們不再依賴他人，無論對方的身分是我們的父母、伴侶、孩子，還是老師。

身為常被稱為「老師」的人，我發現別人很容易把自身的不安全感投射到我的身上。我以各種方式獲得了各式各樣的稱號與評價，例如有些人把我當成忽視孩子的母親，他們認為我愛挑剔、棄孩子於不顧。有些人則把我視作慈愛的母親，覺得我寬宏大量，又會照顧人。又或者，還有人把我抬舉為睿智的賢者，認為我擁有所有問題的答案與解決方法。

起初，我覺得必須向大家證明自己，有時候會因此感到不滿，並且覺得受到傷害。當我完成自己的內在功課，並開啟內在覺知，我漸漸明白這些投射反映的是當事人內心的陰影，和我本身沒有什麼關係。

了解這一點之後，我就不再對他們產生負面反應，並開始能夠懷抱同情。在心靈成長的過程中，他們需要把我想成某種樣子，而我有能力將這種形象和我對自己的認識與信任區分開來。當然，只有在發現自己其實也曾經對其他人做出同樣的事之後，這一切才會發生。唯有在「殺死我生命裡的佛陀」時，我才能更深刻地理解和同情。

佛家也教導我們，將所有有情眾生都視為我們的母親。這同樣也意味著，把外在世界的每個人都當成自己的投射。一旦深切明白這一點，就能看穿原有的幻覺，不再相信外在世界的某個人可以滿足自身的內在情感需求。最終發現，我們在尋找的這個人其實就住在自己心裡。我們就是那個慰藉、救贖、心靈導師，以及療癒者。

25．達到超脫境界

「我是一個充滿關愛的人，抑或只是執著？」
這是我們每個人都必須回答的根本問題。
執著總是讓愛變得有條件，而且過度依賴與索求。
令我們備受束縛，甚至感到窒息。
真愛則正好相反，讓我們得以自由翱翔。

意識到自己過去的多數感情都是以執著（而不是愛）作為基礎時，我非常震驚。在此之前，我都一直深信自己愛過很多人，同時也被很多人愛過，並堅信自己是個充滿關愛的人。這樣的發現令我深感震撼和不安。

作為一名心靈戰士，我知道我必須體察自身的黑暗面，督促自己進入新的領域，這樣才能對自己的行為，以及其背後潛藏的意圖具備更高層次的意識。理解愛與執著之間的根本差異，讓我的心靈成長與各種關係進入不同的層次，或許妳們也可以透過同樣的方式進化。

生命的本質

我們對各種人事物與想法，以及「執著」這個概念本身，都懷抱著執念。我們之所以執著，是因為不了解生命的重要本質——佛家清楚地告訴我們，生命是短暫的。

所有事物都只是暫時存在，沒有任何東西可以永遠留存。唯一不變的事就是改變。若沒有充分理解這個單純卻又深奧的事實，我們就會因此受苦。所謂的短暫意味著一切事物都稍縱即逝，所以我們一定會以某種方式或形式失去它們。愛惜並尊重生命，意即愛惜並尊重這樣的短暫。

所有事物都會在眼前這一刻生起並滅去。明白這樣的生命本質可以使我們不再懷抱執著，並進入我先前提過的臨在狀態。這時，我們會變得極其專注且敏銳，每一個瞬間都充滿了活力。

之所以執著於某樣東西或想法，是因為誤以為自己能藉此和它保有連結，而這樣「東西」帶給我們認同與價值感。但如果我們了解，這種認同與價值感本身就是一種幻覺（因為它們絕對不可能來自外界），我們就不會再執著。由此可知，無論這樣東西是什麼，我們所渴望的其實都只是種幻覺。

我們很難抱持這樣的觀念，特別是人類已經習慣用相反的方式生活。然而，當了解這種習慣帶給自己諸多痛苦，我們或許就願意捨棄它。所以當我們執著時，就必須意識到我們正在造就自己的痛苦。因為失去某個人事物而感到痛苦，就表示我們落入了一個錯誤觀念：這個人事物已經「離開」我們，或者我們已經「失去」。實際上，這兩者都不曾發生。畢竟，這樣東西從頭到尾都不屬於我們，那麼又怎麼會失去？一旦理解這一點，就能以正確的心態和各種人事物與想法產生連結，並明白這種連結只存在於當下。

這並不代表我們和他人之間的連結不緊密或者不重要，但它們一定得伴隨「無執」，這種無執之道的實踐稱為「超脫」。若我們想變得心胸開闊，就必須掌握這個非常抽象的靈性概念。

我為女兒取名為梅雅，意即「幻覺」。我這麼做是為了提醒自己，我對她的執著只是一種幻覺，以及她擁有自己的自由意志。當我把她當成「我的」女兒時，就是在控制與佔有。一旦「認為她屬於我」的認知變得固著之後，各式各樣的期待與佔有隨之而來，彷彿她是我可以擁有、緊抓著不放的東西。多數父母都用這種方式對待孩子，我們使自己和孩子都飽受折磨。

當我不再佔有我的女兒，只將她視為經由我來到世界上的生物。我把她當成宇宙萬物的一部分，她不只屬於我一個人。這種觀點讓我擺脫想掌控她的慾望，同時使她得以順利成長、茁壯。

只要理解了生命的短暫本質，我們就能領會人生的喜樂。畢竟，若我的生理狀態一成不變，就無法孕育我的女兒。在人生中，我們需要這樣的短暫，因為少了它，生命就不再是生命，而是死亡。如果毛毛蟲的形體並非暫時存在，就不會有任何蝴蝶出現。同樣的道理，我們也不會是今天這副模樣，而是依舊只是嬰兒。這些說明是否已經讓妳們明白，「短暫」正是讓我們繼續生存下去的重要生命力？

明白我們一無所知

對於有冥想習慣的人來說，「短暫」這個概念顯而易見。我們逐漸意識到，原以為人類的身體和思想千篇一律，但事實根本不是如此。我們的身體擁有許多感知，內心也充滿種種想法，這些感知與想法都不斷變化著。這是我們第一次察覺到自身的特性——事實上，我們只是各種想法與感知的混合體。在生命裡的每一刻，都有感知與想法生起並滅去，沒有所謂「固定不變」的身體或思想，它們總是不停地變動。

明白我們的想法稍縱即逝，起先或許令人十分迷惘，但很快就會因此感到寬慰。既然它們不會永遠不變，我們就能選擇要保留或捨棄哪些想法。換句話說，我們將逐漸明白可以不被自己的思想束縛。

我們心裡的想法並非「荒唐」，只是很短暫而已，體內的感知也是如此。整個世界始終處於變動狀態。例如孩子情緒起伏，並發起脾氣來，我們深受其苦。我們因經濟不景氣而失去工作，會倍感痛苦；戀人的拋棄讓我們受盡折磨。這些痛苦的根本原因在於我們誤以為這些事「不該」發生，但從生命的本質來看，它們都是應該發生的事。沒有任何事、沒有任何片刻是相同的，一刻接著一刻，一切事物都在不斷變化。

但想明白一切是我們的天性，如果一切總是處於變動狀態，那接下來究竟會發生什麼事？更重要的是，將來我們會變成怎樣的人？下一秒又是如何？

這種對未知的覺察與接納理所當然會帶來痛苦，因為我們追求穩定、期望掌控，實在很難放下這樣的慾望。對人生和我們逐漸增長的新意識而言，痛苦都是很自然的一部分。我們無法抵抗，終將失去所愛的人事物、將會變老……最重要的是，再怎麼拚命我們永遠都無法預測未來。

聰明人都明白當自己可以說出「我知道我一無所知」時，就獲得了智慧。他們不再對穩定性與可預測性抱持執念。他們已經接受這個事實：自己之所以受苦，是因為對不能控制的事物懷抱執著。承認自己只知道一切事物都會改變，也因此不可能無所不知，我們的心靈進化就進入了更高的層次。

進入「我不知道」的境界，就是走進深不可測的浩瀚宇宙，在充滿不確定性的狀態下保持堅定。我們不會試圖編造關於宇宙創造或毀滅的故事，也不會設法探究不可知的事物，而是會接納一切未知。對於沒有人知道答案的事，我們不會自以為是地將我們的解釋加諸其上。我們會拋卻這樣的渴望，並培養「認知自己所知之事」的寶貴能力，那就是對當下的覺察。

超脫在精神修煉上具有什麼涵義

我之所以在整本書中反覆探討這個主題，是因為它非常重要，對女人來說更是如此。不把執著和「親密育兒法」[31]搞混，是很重要的一件事。親密育兒法當中的「親密依附」，有助於在親子之間建構健康的連結。至於「執著」這個詞則具有佛教意涵，指的不是人與人之間的緊密連結，而是指某種不健康的糾結、依賴與依戀。

通常想到「無執」或「超脫」這樣的字眼，我們馬上就把它們和冷酷無情連結在一起，彷彿身處這種狀態的我們冷漠、疏離、漠不關心、自私自利。事實正好相反，超脫其實是代表因為非常了解「短暫」是一切生命的重要本質，所以我們會放下所有虛妄的執著。我們會開始「放手」，而這種放手或臣服意味著，欣然接納生命的真實本質。

由於不再抱持各種期待，我們可以給予他人無條件的愛。在這種清楚覺察的狀態下，我們會變得更溫暖、體貼、會照顧人，並且和他人親密地連結在一起。請思考一下以下這幾句話：

祖母跟她的孫子說：「我不希望你和你的父親一樣成為藝術家。你得把人生花在更有

---

31 Attachment Parenting，由美國醫學博士希爾斯（William Sears）提出的育兒方法，倡導透過與孩子長時間親密接觸（包含母乳餵養、與嬰兒同睡、多抱嬰兒等），運用直覺立即回應他的需求，盡早建立獨一無二的親密關係。

價值的事情上。」

父親跟他的女兒說：「我不希望妳把頭髮剪短。因為妳會看起來像個男孩，那不適合妳。」

某人跟朋友說：「我要妳停止和妳的鄰居互動，因為我不喜歡她。」

妻子跟她的丈夫說：「我希望你開除你的祕書，因為她令我感到不自在。」

丈夫跟他的妻子說：「我不希望妳和那些姊妹淘一起出遊，因為她們會喝酒，我不喜歡這樣。」

這些人都會宣稱，他們很愛對方，這些話是出於關心、為了對方的幸福著想。但真的是這樣嗎？他們在乎的是對方，還是自己？有發現他們怎麼對自己的看法、期待、慾望懷抱執著嗎？若不懂探究我們如何讓自我認同和對方變得密不可分時，就可能無意識地將自己的想法硬是加諸在對方身上。這樣的關心一點都不像是關愛。

察覺我們的愛何時變成執著，是我們所能送給他人最美好的禮物。當我們開始為了滿足自己而「利用」對方，並依賴他們給予肯定時，我們會有所察覺。或者會注意到，我們如何把自己的需求與期待投射到他們身上。這樣的覺察使我們得以從投射轉向反思。向內探索時，我們會特別留意自己正表現出哪些模式，不再覺得對方有責任滿足與肯定我們。

所謂的超脫，不代表避免和他人變得親密。這只意味著，我們不依賴他們滋養我們的心。我們得到別人的關愛，是因為他們決定這麼做，而且對於這份關愛的形式，我們不會加以批評或批判。我們擺脫狹隘的想法，例如「他們愛我、渴望我、需要我嗎」，轉而抱持更宏觀的思維，像是「我們是否成長、茁壯、進化，以及心胸寬廣、思想開放」。

我們不再對他人懷抱幻想，而是接納他們的一切（包含真實自我，以及內心的黑暗面）。這兩者之間的差異在於，前者是控制與佔有——為了讓對方合乎我們的理想，我們會設法改變他們。後者則是提升與解放——我們會接納對方、協助他們忠於自我。

執著使我們試圖「修正」對方，好讓他們符合自己的需求，這樣一來，我們就可以感覺完整。如果他們不能或不願意順從，就設法強迫，對方不是百般抗拒，就是默默屈服。無論如何，他們都沒有忠於自己的本性。這一點將會在這段關係裡的其他部分顯現出來。很快地，雙方的虛假自我都會受到鞏固，兩個人之間的相處也將出於需求、依賴與控制。

我們執著於自己的看法、感受，還有思考模式，其中包括所有我們認為正確的事。這感覺就像是一切都「只能聽我的」。我們對這些模式極度執著，以致於會把它們強加在對方身上，同時執意要對方改變。

當對方沒有依照我們的想法改變時，我們的愛就變得有條件。我們會表現出自己的不悅，只有他們乖乖服從，才會給予肯定和讚美。一切取決於他們是否符合我們心中的幻想，因此，我們總是受到對方心情與情緒幸福感的牽制。

唯有認真承認自己內心的匱乏感，我們才能開始從某人或某件事當中超脫出來。不過，我們不習慣在情感上獨立自主。由於自己的情緒和外在事物緊密結合，導致我們無法掙脫束縛，心情會隨著對方起起伏伏。

超脫之所以令我們感到恐懼，是因為它使我們真正成為獨立的個體，並且走自己的路。這樣的旅程感覺很孤單，有時甚至很可怕。文化環境讓我們不認為這件事可以帶來力量，反而覺得自己需要幫助。完全脫離他人感覺很奇怪，然而，成為一個大人就代表不再依賴。

臣服的力量

為什麼各種人際關係會令我們感到疲憊？其原因在於這段關係本身，還是在於我們的心態？就我自己的經驗來看，後者才是原因所在。這一切都歸結於執著。我們耗費太多精力修正，並控制對方的行為與心理狀態，以致於產生某種剝奪感，最後因此筋疲力竭。

不再覺得自己可以掌控對方，並且向這段關係的本質臣服，我們就能迅速地擴展自己。我們擁有無窮的活力，可以做出各種新穎的決定。因為不再為對方的存在狀態感到糾結，我們得以自在地選擇最適合真實自我的道路。

讓他人展現真實自我，不施加控制，也不批判，其實就給了他們最大的關懷。雖然過去習慣將愛和控制連結在一起，但現在我們明白，最少的掌控就是最美好的愛。我們非常喜愛對方的本質，所以不會想加以控制；超然的愛意味著完全放棄掌控。

我們愛一個人是因為他的本質嗎？我們很少人愛的是對方的真實自我。我們對一個人的外在，例如他的長相和行為極度關注，這不僅使我們變得盲目，同時也無法察覺對方的本質。

父母親特別容易根據外在事物，像是孩子的學業成績、有多受人歡迎（甚至還包含他們看起來有多快樂），來定義自己對孩子的愛。這麼做忽略了真正的重點，因而無法了解孩子自然且豐沛的本質。這就是為什麼，很多孩子都覺得自己不被父母親看見、肯定，甚至感覺不被愛。

我有很多客戶都十分堅持不曾感受過無條件的愛——儘管他們的父母親對此表達嚴正抗議。這是為什麼呢？因為這些父母親陷入了執著，他們重視孩子的「行為」勝過他們的「存在」（也就是本質）。

對於親密伴侶，我們也會訂立一長串標準。雖然從務實層面來看，這確實有些幫助，但是想使一段感情變得圓滿，這絕非長久之計。因為這些標準幾乎都是以一個人的外在，而不是他的本質作為基礎。只要我們把焦點放在這些外在事物上，就會一直深陷在執著裡。

心中若有許多空洞，我們就會在外在世界尋找某樣東西、以此填補它們。這些空洞之所以一直存在，是因為我們還沒完全接納自己的真實樣貌。

我們將內心的缺憾投射到對方身上，因此會努力讓他們替自己填補這些缺憾。我們不會把自己視作「情感獵食者」，但實際上就是如此。同樣的道理，我們同時也是對方的獵物，因為他們也試圖透過我們填補自身心裡的空洞。由此可知，我們的愛始終停留在執著的層次，從未變得超然。只有在內心的「缺憾」變成「圓滿」時，我們才能放下執著，並且向超然的愛臣服。

想超脫，就必須優雅地臣服。我們並非不再渴望快樂或喜悅，而是不再認為它們一定得和那些事物綁在一起。一旦接受人生的真正樣貌（而不是認為它應該呈現什麼模樣），我們就不會再要求其他人表現出某種樣子，好讓我們感到愉快。我們不再對快樂充滿渴望，而是會進入成長狀態——我們將擴展自己，並接納一切事物的本質。

「不二中道」的智慧

日夜變換、生死交替、陰陽相生，循環往復。這一切全都顯示出「非二元性」密不可分的本質。所有事物都並非二元對立，但我們卻表現得好像它們都是如此。

因為我們渴望了解、掌控現在和未來，所以將事物劃分成有限的類別，例如：這個和那個、高與矮、胖與瘦、黑與白、美與醜，還有妳和我。藉由對現實世界進行二元劃分，我們便誤以為一切井然有序，而且都在掌控之中。

所謂的智慧，是指明白生命的非二元性。沒有任何東西彼此對立，所有事物都緊密相連、互為一體。當我們對某些想法或「東西」懷抱執念時，就是在分別它們。

正因為所有人都在二元對立的世界中長大，我們會從「好壞」的角度來看待自己。這樣的陷阱使我們無法進入神聖且超然的狀態。就如同伊斯蘭教蘇菲派神祕主義詩人魯米（Rumi）所言：「在是非對錯之外有座花園，我會在那裡和你相遇。」唯有跳脫二元思維，我們才能不再感到羞愧，同時好好地愛自己。

發現自己其實具備各種好與壞的可能性，就獲得對自己最有力的理解。我們會將此視為身而為人的命運，不會只覺得自己好或不好，而會同時接納這兩種可能性。

一旦察覺自己擁有這樣的可能性，我們也會在其他人身上發現這一點，因此不再認為自己很特殊。儘管我們和別人不一樣（甚至獨一無二），但我們並不特別。這種強而有力的覺察讓我們意識到，彼此具有共同人性，因此為自己創造出某種嶄新的狀態。

我們會捨棄個人的小我意識，不再自以為是地對自己或他人妄加評斷，而是明白所有人都可能遭逢同樣的艱難與困境。以彼此為鏡，我們就會意識到人與人之間的分別不在於某種偉大的智慧，只在於不同的人生遭遇。即便我們原本譴責這些行為，假設面臨和另一個人相同的處境，自己或許也會做出同樣的事。只有在尊重自己會表現出負面行為的可能性，並且完全接納自身的黑暗面，我們才能明白這一切。

理解「不二中道」可以讓我們停止批判，此時我們不再認為「事情應該是怎樣」。所有外在環境與人際關係裡的一切，都不再是自己原先想的那樣。最重要的是，了解到我們之所以對現實世界進行二元劃分，是因為不了解事物的真實本質。

所有事物本身就是完整的，這也代表每種概念和想法都包含了正反兩面。正因為如此，陰與陽的符號彼此緊密相連、形成一個完整的圓。我們若敞開心胸，接受所有事物都可能容納一切，就不會再試圖將它們分類、加以控制。我們會立刻停止批判，要知道，批判只會使人類承受苦難。

向「不二中道」臣服讓我們變得更加寬容。一切人事物沒有非得呈現什麼樣貌不可，沒有所謂的完美、成敗或好壞存在。我們會容許身邊的人都有缺點、會犯錯。我們越是處於內在圓滿的狀態，就越能接納自己。這樣的自我接納將自動轉變成對所有人的接納。

自我接納包含不再把完美當作目標，因為完美只是一種幻覺。就像不會埋怨玫瑰有刺一樣，我們也不會批評對方的缺點。臣服於這種心態，痛苦就會澈底減少，也會讓其他人展現出真正的自己。我們因此重獲自由，不僅如此，周遭的人也會感受到這樣的自由。這時，愛開始等同於自由，到最後，自由成了愛的唯一目標。

超然的愛包含對所有人的關愛，無論對方是否符合我們的期待。我們不會從功利主義的角度來看待他們，而是只會看見他們的本質。我們把其他人視為自己的老師，學會欣賞所有進入我們生命裡的人。對於他們帶來的教誨始終虛心接受，因為總是有值得學習的課題。我們怎麼會與自己的老師為敵呢？我們通常是因為不贊同某個人的教導，才會想要譴責對方，但如今我們覺得這些教誨全都非常珍貴，自然就會珍惜每一位老師。如此一來，我們就能跳脫種種條件，開始給予他人無條件的愛。

26・接納空性

我以為，我知道自己是怎樣的人：
不僅對我的頭銜、稱號與角色一清二楚，
對過去與未來也都瞭若指掌。
噢，這一切都是我的妄想。

⁙

我們並不是自己所認為的那樣，這只是某種我們從出生以來就習慣的模樣。甚至早在還沒離開母親的肚子之前，我們就已經被灌輸各種自我認同，包括家族姓氏與傳統、宗教信仰、文化環境所賦予的教育價值觀與學業壓力，以及對外貌、種族、成功、成就、情慾、價值、社會整體的看法。基本上，我們承襲了父母親的思想。沒有人能避免這種習慣傳承，因為通常是在不知不覺中發生，然而這一切都不是我們的真實樣貌。

我們欠缺覺察的時候，就不會探索、檢視自己的內心。雖然表面看似清醒，但其實始終處於睡著的狀態。我們依舊受到過往傳統，以及種種文化認同的束縛，而且往往會繼續把它們傳遞給自己的孩子。於是，這些習慣就這樣一代傳過一代。

就像我在整本書裡反覆提到的，所謂的「覺醒」意味著去除執著，並掙脫心中的枷鎖。我們意識到，長久以來自己都一直被洗腦，現在得拋棄所有囤積在我們心裡的「無意識垃圾」，以及伴隨而來的各種有害觀念。

關於信念的錯誤觀念

我們對「人生」以及「他人」的觀念，形塑了生命中的每一刻。越是信守這些觀念，對它們的執著就越根深蒂固。受到這些信念囚禁的我們，又怎麼能期待可以自然且自由地生活？

我們對人生的各種觀念，是生命無法豐盈圓滿的主因，我們甚至還沒有覺察到，自己如何在童年與文化環境的耳濡目染下承襲某些觀念，並且將這些觀念誤認為我們的真實樣貌。我們的信念和自我認同之間沒有什麼分別，很多基本教義派都不惜為了自身的信仰而死，因為他們的人生「就是」信仰。信仰已經掌控、決定了他們的自我認同，以致於兩者如出一轍。

比方說，假設我們從過去承襲了「人生而懶惰」的觀念。試想一下，這會如何影響我們的實際人生經驗與各種人際關係。每當覺得自己被別人忽略，這種想法都會被喚起，即便我們不是真的懶惰，但深植內心的觀念會說服我們實情就是如此。被無數「證據」包圍的我們對此深信不疑，沒有發現自己其實是舉白旗投降了。

請再想像一下，我們之所以厭惡有色人種，很可能是因為聽聞父母親說「他們是邪惡的劣等人」。我們腦海裡充斥著各種言語和畫面，都支持這樣的說法。父母親灌輸一堆原因，告訴我們為何要遵循這種觀念，所以早在我們牙牙學語之時，就已經和他們懷抱同樣的種族歧視。

現在，把時間往後快轉三十年，妳的上司正好是有色人種。妳可能會有什麼樣的感受？心裡會有多抗拒？發現他是個聰明、和善、富有同情心的人，妳又會經歷怎樣的內在衝突？妳可能無法好好工作，由於內心處於嚴重不協調的狀態，導致妳的表現受到阻礙，甚至因此離職……這是多麼令人悲傷的一件事，尤其是妳本來將獲得不錯的加薪與升遷（因為上司信任妳的能力）。經歷這樣的遺憾，讓我們逐漸明白自己所抱持的諸多信念讓人無法看清現實。

達到「空性」的境界

我們並不了解自身的各種信念如何汙染我們對周遭世界的看法。我們沒有意識到心理投射和自己編造的那些故事，對人生體驗產生了多大的影響。如果察覺了這一點的話，我們會非常震驚，感覺就像是自己從未真正活著，錯過了許許多多精彩的事物。

佛家認為，唯有在消除一切信念時，一個人才能達到「涅槃」的境界（也就是覺醒的最後階段）。這些信念是我們自己編造出來的故事，全都是虛妄的迷思，因此充滿了無知。一旦解構這些信念並釋放它們，視之為虛假，我們的心就會進入某種「空性」狀態。這時，我們終於可以擺脫它們的束縛，同時讓生活以「真實」作為基礎。我們終於可以專注於當下，而不會被過去制約。

我們看見現實的真實樣貌，而不是認為它「應該」呈現什麼模樣，我們的心因此開始獲得解放。只有在不將自己編織的故事情節投射至外界時，才能進入「臨在狀態」，在此之前，我們都無法真正活著，而是一直受到外在環境的制約，做出制式化的反應。

所謂的心靈改造，包含去除內心的執著。這就如同打開衣櫥、把所有的衣服全部丟掉，然後重新開始。起初，空蕩蕩的衣櫥可能會令人感到恐懼，但反過來說，「空無一物」就表示充滿無限的可能性。這就是「空性」在精神修煉上所具有的涵義——進入某種空白的狀態、原原本本地體驗當下，而不會遭受過去的汙染。

要達到空性狀態，就必須找回初心，這樣的心態使我們明白，把過去帶到現在就是一種執著。透過把心清空，讓自己得以持續投入每一個瞬間，就會如實地活在當下。於是，我們使每一個當下都充滿了自發性與獨特性。

終極因果法則

活在當下會讓我們發現某些深奧的事物。我們會對自己造就的一連串因果連結特別留意，明白一切從何而來。這是因為此時的覺知極其敏銳，沒有受到文化環境的汙染，我們可以密切關注人生當中的各種因果。我們會發現，因果相續不斷；因成果，果又成因。同時，我們也會理解自己在其中扮演了什麼角色。所有事物都在不停地變化，沒有任何東西真正處於完結狀態，因此一切都只是過程，沒有所謂的終點。

如今，我們深刻了解到沒有起點或終點存在，一切事物都不斷變化、再變化。萬事萬物都是藉由相互依存的因緣生起並滅去。人生是一連串不間斷的因果，因此一切事物並非獨立存在、不依他緣而變化的「自性」。所有事物都是因果的組合。在因果關係中，事物的滅去是不可或缺的，基本上，一切事物皆性「空」。所謂「空性」的概念，指的就是這個意思。

我們很快就會發現，口中常說的這個「我」並非恆常不變，而是一種不斷流動、改變的能量——形式、樣貌、方向，以及意義都一直在轉變。我們不能把「自我」視為獨立存在的實體，無論妳接不接受，事實就是如此。當我們這麼做時，它就已經進入了下一個因果組合，基本上，所謂的「我」（或「自我」）也是「空」。

明白人類自身這種稍縱即逝、相互依存的特質，讓我們得以放下對自我的執著。不會再對自己所表現出的樣貌，或是其他人對我們的看法懷抱執念。此時，我們會接納這個事實——我們並非一成不變，而是充滿能量且不停地動態變化。一旦了解這一點，我們就能對「空性」的概念有更深刻的理解。

若在更深刻的層次上理解因果法則，就會發現關注所謂的「造物主」是一種錯誤。那只不過是在面對複雜而奧妙的宇宙法則時，一種幼稚的抵抗。不難理解為什麼各種宗教必須創造出某個擬人化實體（祂們無所不知、無所不能），讓祂作為我們的代理父親。由於仰賴這種外在力量，我們脫離了內在覺知。將一切事物的起源歸結於此，讓情況容易許多，因為這樣我們就可以在心裡建立某種秩序。對人類而言，比起永遠都無法知道這一切的起點或終點為何，創造一個有頭有尾的完整故事令人感到寬慰。畢竟，要接受真正的實情實在太過可怕！

現實是因果交互影響之下的產物，錯綜複雜、極其微妙，而且不斷變化，我們恐怕永遠都無法了解一切究竟是怎麼開始的。然而，我們不會把此事當成失敗，而會視為一種智慧，並且欣然接納。我們會容許自己一無所知，對於沒有人知道答案的事，我們不會試圖尋找解釋，並創造出各種神明。我們只會單純地保持未知。

要在這種充滿不確定性的狀態下保持堅定，就是讓自己沉浸在深不可測的浩瀚宇宙裡。事實上，我們越是對不了解的事物懷抱崇敬之心，對浩瀚無垠的宇宙就越是尊敬。假裝自己明白一切事物的起源，其實就奪走了宇宙的奧祕。保持未知狀態，才是對宇宙奧義的真正尊重。

沒有所謂的起點或終點存在，也沒有「你」和「我」的分別。只有相互連結、彼此依存，以及不停變化的因果交互影響。放下對外在形體的執著，就能向奇妙而無形的內在本質臣服；我們既充滿意義，卻也同時無關緊要。

唯有在接納這樣的「存在悖論」時，我們才能使自己重獲自由。這麼做讓我們得以看見自己的真實本質——我們是一面鏡子、與宇宙萬物相互呼應；我們既是廣闊無邊的銀河，卻又猶如塵埃般微不足道。

妳們已經來到這本書的尾聲。這是一趟多麼精彩的一趟旅程！在這趟旅程中，妳們針對自己和周遭的世界（包含原生家庭、各種人格面具、生理構造，以及所受到的種種文化制約）進行了解構。在這段過程裡，妳們可能受到很多刺激，所以不想再繼續下去。然而，還是有某種東西促使妳們繼續向前邁進。妳們持續翻閱這本書，現在來到了這裡。

妳們可能會心想：「然後呢？」妳們的內心世界或許已經變得天翻地覆，不禁思考，這一切要如何和妳們的人生整合在一起。妳們可能會因此不知所措，若是如此，我在這裡向妳們保證，這還只是開始而已。

在這段過程中，妳們已經得到許多新的啟示，請讓這些寶貴的覺察充分啟發妳們。一旦讓它們進入心裡，自然會使妳們產生嶄新的心理狀態。在發現這一點之前，妳們就已經開始做出新的選擇，同時為自己創造出不同的命運。

妳們的思考模式已經澈底改變，只是還沒意識到這件事而已。如今，妳們會用截然不同的方式看待一切事物，將使人生中的各種處境變得不同，和妳們的新意識更加吻合。當然，這意味著妳們將捨棄很多舊有的事物，其中包含各種人際關係。請相信妳們可以在這麼做的同時，懷抱著愛與悲憫之心。請相信妳們值得擁有嶄新的一切。

我希望妳們能讓自己進行最深刻的轉變，那就是以不同的方式和自己產生連結。妳們將成為自己的支持者，並相信內心的聲音。妳們會發現自身的珍貴價值，並且把自己擺在第一位。

妳們即將成為嶄新的自己。妳們已經準備好了，請勇敢地向前邁進，全新的世界正在等著妳們。

綻放如妳

澈底覺醒的當代女性之道，妳就是一個完整無缺的圓

作　　者｜喜法莉・薩貝瑞博士
譯　　者｜実瑠茜
總 編 輯｜盧春旭
執行編輯｜黃婉華
行銷企劃｜鍾湘晴
美術設計｜王瓊瑤

發 行 人｜王榮文
出版發行｜遠流出版事業股份有限公司
地　　址｜台北市中山北路 1 段 11 號 13 樓
客服電話｜02-2571-0297
傳　　真｜02-2571-0197
郵　　撥｜0189456-1
著作權顧問｜蕭雄淋律師
ISBN｜978-626-361-039-2

2023 年 4 月 1 日初版一刷
定　　價｜新台幣 490 元
（如有缺頁或破損，請寄回更換）
有著作權・侵害必究 Printed in Taiwan

遠流博識網
http://www.ylib.com
Email: ylib@ylib.com

國家圖書館出版品預行編目 (CIP) 資料

綻放如妳：澈底覺醒的當代女性之道，妳就是一個完整無缺的圓 / 喜法莉・薩貝瑞 (Shefali Tsabary) 著；実瑠茜譯. -- 初版. -- 臺北市：遠流出版事業股份有限公司，2023.04
面；　公分
譯　自：A radical awakening : turn pain into power, embrace your truth, live free
ISBN 978-626-361-039-2(平裝)

1.CST: 自我實現 2.CST: 生活指導 3.CST: 女性

177.2　　112002878

A RADICAL AWAKENING :
Turn Pain into Power, Embrace Your Truth, Live Free by Dr. Shefali Tsabary
Copyright © 2021 by Dr. Shefali Tsabary
Complex Chinese Translation copyright © 2023 by Yuan-Liou Publishing Co., Ltd.
Published by arrangement with HarperOne, an imprint of HarperCollins Publishers, USA
through Bardon-Chinese Media Agency
博達著作權代理有限公司
ALL RIGHTS RESERVED